高等职业教育“十四五”规划教材

高职体育

第2版

吕翠芹　曹志国　沈　颖　主编

中国农业大学出版社
·北京·

内容简介

全书包含7章内容。包括体育概述、大学体育与课程思政、科学的体育锻炼方法、田径运动、球类运动、游泳运动、其他运动等。本书以学生发展为本，阐述体育理论和常见运动项目的基本技术及技术规则，特别注意体育与文化、体育与健身的有机整合，增加适应职业院校学生综合素质提高和职业特点的体育项目。本书既可作为高等职业院校教师教学用书和学生学习用书，也可以用作社会体育爱好者锻炼参考用书。

图书在版编目(CIP)数据

高职体育 / 吕翠芹，曹志国，沈颖主编. -- 2版. -- 北京：中国农业大学出版社，2024.9

ISBN 978-7-5655-2991-7

Ⅰ.①高… Ⅱ.①吕…②曹…③沈… Ⅲ.①体育－高等职业教育－教材②健康教育－高等职业教育－教材 Ⅳ.①G807.4②G717.9

中国国家版本馆CIP数据核字(2023)第170502号

书　名　高职体育　第2版

作　者　吕翠芹　曹志国　沈　颖　主编

策划编辑　张玉芬　张　玉　　**责任编辑**　张玉芬

封面设计　中通世奥图文设计中心

出版发行　中国农业大学出版社

社　址　北京市海淀区圆明园西路2号　　**邮政编码**　100193

电　话　发行部 010-62733489，1190　　读者服务部 010-62732336

编辑部 010-62732617，2618　　出　版　部 010-62733440

网　址　http://www.caupress.cn　　**e-mail** cbsszs@cau.edu.cn

经　销　新华书店

印　刷　涿州市星河印刷有限公司

版　次　2024年9月第2版　　2024年9月第1次印刷

规　格　185 mm×260 mm　　16开本　　17印张　　400千字

定　价　46.00元

第 2 版编委会

第2版编审人员

主　编　吕翠芹　曹志国　沈　颖

副主编　王颜斌　张永革　靳继奎

参　编　程贤华　王志信　邹戌春　董锋利　田海霞

主　审　任利民

第1版编审人员

前　　言

党的二十大报告提出，“加强青少年体育工作，促进群众体育和竞技体育全面发展，加快建设体育强国”。体育强则中国强，国运兴则体育兴。体育承载着国家强盛、民族振兴的梦想，已成为中华民族伟大复兴的标志性事业。

《国务院办公厅关于强化学校体育促进学生身心健康全面发展的意见》指出，学校体育要以“天天锻炼、健康成长、终身受益”为目标，改革创新体制机制，坚持课堂教学与课外活动相衔接，坚持培养兴趣与提高技能相促进，坚持群体活动与运动竞赛相协调，坚持全面推进与分类指导相结合。这就要求学校体育以“健康第一、快乐运动、强健体魄”为宗旨，牢牢把握“以学生为中心，以教师为主导”的教育理念，力求提高学生体育锻炼的能力，更好地实现素质教育的目的。

大学体育教育是高等教育课程体系的重要组成部分，体育课程教学是整个学校体育教育的核心内容，也是大学生身体练习的主要手段。高等学校的体育教育是学生接受体育教学的最后时期，也是学校体育向社会体育的过渡时期，更是建设社会主义精神文明和促进学生全面发展的关键时期。满足大学生的体育需求是全面贯彻落实党的教育方针、促进大学生身心和谐发展、培养大学生“终身体育”良好意识的有力手段。

本书始终坚持“以学生为本、健康第一”的指导思想，以注重培养大学生的体育与健康知识、实践能力与体育习惯为主线，力求做到既符合现行高等体育教育发展的特点与要求，又充分考虑当代大学生的爱好、兴趣与需求，并贯彻“因材施教”的教学原则，以满足新形势下大学生的体育需求与自我实现的需要。本书在结构与内容上予以突破，将知识、技能与技术相贯通，传统体育与现代新兴体育相结合，以传授学生基本的体育健身知识、技能和方法，促进其身心和谐健康发展为主旨。

本教材共包含7章内容，包括体育概述、大学体育与课程思政、科学的体育锻炼方法、田径运动、球类运动、游泳运动、其他运动等。在编写过程中，充分利用多媒体平台，丰富教学内容，力求成为在校大学生体育学习和满足其终身体育锻炼的重要的指导性用书。在追求面向全体学生的同时，以发展学生的个性、培养学生的终身体育锻炼习惯和终身体育能力为核心。

本书在编写过程中参考并运用了大量的文献和资料，未能一一列出，在此一并致谢。

由于编者水平所限，对职业院校体育教学的把握和深度研究还远远不够，书中不足之处，恳请专家、读者批评指正。

编　者

2023年10月

第1版编写说明

目 录

第一章

体育概述

第一节　体育的产生与发展

一、体育的概念

(一)体育概述

体育作为人类有目的、有意识的一种社会活动,是适应社会的需要和人本身的需要而产生的。体育在发展过程中,受一定的政治、经济所制约,并为一定的政治、经济服务。体育的发展与教育、军事、科学技术的发展,以及人们的宗教活动、休闲娱乐活动有着密切的关系。

人的本能的需要是体育产生的源泉,也是体育赖以发展的根本前提。体育的产生除了劳动的需要以外,还有适应环境的需要,对付同类袭扰的竞争需要,同疾病做斗争的生存需要,表述和抒发内心各种感情的需要,如教育、军事、娱乐、医疗卫生、宗教祭祀等活动。这些都需要健康的身体,对身体健康的需求构成了体育产生的动因。

讲体育离不开奥林匹克运动,从 1896 年开始的现代奥林匹克运动会发展到今天,奥运会的形式在不断变化,各种具有影响力的不同类型的体育比赛也在国际、洲际、地区间不断展开。先进的科技不断推广应用于各种体育运动,各种科学的体育训练,越来越成为全社会的需要,成为人民生活的需要。

在教育部颁布的《全国普通高等学校体育课程教学指导纲要》的指导下,根据高等职业教育的办学理念,高职院校的体育课程改革明确了发展方向:在全面发展学生综合素质的基础上,强调发展学生的职业能力;在满足学生现实生活的需要和适应未来工作的身体及心理需求的同时,要为终身体育奠定基础。根据高职体育教育改革的这些特点,职业院校体育课程的内容在普通高校体育课程的基础上加入了发展职业能力的内容。根据高职教育和学生学情的特点,形成自己特有的体育课程体系已经成为高职体育教育课程改革的发展方向。

(二)体育概念

体育(physical education,缩写为 PE 或 P. E.),是一种复杂的社会文化现象,它以身体与智力活动为基本手段,根据人体生长发育、技能形成和机能提高等规律,达到促进全面发育、提高身体素质与全面教育水平、增强体质与提高运动能力、改善生活方式与提高生活质量的目的,是一种有意识、有目的、有组织的社会活动。随着国际交往的扩大,体育事业发展的规模和水平已是衡量一个国家、社会发展进步的一项重要标志,也成为国家间外交及文化交流的重要手段。体育可分为大众体育、竞技体育、学校体育等种类,包括体育文化、体育教育、体育活动、体育竞赛、体育设施、体育组织、体育科学技术等诸多要素。

体育一词在今天虽然被译作 physical education、sport、sports,但是中文体育一词却不是译自于英文，而是来自日文，是直接借用日文中的“体育”一词。不过，日本在 physical education 一词的翻译上并不是一步到位译作“体育”的，而是经历了从译作“身体(之)教育”“体教”“身教”到译作“体育”的日文化过程，这一过程是在 19 世纪 70 年代完成的。20 世纪初的清末，我国有大批留学生东渡去日本求学，仅 1901—1906 年间就有 13 000 多人，其中学体育的也有很多。回国后，他们将“体育”一词引进中国。

体育虽然有悠久的历史，但是“体育”一词却出现得较晚。因为在“体育”一词出现前，世界各国对体育这一活动过程的称谓都不相同。

在古希腊，游戏、角力、体操等曾被列为教育内容。在 17—18 世纪中，西方的教育中也加进了打猎、游泳、爬山、赛跑、跳跃等活动，只是尚无统一的名称。18 世纪末，德国的 J.C.F. 古茨穆茨曾把这些活动分类、综合，统称为“体操”。进入 19 世纪，一方面在德国形成了新的体操体系，并广泛传播到欧美各国；另一方面相继出现了多种新的运动项目。学校也逐渐开展了超出原来体操范围的更多的运动项目，建立起“体育是以身体活动为手段的教育”这一新概念。于是，在相当长的一段时间里，“体操”和“体育”两个词并存，相互混用，比较混乱，直到 20 世纪初才逐渐在世界范围内统一称为“体育”。

在我国，“体育”这个词最早见于 1904 年，在湖北幼稚园开办章程中提到对幼儿进行全面教育时说：“保全身体之健旺，体育发达基此。”在 1905 年《湖南蒙养院教课说略》上也写到：“体育功夫，体操发达其表，乐歌发达其里。”

在我国，最早创办的体育团体是 1906 年上海的“沪西士商体育会”。1907 年，我国著名革命家秋瑾女士在绍兴也创办了体育会。同年，清皇朝学部的奏折中也开始有“体育”这个词。辛亥革命以后，“体育”一词就逐渐运用开来。

1762 年，卢梭在法国出版了《爱弥儿》一书。他使用“体育”一词来描述对爱弥儿进行身体的养护、培养和训练等身体教育过程。由于这本书激烈地批判了当时的教会教育，而在世界引起很大反响，因此“体育”一词同时也在世界各国流传开来。从这里我们可以清楚地看到，“体育”一词的最初产生是起自于“教育”一词，它最早的含义是指教育体系中的一个专门领域。到 19 世纪，世界上的教育发达的国家都普遍使用了“体育”一词。而我国由于闭关自守，直到 19 世纪中叶，德国和瑞典的体操传入我国，随后清政府才在兴办的“洋学堂”中设置了“体操课”。随着西方文化不断涌入我国，学校体育的内容也从单一的体操向多元化发展，课堂上出现了篮球、田径、足球等。许多有识之士提出不能把学校体育课称体操课了，必须理清概念层次。1923 年，在《中小学课程纲要草案》中，正式把“体操课”改为“体育课”。

从此“体育”一词成了标记学校中身体教育的专门术语。

“体育”一词在含义上也有一个演化过程。它刚传入我国时，是指身体的教育，是作为教育的一部分出现的，是一种与维持和发展身体的各种活动有关联的一种教育过程，与国际上理解的“体育”(physical education)是一致的。随着社会的进步和体育事业的不断发展，其目的和内容都大大超出了原来“体育”的范畴，体育的概念也出现了“广义”与“狭义”解释。当用于广义时，一般是指体育运动，其中包括了体育教育、竞技运动和身体锻炼三个方面；用于狭义时，一般是指体育教育。

近年来，不少学者对“体育”的概念提出了一些解释，但比较趋于一致的解释为：“体育是以身体活动为媒介，以谋求个体身心健康、全面发展为直接目的，并以培养完善的社会公民为终极目标的一种社会文化现象或教育过程。”体育的这一定义既说明了它的本质属性，又指出了它的归属范畴，同时也把自身从与其邻近或相似的社会现象中区别出来。但是，体育的概念并非是一成不变的，随着社会的发展和进步，对体育的认识也将有所发展。

二、体育的产生与发展

体育作为一种社会现象是随着人类社会的产生和发展而逐渐形成和演进的。据历史学家和考古学家的研究：人类早在原始时代就把步行、跑步、跳跃、投掷、攀爬、游泳等能力作为最根本的生产劳动和日常生活的技能和本领传授给下一代，这是人类教学的萌芽，也是体育活动的雏形。

(一)体育的起源

体育的起源，首先来自人类的生存现实。人类的身体活动，是以直立行走后人体形态结构的改变为前提条件的，而不能只笼统地说以"劳动为起源"。我们的先人为了获得生存的食物，不得不在山林和原野上攀爬和奔跑以摘取果实、追逐猎物，从此有了距离不等的赛跑；为了捕捉各种走兽而向它们投掷石块、梭镖等利器，这才有了后来的铅球、标枪、铁饼等项目；临水而居的人类必须依赖河川海洋才能得以生存，这才有了游泳。

(二)体育的发展

人类历史上出现的各种活动都有一个产生与发展的过程。同样，体育作为一种社会现象，也是伴随着社会的发展而萌芽、不断成长并逐渐趋于完善的。今天的各项体育运动虽然有别于古代乃至近代，但是从历史的进程看，一些古代和近代的体育运动，毕竟还是现今体育的昨天和今天，无论在内容上还是形式上都有着极其明显的历史继承性。体育的发展大致经过了以下四个时期：原始的体育萌芽时期；自觉从事体育时期；形成与完善体育制度时期；休闲、欣赏与精神享受时期。经过这四个时期，逐步形成了现代的体育体系，其中竞技体育的发展更是推动现代体育发展的主要动力。

1. 求生本能

(1)生存需要：一切有生命的细胞都具有维系自己生存的本能，而且随着生命的延续在不断发展和完善。植物要在有水的地方生长，动物在能猎取到食物的区域活动，人类的自然属性决定了要维系生存就必须从事身体活动来获得食物。

(2)不断巩固：人类进化到能直立行走后，身体结构所发生的变化给人类带来了丰富多彩的运动形式，为体育性质的身体活动打下了基础。在"人类少而禽兽多"的情况下，原始人类为了求食、生存的需要，就必须跑得快而久、跳得高而远、投得远而准，人类在不断重复这些动作的过程中逐渐形成了各种运动技能，并进一步发展、改进和有意识地传授下去，形成了田径运动最原始的雏形。

2. 游戏启蒙

无论是原始人还是现代人，都离不开各种形式的身体运动。为了达到维持生存和享受生活的目的，人们开始有目的地练习，发展和培养各种身体活动技能，开始了身体教育的萌芽。其中极富变化与创意、能充分愉悦身心的"游戏"，是最早被用于原始教育的活动形式之一。

随着人类文明的进步，物质生活的不断充裕，人们生活中的一些“游戏”逐渐演变成体育项目，并更具有挑战性、刺激性和观赏性，更符合及满足人们的心理需求。

3. 劳动方式的变化

在自然环境中获取食物、求得生存的条件下，人类缺乏整体的体育需求，体育只能长期处于萌芽状态。随着社会的发展、劳动方式的演变，工业社会强调的规模化生产以及机器取代体力劳动，分工制束缚了人的全身性运动，破坏了几百万年以来人与自然的和谐共存，这是人类产生体育需求的社会根源。

三、体育的分类

(一)竞技体育

竞技体育也称竞技运动，是指为了战胜对手、取得优异的运动成绩、最大限度地发挥和提高个人、集体在体格、体能、心理及运动能力等方面的潜力所进行的科学的、系统的训练和竞赛。竞技体育是一种制度化、体系化的竞争性体育活动。它包含运动训练和运动竞赛两种形式，主要特点是：

(1)充分调动和发挥运动员的体力、智力、心理等方面的潜力。

(2)表现出激烈的对抗性和竞赛性。

(3)参加者要有充沛的体力和高超的技艺。

(4)按照统一的规则竞赛，具有国际性，成绩具有公认性。

(5)竞技体育具有观赏性和娱乐性。

当今世界所开展的竞技运动项目是历史的产物，远在公元前700多年的古希腊时代就出现了赛跑、投掷、角力等项目，发展至今已有数百种之多。普遍开展的体育项目有田径、体操、篮球、排球、足球、乒乓球、羽毛球、举重、游泳、自行车等。各国、各地区还有自己特殊的民族体育项目，如东南亚地区的藤球、卡巴迪等。

(二)学校体育

学校体育是以学生为主体、以教师为主导的教育活动，旨在培养学生的体育意识、体育技能和体育精神，实现促进学生身心健康、全面发展的教育目标，通常包括体育课程教学、课外体育活动和课余体育训练等。因此，学校体育是学校教育教学的一个重要组成部分，是德育、智育、美育和劳动教育的基础，同时也蕴含着德育、智育和美育。

(三)娱乐体育

娱乐体育是指在余暇时间或特定时间所进行的一种以愉悦身心为目的的体育活动，具有业余性、消遣性、文娱性等特点。内容一般有球类游戏、活动性游戏、旅游、棋类以及传统民族体育活动等。按活动的组织方式可分为个人的、家庭的和集体的；按活动条件可分为室内的、室外的；按竞争性可分为竞赛性的和非竞赛性的；按经营方式可分为商业性的和非商业性的；按参加活动的方式可分为观赏性的和运动性的。开展娱乐性体育活动，有益于身心健康、陶冶情操、培养高尚品格。

(四)大众体育

大众体育也称“社会体育”“群众体育”，是为了娱乐身心、增强体质、防治疾病和培养体育后备人才，在社会上广泛开展的体育活动的总称，一般包括职工体育、农民体育、社区体育、老年人体育、妇女体育、伤残人体育等。主要形式有锻炼小组、运动队、辅导站、体育之家、体育活动中心、体育俱乐部、棋社，以及个人自由体育锻炼等。开展群众体育活动应遵循因人、因地、因时制宜和业余、自愿、小型、多样、文明等原则。广泛开展群众性体育活动，是发挥体育的社会功能，提高民族素质和完成体育任务的重要途径。

(五)医疗体育

医疗体育是指运用体育手段治疗某些疾病与创伤，恢复和改善机体功能的一种医疗和保健方法，一般不受时间、地点、设备条件的限制。通常采用医疗体操、慢跑、散步、自行车、气功、太极拳和特制的运动器械(如拉力器、自动跑台等)，以及日光浴、空气浴、水浴等为治疗手段，宜因人而异、持之以恒、循序渐进，并配合药物或手术治疗和心理疏导。

四、体育的功能

体育不只是锻炼身体，它还兼具娱乐、经济、教育、政治、交流等功能。

(一)健身功能

体育的健身功能具体体现在：

(1)体育运动能改善和提高中枢神经系统的工作能力。

(2)体育运动能促进机体的生长发育，提高运动系统的机能。

(3)体育运动能使内脏器官的机能得到提高。

(4)体育运动可以提高人体的适应能力。

(4)体育运动可以防病治病，提高人体免疫能力。

(二)娱乐功能

体育具有的娱乐功能，主要通过两方面表现出来：一是体育本身所特有的魅力；二是人们参加体育运动获得的乐趣。

(三)教育功能

体育具有的教育功能，有两个方面的含义：一种是具有典型意义的学校基本教育；另一种是具有泛指意义的社会教育。

(四)政治功能

体育的政治功能，一方面体现在国际交往的舞台上；另一方面体现在体育能促进大至一个国家、一个民族，小至一个集体的内部的安定团结。

(五)经济功能

体育是人的活动,特别是体育成为一种很多社会成员参加的经常性活动后,总是在一定物质消费的基础上进行的,必然要消耗一定的人力、物力和财力。因此,与体育活动相关的服装、器材、装备和体育场地设施等就会随之产生,体育服务等社会经济行业就必然出现。

(六)交流功能

体育运动能增强人与人之间的交流和交往,增加人与人之间的相互了解,改善人际关系。国际体育交往,还能够促进国家与国家之间,不同民族之间的相互了解和相互信任,有利于人类社会的和平与发展。

第二节　体育锻炼的意义

一、体育锻炼对人生长发育的影响

体育锻炼是促进青少年生长发育和增强体质的重要手段。在合理的营养条件下,系统地、合理地进行体育锻炼对青少年身体的生长发育具有明显的促进作用。高职院校的学生属于青年中期,也是青少年的转型时期,从体型特点来看,已经到达了生长发育的最后一个高峰期,但各组织器官在结构和功能上还具有一定的发展潜能和可塑性,科学的体育锻炼能增强新陈代谢,促进运动器官的发育,而且能全面增强大脑皮质和全身各系统、各器官的健康生长。

合理的运动不会影响身体发育,但是过量的运动有可能会造成不好的影响,所以在运动过程中要遵循身心发展规律以及注意运动之后营养的合理摄入。参与合理的、有针对性的运动可以增强大学生的体态与心肺功能,更重要的意义在于减轻大学生心理压力,达到促进心理健康的目的与作用。有人曾经做过实验,把年龄相同的青少年分成经常锻炼组和对照组,时及半年至 2 年以后,经常锻炼组身体的生长发育明显比对照组快,而且更好。这是因为经常性的体育锻炼,对人体各器官的生长发育有促进作用。所以我们要参加体育锻炼,特别是把握住大学生生长发育最后一个阶段的高峰期的青少年,更应积极参加体育锻炼。

(一)体育锻炼与日常行为

1. 更好地适应社会

体育锻炼可以使我们更接近自然,接近自己的本源,丰富社会交往。体育体现出的自由开放精神,使其成为人们和睦相处的良方,起到了净化人们身心的作用。

体育不仅可以改善人们的生活方式和提高生活质量,还对培养现代人的素质具有重要的促进作用。体育竞赛的公平、公正、公开特点,可以培养人们公正、遵法、磊落、协作的精神,有助于发展现代人的竞争意识、合作意识。利用体育的社交功能，可以改善和加强人际交往，弥补现代人职业与生活环境的局限性。

2. 培养健康行为

体育锻炼可以促使人们养成良好的生活习惯，防止疾病的发生。体育运动的健身功能也表现在改善心理环境和增强心理健康。在锻炼过程中，身体运动可使个体产生舒适和快感，这对调节和消除不良情绪很有益处。有研究表明，体育活动可缓解过度的焦虑、郁闷、气愤、恐惧等消极情绪。尤其在比赛状态下，随着赛况的发展，参加者的责任感、自信心、愉悦感等心境使人产生积极向上、拼搏进取的精神，可以促进良好的生活习惯的养成。

3. 快节奏生活的调节器

体育运动是快速生活节奏的心理调节器，使人们的生活空间丰富多彩，舒缓现代社会竞争带给人们的压力，使人们的心理空间宽阔而深邃。

运动比赛可使人们在充分理解规则和遵守规则的基础上最大限度地发挥创造性，竞赛过程中可使人们享有公正、公平；同时体验团队协同、协力；体验和承受竞争的胜负情感。这些都对培养现代人公平竞争的意识，体验竞争中协作的意义，培养协作的态度和意识是有积极的迁移作用的。另外，通过体育竞赛对培养现代人积极进取的生活态度，培养遵纪守法、尊敬他人、胜不骄败不馁的性格与行为都有着良好的效果。具有运动员精神的人是现代社会所需要的。

4. 优化消费结构，提高生活质量

现代生活方式中有影响健康的生活行为，还有不合理的饮食习惯与营养结构以及生活环境的污染等。从体育运动与以上行为的关系看，如果更多地了解体育及运动卫生，会更有助于克服饮食和营养、休息、环境、安全等方面的不良行为。因此，体育运动可以优化消费结构，提高消费与生活质量。

（二）体育锻炼应遵循体育规律

体育运动有它自身的科学规律性，要遵循人的身心发展规律，背离体育规律不仅会给自身带来伤害，也可能会使体育的效果适得其反。所以体育锻炼要与个体的年龄、性别、健康状况、训练水平以及各个项目的特点相适应。运动之前应充分准备、运动强度应循序渐进、运动过程应全身心投入、运动之后应适当放松，这样才能充分体验体育运动过程中学习和成功的乐趣，以满足自我发展的需要。

（三）体育锻炼应当成为一种生活方式

随着社会的进步、经济的发展、技术的升级，人们将有越来越多的闲暇时间，业余生活已经成为人们的重要生活内容和生活方式，而体育既是丰富现代生活的内容，也是现代生活的重要支撑。

1. 生命的活力源于体育运动

体育运动与锻炼和科学、文明、健康的生活方式有着不可分割的密切关系。现代大学生在上课阶段一般都是静坐、低头、弯腰的状态，课余生活大多也处于静止状态，所以参加合理有效的体育锻炼，培养终身体育观念，建立健康的生活方式，不仅对身心健康有裨益，而且还会对今后的生活和职业发展有深远的影响。

体育运动能够使人保持活力，保持健康，经常运动可以保持体力不衰；适当用脑可以保持脑力不衰。运动能使人精神旺盛，心情舒畅。人体在锻炼的时候会释放出许多有益的激素，能调节人的情绪和心境，增强抵抗力，有益于身心健康。所以，运动是保持青春的妙方，是延年益寿的良药。

生命的活力在于运动，运动也是生命存在的基础；生命的发展在于运动，运动又是生命发展的动力和源泉。

2. 健康是人类永恒的追求

健康如同空气一样自然而不可缺，人们常在缺少它时才感知它的宝贵，健康是基本的人权，在追求人人享有健康这一人类的共同愿望中，在努力达到尽可能高的健康水平时，切不可忘记体育运动对健康的影响，同时还要牢记体育运动对改善、提高生活质量的贡献，以及体育运动对保持和增进健康的作用。

自从体育产生以来，强身健体及娱乐自始至终是体育的主要功能。体育是一种复杂的社会文化现象，以身体活动为基本手段，增强体质、增进健康及其培养人的各种心理品质为目的。随着社会经济的发展，人们对于体育的认识不仅限于强身健体，更希望通过体育活动的参与得到更多的精神享受。

我国教育家陶行知说过："忽略健康的人，就等于在与自己的生命开玩笑。"健康是人类生存、发展、享乐的基本条件，是人类自古至今最富有魅力的追求。

二、体育锻炼对身体健康的作用

体育是一种身体教育活动和社会文化活动，其本质特点就是以身体锻炼为主要手段，增强体质、促进健康、实现人的全面发展，进而为社会发展服务。体育是遵循人体身心的发展规律，以身体练习为基本手段，达到增强体质，提高运动技术水平，进行思想品德教育，丰富社会文化生活而进行的一种有目的、有意识、有组织的社会活动，是伴随人类社会的发展而逐步建立和发展起来的一个专门的科学领域。从广义上讲，体育是一项复杂的社会文化现象，是人类的一种社会实践活动；从狭义上讲，体育就是教育的组成部分，是传授锻炼身体的知识、技能、态度的教育过程，在这一过程中，人的身体、道德和意志品质得到培育和塑造。

健康是基本人权，每个人都希望提高自己的健康水平。生命在于运动，体育运动是增强体质、保证健康的必不可少的手段和方法，科学合理的体育锻炼能够提高人们的生活质量。

同学们在相对封闭的环境中学习和生活，活动的范围基本局限于校园内部，在有限的空间之内，要保证同学们拥有与未来职业要求相适应的基本健康和体能，就需要我们积极参与体育锻炼，通过学习体育知识、训练体育技能、端正体育态度、培养体育兴趣、养成体育习惯、提高体育能力，以此来增强身体素质，培养高尚的思想道德和坚强的意志品质，促进身心健康，胜任未来的社会需要。

三、学校体育的主要目的

学校体育既是学校教育的重要内容，也是学校育人的主要手段。学校体育是在校学生必须参与的教育教学活动，是德育、智育、美育的基础，当然也是丰富学生学习生活、建设文明校园的需要。

第一，学校体育倡导学生全面锻炼身体，促进身体形态结构、生理机能的发展，增强学生体能以及基本活动能力，从而预防躯体疾病、适应自然环境。

第二，学校体育要求学生掌握体育运动的知识和技能，学会科学锻炼身体的方法，培养从事体育运动的态度和兴趣，养成终身体育锻炼的习惯。

第三，学校体育是培养规则意识、团队意识、集体精神和协作精神的重要手段。无论日常训练还是竞技比赛，体育运动总能体现奉献与自私、鼓励与抱怨、骄傲与气馁等品行，一次训练、一场比赛就能反映一个人优良的品性和德行。

第四，学校体育能唤起同学们的爱国情怀，大型体育赛事中我国运动员顽强拼搏、勇夺金牌、为国争光的体育精神，永远激励年青一代的民族自尊和爱国热情。

第五，体育训练和比赛既紧张刺激又充满竞争，因此对个体的心理品质影响巨大，自信心、自尊心、进取心，以及顽强、坚韧、果断等意志品质都会在体育运动中得以强化。

第六，学校体育能通过掌握一定的体育知识、技能和态度，使思维能力、记忆能力、观察能力、想象能力和创造能力得以提升。因此要相信体育对智育、美育的正面影响。

四、体育与职业体能

体能又称体适能，是指身体各部位或各系统对突发状况的应变能力，包括的范围较广，如速度、反应、耐力、肌力、平衡性、柔软性、协调性和敏捷性等。

职业体能是与职业(劳动)有关的身体素质以及在不良劳动环境条件的耐受力和适应能力，是经过特定的工作能力分析后所需具备的身体活动能力，包括重复性操作能力、背肌承载静态力的能力、其他肌肉群能达到维持工作姿势要求的能力，以及人体对工作环境的忍耐程度等。

(一)职业体能是高职学生必须具备的基础能力

就业是高职学校工作的重要一环，寻找合适、满意的工作是高职毕业生走出校门的第一愿望，这要求高职学生必须具备健康的体魄、坚强的意志和熟练的专业实践操作能力，才能胜任不同工作环境和职业岗位的要求。

体育运动恰恰是发展身体，增强体质，传授锻炼身体的知识、技能，培养道德和意志品质的重要方法，是进行培育和塑造身心素质的过程，是高职学生全面发展的一项重要内容。

体育运动是提高职业体能的最好选择，一方面是体育运动能够提高职业体能；另一方面职业技能的这种需要又丰富了体育运动内容，体育运动和职业体能相互依赖、相互促进、相互提高。

(二)加强职业体能训练，适应职业要求

职业体能训练是跟职业有关的身体素质训练，主要是让我们自己能够适应职业的要求，更快更好地完成职业所要求的目标。

加强职业体能训练可以提高心脏功能、促进肌纤维变粗、增加身体的柔韧性，这样才能更好地适应生活、运动与环境，减少疲劳或力不从心的感觉，提高灵敏、平衡、协调、速度、爆发力和反应时间等。

从职业角度说，加强职业体能训练不仅可以促进身体健康、强壮体魄，适应艰苦环境的需

要，还能充分发挥职业技能，以明晰而有条理的思维更快更好地掌握复杂、先进的技术，创造优异的成绩，为延长职业寿命奠定基础。

因此，体育运动不仅要完成增强体质、提高身体素质、培养良好的品质与健康的心理行为、习惯，还要根据专业就业需要的定向性、操作性及专业性的特点安排体育活动，在完成技能型理论和实践教育基础上，适当地开展职业体能训练，促进职业技能、体能的提高，完成从校门到企业的无缝对接。

第三节　身体健康是成才的要素

健康是促进人的全面发展的必然要求，是经济社会发展的基础条件，是民族昌盛和国家富强的重要标志，也是广大人民群众的共同追求。党的二十大报告指出，人民健康是民族昌盛和国家强盛的重要标志。习近平总书记从实现民族复兴、增进人民福祉的高度把人民健康放在优先发展的战略地位，提出了“健康中国”的国家战略。党中央、国务院先后发布了《“健康中国2030”规划纲要》《国务院关于实施健康中国行动的意见》，党的十八届五中全会明确提出推进健康中国建设，从“五位一体”总体布局和“四个全面”战略布局出发，对当前和今后一个时期更好地保障人民健康做出了制度性安排。编制和实施“健康中国 2030”规划纲要是贯彻落实党的十八届五中全会精神、保障人民健康的重大举措，对全面建成小康社会、加快推进社会主义现代化具有重大意义。

一、身体健康的重要性

健康是一切的基础，保持健康的能力是一个人最基本的权利之一。《“健康中国 2030”规划纲要》第四部分加强健康教育——专门强调加大学校健康教育力度将健康教育纳入国民教育体系，把健康教育作为所有教育阶段素质教育的重要内容。以中小学为重点，建立学校健康教育推进机制。构建相关学科教学与教育活动相结合、课堂教育与课外实践相结合、经常性宣传教育与集中式宣传教育相结合的健康教育模式。培养健康教育师资，将健康教育纳入体育教师职前教育和职后培训内容。

高职时期是大学生焕发青春光彩的阶段，也是成才的重要时期。“健康是事业之母”，健康是人才构成的重要因素之一。古今中外有许多才华横溢的人才，都由于健康原因，壮志未酬早早离开了人世，也有一些知名学者，他们不仅具有超人的才华，还有健全的体魄，他们坚持体育锻炼，从事各种体育活动，精力充沛，在各自的事业上也取得了骄人的成绩。

2003 年的“非典疫情”和 2020 年的“新冠疫情”两次世界范围的公共卫生事件都是突发性的，给世界各国的社会、政治、经济、生活带来巨大的冲击，一次次敲响了加强重大传染病防控，完善传染病监测预警机制的警钟，同时也凸显了健康的重要性。

二、职业院校学生身体健康状况

(1)在生理方面,根据生长发育特点的不同,青春发育期又可划分为青春早期、青春中期、青春后期三个阶段。高职学院学生年龄通常在18～22岁,高职学生多数处于青春中、后期,由于种种原因存在有心智不够成熟,普遍健康意识薄弱,或多或少存在一些影响健康的行为习惯。如不良的饮食习惯:不规律饮食、不营养饮食、不卫生饮食;不良的作息习惯:熬夜晚睡、早晨赖床;不良的嗜好:沉迷游戏、吸烟、酗酒等。

(2)在心理方面,由于前期接受教育过程性影响和家庭环境的影响,更多地表现为心智技能的不成熟。比如缺乏理想,信心不足,进取心差;自卑感严重,反抗性强烈;思想意识活跃但不健全,学习动机缺失;渴望得到认可,但人际交往存在障碍;自我意识增强,但自控能力不足;具有较强的表现欲望,容易出现分帮结派现象等。

(3)在体育运动方面,职业院校学生的运动基础差是主要特征,他们被忽视的状态导致体育方面的知识、技能和方法严重不足,不会进行经常性的体育锻炼,既缺乏必要的安全防范意识,也不会科学合理地进行体育活动。

(4)在性健康与生殖健康方面,多数学校还是空白,还未能正确、直面地对学生进行生殖健康教育,学生学习性健康和生殖健康知识的途径少、知识比较匮乏、困扰较多,他们的心理与生理发育不同步,在对性健康和生殖健康的认识上存在严重的性别差异,部分学生存在不正确的婚恋观。

(5)在职业健康方面,当前我国职业院校在教育教学工作中偏重知识和技能,对设备和工具的正确使用认识不够全面,对相关法律法规不熟悉甚至不知道,不了解作业环境的要求,缺乏基本的安全生产知识,不具备基础的安全技能,没有形成职业健康安全意识。

三、加强身体健康教育的措施

习近平总书记始终关注青年一代的健康成长,他指出:历史和现实都告诉我们,青年一代有理想、有担当,国家就有前途,民族就有希望,实现我们的发展目标就有源源不断的强大力量。中国梦是历史的、现实的,也是未来的;中国梦是国家的、民族的,也是每一个中国人的;中国梦是我们的,更是青年一代的。

《"健康中国2030"规划纲要》中明确指出:实施青少年体育活动促进计划,培育青少年体育爱好,基本实现青少年熟练掌握1项以上体育运动技能,确保学生校内每天体育活动时间不少于1小时。到2030年,学校体育场地设施与器材配置达标率达到100%,青少年学生每周参与体育活动达到中等强度3次以上,国家学生体质健康标准达标优秀率25%以上。

全国高等职业(专科)院校体育课程教学指导纲要中规定:体育课是高职院校公共必修课;"普通高职高专院校的一二年级必须开设体育课程,列入课表的必修课教学课时数,不得少于180学时,修满规定学分、达到基本要求是学生毕业、评奖评优的必要条件之一"。体育课程学生的学习评价应是对学习效果和过程的评价,主要包括体育与健康知识、学习态度与运动参与、体能素养与职业体能、运动技能、健全人格与体育素质等评价指标。

体育教育除了具有遵循教育规律进行全面发展身体、增强体质、传播体育知识和技能的功能之外，青年学生还可以通过体育进行有效的思想品德教育，开发智力，陶冶情操，磨炼毅力，发展个性，提高职业体能，增强竞争意识，走好踏上社会的第一步。

（1）体育教学是提高身体素质的根本途径。学生在校期间通过大量的身体活动和教师适时的知识点拨，能促进身体机能的健康发展，提高基本运动能力，增强机体的免疫能力和对环境的自我调节能力，在实践中掌握科学锻炼的方法。

（2）体育教学能够促进学生的智力发展，提高学习效率。通过有计划的体育锻炼增强学生大脑中枢神经系统的功能，提高大脑的均衡性，使体力和智力和谐发展。

（3）通过体育教学能够增强意志品质、培养竞争意识。体育运动总是与克服各种困难相联系的，不能克服困难，便不能掌握任何一项运动技术。同时体育运动中又充满了竞争，每一个参与体育运动的人都想在竞争中获胜，于是竞争意识在体育锻炼中得到了培养，为青少年以后走向社会打下了坚实的基础。

（4）通过系统的体育教学促进思想道德的发展。体育教学蕴含着强大的德育功能，是进行思想道德教育的重要途径之一。毛泽东在《体育之研究》中指出，“体育一道，配德育与智育，而德智皆寄于体，无体是无德智也。”这句话形象地指明德育和体育之间的辩证关系和体育的重要性。

可见，通过体育教学活动能提高同学们的交往能力，提升自身的个人魅力。多掌握一项体育运动技能，就等于多了一种与他人交往的手段，能极大地提升自身的人格魅力。

第四节　终身体育

一、终身体育的概念

终身体育是20世纪90年代以来体育改革和发展中提出的一个新概念。终身体育，是指一个人终身进行身体锻炼和接受体育教育。终身体育的含义包括两个方面的内容：一是指人从生命开始至生命结束的一生中学习与参加身体锻炼，使体育成为生活中不可缺少的重要内容；二是在终身体育思想的指导下，以体育的体系化、整体化为目标，为人在不同时期、不同生活领域中提供参加体育活动机会的实践过程。

终身体育作为体育教学的指导思想，与国际终身教育思潮密切相关。在国外，早在20世纪60年代，“终身教育”一说，经由法国继续教育专家保罗·朗格朗首次提出，体育作为教育的组成部分随终身教育顺势而出。1972年，联合国教科文组织对终身教育的理论和原则进行了系统论述。在我国，20世纪80年代，“终身体育”伴随中国的改革和发展而正式诞生，随时空延伸而拓展。

学校体育是终身体育的基础。中、小学生处在6～18岁年龄段，是从学龄儿童进入青春发育期的关键时期，也是有目的、有计划、系统地全面锻炼身体，促进身心健康，掌握体育的知识、技术、技能，养成锻炼身体的习惯，培养体育意识的重要时期。这个时期，身体生长发育得如何，直接影响着人的一生。如果少年时期身体发育得不好，如发生脊柱侧弯、驼背、眼睛高度近视、呼吸机能差、消化系统不良等，到了成年以后往往无法弥补，而成为终身的缺陷。

高职教育阶段，同学们的年龄基本在 18 岁左右，身体的基本状况受到原来生活环境的影响很大，已经形成一定的学习和生活习惯，所以要知晓自身的基本素质，及时纠正不良行为，为更好地学习、生活和未来的工作创造条件。

学校体育在终身体育的体系中，起着承上启下的作用，是终身体育的重要一环，是人们奠定终身体育基础的关键时期。我们要抓住终身体育的“黄金档”，通过有针对性、系统性的学习安排，有计划地促进身心全面发展，并培养自我体育意识，掌握基本的体育知识、技术和技能，打好终身体育的基础。

终身体育并不限于学校体育，而是一个连续的过程，还包括学前和学后。学校体育是每个社会成员都会也是必须要接受的，更重要的是，它是终身体育的关键部分，对终身体育有着承前启后的作用。虽然我国在这方面的研究起步较晚，但是随着人们需求的不断增加，认知的不断深化，学校体育已经向终身体育的方向迈出了一大步。

首先，同学们要通过学校体育为终身体育打好体质基础。在校学习的高职学生正处于身心发展的关键时期，学校的体育课给予了我们良好的体育教育，接受有规律的、有计划的体育知识，可以有效地促进身心的全面发展。

其次，在学校学习期间要培养终身体育的意识、习惯和能力。终身体育的意识可以理解为对终身体育的认识。身体锻炼能否真正成为自觉主动的行为，很大程度上取决于是否认识到终身体育的价值。只有认识到终身体育的价值，才能端正态度，获取将来进行终身体育锻炼的本领，这个本领对终身体育的实行至关重要。

二、终身体育的意义

通过学校体育课中对终身体育思想的学习，使我们对终身体育有了进一步的了解和认识，也更加认识到体育的重要性，体育不仅能锻炼身体，更能陶冶身心，培养不屈的意志品质，因此，我们应一生坚持。

作为当代大学生，要树立体育伴随我们一生的理念，在已经培养起来的对体育兴趣和爱好的基础上，加强对自我的了解，根据自身健康状况找到适合自己的运动方式和运动强度，最终是要在反复实践中形成终身体育观念，使身体锻炼成为一生自觉积极的行为。

三、终身体育思想

我国学校体育界 20 世纪 80 年代后开始引入终身体育思想，并进行了初步的探索性实验。强调在体育教学中要重视培养终身体育的意识、习惯和能力；既让同学们在校学习期间身体得到锻炼，也学会一些独立锻炼身体的方法，以达到“健康第一”“素质教育”“技能教育”“快乐教育”“终身体育”的目的。

(一)终身体育思想与健康教育

从我国国情和高职学生体质素质学情出发，首先要依据《“健康中国 2030”规划纲要》，按照健康中国的建设目标和任务，树立培养健康教育理念，让健康知识、行为和技能成为高职院校学生普遍具有的素质和能力。

首先，健康第一。教育家陶行知曾说，“健康是生活的出发点，也是教育的出发点”。终身体育必须以学生的身心健康为根本。这是因为运动会成为提高生活质量、人民生活水准的要素，把握健康和体育联系的本质，通过学校体育形成学生的终身体育意识、能力和行为。其次，终身体育思想能够被广泛解释，是与世界卫生需求紧密相连的。无论是作为指导思想还是理论基础，终身体育和健康教育都是相互联系的。

(二)终身体育与素质教育

素质教育体现的是终身教育的思想，其着眼点是“重视培养的创新精神和实践能力，为同学们全面发展和终身发展奠定基础”。为了适应终身教育的要求，素质教育应尽可能在学校教育阶段完成对可持续学习与发展能力的培养。只有这样，终身教育的整个过程才能顺利实现。

终身教育注重人类生活的不断发展，素质教育是其中最重要的一环。只有维持发展方向一样，也就是说，只有终身教育指导素质教育，坚持终身教育的理念，两者才可以互相补充、互相促进。终身体育思想是一个人的身心健康问题，如果把人一生的身心发展看作一个完整的系统，学校体育就是子系统。终身体育从学校体育的角度出发，着眼于未来，甚至是一生。

从终身体育的角度来看，素质教育的要求是身心全面发展，根据这一理念，体育教学应考虑体育知识和技能、体育运动、身心健康、社会适应等方面为同学们提供全面的发展机会。

(三)终身体育与技能教育

技能教育的指导思想是掌握运动技术和技能思想。指导思想同时强调运动目的和运动手段相统一。技能教育可以归结为老“三个基础”(基本知识、基本技术、基本技能)教学的指导思想。现在的“新三基”(学生的认知、心理情感、行为表现)更注重学生自身的感受和行为。

(四)终身体育与快乐体育

快乐体育是指运动中的我们获得内心的乐趣，从而有意识地主动参与运动的思想。快乐体育既可以让同学们体验克服困难、实现成功的乐趣，也能激励同学们参与体育运动。

快乐体育和终身体育联系十分紧密，快乐体育注重让我们自觉积极地参与体育，培养学生终身体育的意识和能力，而且也强调运动的意义和价值；除了追求特定运动的技能和能力，更要强调终身维持健康的生活方式。

总的来说，终身体育是社会文明进步的体现，是人类社会发展对追求健康长寿、提高生活质量的需要，也体现了终身体育和全社会发展的关联，促使我们“积极运动”“快乐运动”，改善我们的生活方式，促进身心健康，提高我们的生活质量。

四、培养终身体育意识

随着经济的发展,人民生活水平不断提升,而随着科学技术的进步,人们的生活方式也不断转变。在追求物质生活的同时,人们越来越重视自身的健康状况。对于高职学生来说,为了适应现代社会的发展和人才需求,更应该重视体育课堂,养成良好的自我锻炼习惯和终身体育意识。通过培养良好的运动意识和终身体育能力,促进身心健康发展。

(一)转变观念,提高对培养良好锻炼习惯的认识

传统的体育教学注重传授运动技术和技能,而不注意体育锻炼态度、兴趣和习惯的培养。没有正确的态度,没有运动兴趣和良好的运动习惯,不能真正掌握运动技术和技能的基本知识,当然不能实现全身素质的提高。相反,如果对体育锻炼有很强的兴趣,也有良好的运动态度和习惯,将会以积极的态度充分参与体育运动。

例如,大多数同学现在不喜欢跑步,特别是女孩听到跑步就抱怨,更不用说具有运动的兴趣和习惯。跑步体现的速度和耐力恰恰是我们身体素质的两个基本方面。我们可以通过一些竞赛性体育活动,如分组赛、接力比赛等,寓教于乐,培养自主运动意识和参与锻炼的积极性。

(二)有计划地培养良好的锻炼习惯

养成良好的运动习惯,既要掌握进行体育锻炼的科学方法,又要具备体育锻炼的自主意识。只有科学的体育锻炼,才能称为良好的运动习惯。学习者应该知道,充分利用学校体育资源,不断提高体育运动能力,这是终身发展、维护和增强健康的捷径。

高职学生自我体育锻炼的主要特点是有计划和有目的。根据自己的身体健康和运动能力,结合其未来职业特殊需要和职业选择,考虑个人实际情况,根据自己的兴趣爱好逐步形成习惯。

例如,用测量脉搏的方法控制运动强度。脉搏在 160 次/分的锻炼强度大约为 80%;140 次/分的锻炼强度大约为 70%;120 次/分的锻炼强度大约为 60%;110 次/分的锻炼强度大约为 50%。锻炼强度小于 50%的没有明显的锻炼效果,大于 80%的属于运动训练的强度。对于一般人来讲,身体锻炼时,脉搏控制在 110～160 次/分为宜。每个人应根据自身的实际,选择适合自己的运动项目和时间。

再如,养成良好的作息时间。按照生物钟有规律地作息,不晚睡不赖床,每天 8 小时的睡眠时间。每周体育课时间有限,距离身体锻炼的需要还很远,每个同学都要根据自己掌握的体育理论知识和实践技能,制订适合自己身体特点的训练计划,持续进行运动训练。

高职学生正处在身体发育的关键时期,必须科学合理地处理体育与素质教育的关系,必须旗帜鲜明地倡导终身体育的思想,为未来走上社会打下坚实的基础。

体育是人类发展历史中不可或缺的社会活动,也是健康中国的必由之路。在中国走向伟大复兴的征程上,有各种各样的艰难险阻,但中国人民团结一心,众志成城,紧跟党中央的部

署，走中国特色的发展之路，加快建设体育强国，这既是中国社会主义制度优越的体现，也是全民健康、健康中国的必然结果。同学们要珍惜大学宝贵时光，德、智、体、美、劳全面发展，做未来掌握自己命运的主人，做合格的建设祖国的人才。

课后思考题

1. 体育的本质是什么？
2. 体育锻炼对人体有什么影响？
3. 什么是终身体育？
4. 你自身有体育锻炼的规划吗？

第二章

大学体育与课程思政

第一节　体育课程思政概述

课程思政指的是以构建全员、全过程、全方位育人（图 2-1）格局的形式将各类课程与思想政治理论课（思想观念、政治观点、道德规范）同向同行，形成协同效应，把“立德树人”作为教育的根本任务的一种综合教育理念。

一、课程思政的基本含义

（一）课程思政的本质

课程思政的本质在于将思想政治教育有机地融入各类课程之中，实现知识传授与价值引领的有机结合，落实立德树人的根本任务。

思想政治教育是做人的工作，解决的是“培养什么样的人”“如何培养人”的问题。在教育教学中要始终坚持以德立身、以德立学、以德施教，注重加强对学生的世界观、人生观和价值观的教育，传承和创新中华优秀传统文化，积极引导学生树立正确的国家观、民族观、历史观、文化观，从而为社会培养更多德、智、体、美、劳全面发展的人才，为中国特色社会主义事业培养合格的建设者和可靠的接班人。

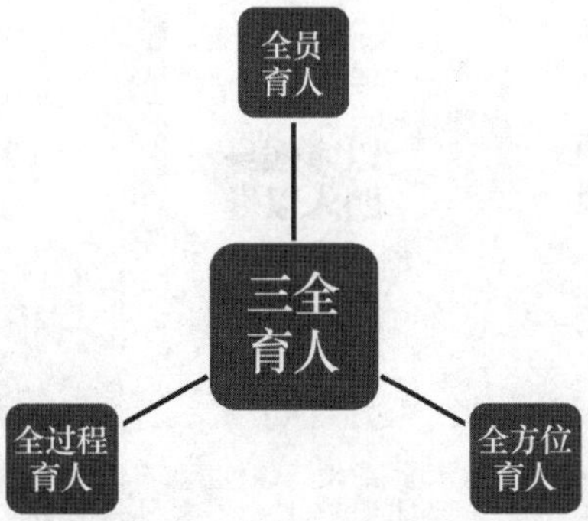

图 2-1　“三全育人”的含义

思想政治课程的核心方式是将理论知识、价值观和精神追求等元素融入各个课程，潜移默化地影响学生的思维意识和行为模式。

课程思政在本质上还是一种教育，是为了落实立德树人这一根本任务。“育人”先“育德”，注重传道授业解惑、育人育才的有机统一一直是我国教育的优良传统。

(二)课程思政的理念

对于“课程思政”这一概念而言,它的目标在于使所有学科都能够与思想政治理论课相互协作并形成合力,以达到全面教育的目的。习近平总书记在 2016 年 12 月 7 日至 8 日在北京召开的全国高校思想政治工作会议上强调指出:“做好高校思想政治工作,要因事而化、因时而进、因势而新。要遵循思想政治工作规律,遵循教书育人规律,遵循学生成长规律,不断提高工作能力和水平。要用好课堂教学这个主渠道,思想政治理论课要坚持在改进中加强,提升思想政治教育亲和力和针对性,满足学生成长发展需求和期待,其他各门课都要守好一段渠、种好责任田,使各类课程与思想政治理论课同向同行,形成协同效应。”

(三)课程思政的方法

2019 年 3 月 18 日,习近平总书记在学校思想政治理论课教师座谈会上指出培养什么人、怎样培养人、为谁培养人是人才培养的根本问题,为推进新时代思政课建设指明了方向。人才培养体系涉及教学体系、教材体系、学科体系、管理体系等,贯通其中的关键是思想政治工作体系。课程思政旨在构建这个全局性的教育规划,它要求对课程的目标、内容、架构和方式进行深入改革,以确保政治信仰、民族自豪感、文化自信和人格塑造等价值观能够有效地融入各种类型的课程中,使其既能传递知识和技巧,又能传达出潜在的教育信息,从而推动学生全方位地发展,最大限度地发挥教育对于启迪心灵的作用。图 2-2 为“五育”并举人才培养体系。

图 2-2 “五育”并举人才培养体系

引自:马丽荣,张勇,张红.“五育”并举创新线上第二课堂思政育人模式.现代高等职业教育网:https://www.tech.net.cn/news/show-96234.html

(四)课程思政的思维

在一个经济文化繁荣的时代里,我们需要树立科学思维和创新思维。习近平总书记在全国高校思想政治工作会议上提出了“四个正确认识”的要求,强调要学会用正确的立场、观点和方法来分析问题,将学习、观察、实践与思考结合起来,善于把握历史和时代发展的方向、社会的主流和支流、现象和本质,培养历史思维、辩证思维、系统思维和创新思维。课程思政展现出科学思维,强调用辩证唯物主义和历史唯物主义的方式看待事物。在此背景下,教育要强调思想政治教育,用马克思主义的观点教育学生,为学生建立牢固的思想防线,抵制各种错误思潮和言论的危害。另外,课程思政也展现出创新思维,强调在思想政治理论课之外融入思想政治教育。在课程思政的建设过程中,需要不断创新思路,以新思维推动新发展,解决新问题,推动课程思政的创新发展。

二、体育课程思政的原理

在体育课程中融入思想政治教育的元素,是提升体育教学质量,实现“以体育人,以体育德”的重要途径和方法。体育课程思政作为一个整体概念,其核心要素是“体育 + 课程 + 思政”,本书介绍的体育课程,主要是指技术类课程,即以教学和训练运动项目为主科目。

(一)体育课程思政的定义

体育的核心在于身体训练,从人类生存角度看,体育是为了生存而进行的身心培养的活动。简单来说,体育就是对身体锻炼的教育。

“体育课程思政”是一种教育观念,它强调通过身体的锻炼来实现思想政治教育,并将其作为核心元素融入到运动项目的教学中去。这种方法旨在超越传统的“以知识传递为中心”“基本技能与基础知识”“三个维度”等传统教育模式,同时也能让体育老师及学生们自身的价值观得到进一步提升。

(二)体育课程的思政内涵

1. 体育是体育课程思政的基础

根据 2020 年 5 月教育部发布的《高等学校课程思政建设指导纲要》要求,要结合不同专业特点分类推进课程思政建设。体育课程思政并不是指“思政课程”,也不是“思政化的体育课程”,它首要属性是以身体锻炼为基本特点,以项目教学与训练为主要内容,旨在培养身心素质、运动技能和健康知识。体育课程的思政教育就是借助身体锻炼,融入基础知识传授、技能提高和素质发展之中。

2020年7月，中共中央办公厅 国务院办公厅印发了《关于全面加强和改进新时代学校体育工作的意见》（以下简称《意见》），开篇提出了"学校体育是实现立德树人根本任务、提升学生综合素质的基础性工程"的学校体育功能的新定位。《意见》指出：学校体育是加快推进教育现代化、建设教育强国和体育强国的重要工作，对于弘扬社会主义核心价值观，培养学生爱国主义、集体主义、社会主义精神和奋发向上、顽强拼搏的意志品质，实现以体育智、以体育心具有独特功能。上述新思想新表述是对全面发展和"五育"并举的进一步理论升华。

新时代体育立德树人的新思想新理论具有3方面的重要意义：①深化了"健康第一"的内涵，将健康概念引申到了身体健康、心理健康和道德健康的"全健康"领域；②将立德树人的问题锚定在"推动青少年文化学习和体育锻炼协调发展"的体教融合的改革；③将体育立德树人与贯彻落实习近平总书记在全国教育工作会议上"帮助学生在体育锻炼中享受乐趣、增强体质、健全人格、锤炼意志"的指示精神相结合。

2. 思政是体育课程内在核心

体育课程思政是"课程思政"的组成部分。课程思政是指在传授学科专业知识的同时，进行思政教育的一种教学活动，除专门的思政课程外，宏观课程思政和思政课程虽有不同，却又相互联系，共同组成全面、多角度、高效的教育体系。

作为人的实体，"身"与"心"两大要素不可分割，互相作用，形成"全人"。从维系身体运动的动机角度，思维、精神、毅力等"心"的动力不可少；从人的社会属性看，品德、责任、认同等"思"的价值不可缺，既要重视知识技能传授，更要重视人的价值观塑造。

3. 体感是体育课程思政之源

在学习和掌握身体锻炼知识的过程中，应当通过"体感、体认、体悟"来理解"思维、思想、价值观"等要素，从而使体育内生出思政元素，持续不断地丰富体育课程。通过深刻理解体育的本质特征和思政教育的目标，在教学、训练、参赛、交流等活动中，通过体会历史渊源、文化特征、代表人物、重大赛事等方面，从中体验并完成政治认同、国家意识、社会责任、文化自信、健全人格等多维度的思政教育。遵守体育竞赛规则，可培养诚信和公正；参与长期的运动训练，可培养毅力和认真态度；参加各级比赛，可形成集体主义精神；参与中华民族传统体育锻炼与传播，可树立文化自信。

（三）体育课程思政的外延

对于体育技术学科而言，其主要任务是教授与锻炼提高特定运动项目技能。这种类型的课程往往被称为"术科"，常见于专业的体育学院或普通学校提供的实践型体育课，如各类田径、篮球、足球、健身操、瑜伽等，甚至包括一些特定的武术课程，如太极拳和八段锦等。这些体育课程的核心目标在于在学习技巧的过程中对学生进行人格塑造、行为准则、社会主义核心理念、民族自豪感和国民身份认同的教育。

这些被称为“体育理论类课程思政”或“体育理论类课程”的教育与实践内容是以人类身体活动及其相关领域的基本科学原理为核心主题的。一般情况下，这种类型的课程在专业的体育学院称作“学科”，主要分布于主攻体育学的特定部门，其中包括诸如解剖学、生理学、生物化学、心理学、审美学、新闻学、法学、史学等，还有就是运动训练学。此类体育课程思政的特点在于它们跨越了多个领域，并且更加强调在实际运用中对“体育”特质的探索，同时，运动训练学也突出了“项目”方面的特征。

实际上，在体育技能教育过程中，也包含了对理论知识的学习，主要内容是关于体育实操的部分。由于在一门课程或一次授课中，两者所占的比例有所差异，因此可以区分出技术课程和理论课程。未来体育课程思政的发展方向预示着将打破“学习-技巧”“身体-思维”之间的界限。特别是在技术类的体育专长课程里，主要教授和练习特定运动项目，同时还包括相关的专门理论课程。

(四)体育课程思政的特点

1. 育人程度高，育人方法多

“无体育，不教育”这一观念已深入人心，“德智体美劳”全面发展体育占有重要一席。从基本的健康视角来看，身体健康是我们开展所有学习活动的基础。毛泽东在其著作《体育之研究》里提到：“我们的身体如同承载着知识与道德的载体，它们就好比装载知识的车辆和容纳品德的大厦一般重要。”从教育的目标群体来说，包括了不同层次的教育机构、不同的年龄段的学生、不同专业的学生。因此，体育课对学生的思想政治教育有着广泛的影响力。体育育人主要通过各种体育项目的教学来实现，这些项目可以在陆地上、冰面上、水中、草地上或天空中开展。

2. 育人途径多，育人体验深

“玩中学，练中乐”，在娱乐性的活动中掌握运动技巧，并在实践过程中感受到运动带来的喜悦，这不仅能战胜身体的懒惰倾向，还能激发出内心的品质，在“运动快乐”中培育品德，这是一条学生乐于接受的育人途径。“强筋骨，健身心”，体育不能离开大肌肉群参与，否则难以称为“体育”。身心参与，亲身体验，走、跑、跳、投、健身、健美等任何一项运动都会使人热血沸腾，磨砺意志。即使是看似“柔和”的体育项目，“内外合一”运动也足以让人体验“酸痛难忘”。

3. 育人思想丰富，育人价值高

集体体育项目是培养团队精神的有效手段，明确的竞赛规则是养成规则意识的重要途径，在竞赛和训练中克服自身生理和心理极限是拼搏精神的锤炼，传播健身知识和技术，带领更多

的人健康运动是一种责任担当的品格,优秀中华传统体育的习练有助于传播正能量,树立爱国情怀和文化自信。体育需要一种竞争拼搏精神,无论是个人项目还是集体项目,是一种极好的挫折教育,当面临失利或者败北时,应勇敢地接纳挫折,然后继续努力,以培育个人的顽强毅力和永不停歇的精神状态。

通过团体竞技活动可以塑造团队协作能力,而明晰的赛事规定则为形成规范观念提供了重要路径。在赛程与练习过程中挑战自我身体及心智界限可锻造出奋斗的精神力量。无论是个人还是团体的体育竞技,都需要具备竞争和奋斗的精神特质,特别是在现场对手竞技的体育活动中,这更是一次绝佳的失败教育机会:当面临失利或者败北时,应勇敢地接纳挫折,然后继续努力,以培育个人的顽强毅力和永不停歇的奋斗精神。

(五)体育思政元素融入的原则

体育课程思政是顺应时代潮流和教育需求的思政育人课程观,是根据学校人才培养方案,树立思政育人目标,以体育课为载体,挖掘并融入思政元素,达成体育与思政有机结合的教育新模式。“体者,载知识之车而寓道德之舍也。”身体为知识之车,是道德之屋,只有身强体健,才能更好地立德成才;“欲文明其精神,必先野蛮其体魄”,这足以看出体育对立德成才的重要影响。同样,体育课程蕴含着丰富的德育资源和人文精神,这也是体育课程思政育人的重要体现。所以,在体育课程中应充分挖掘德育资源和人文精神,注入日常课堂教学,充分实现体育真正的育人功能,达到全方位、多环节、如盐入水、润物无声的体育思政教育。我们需要确立以健康为核心的教育观念,强调对国家精神与传统文化的重视,培育学生的坚韧毅力及自我奉献的精神,同时唤起他们增强体质的责任意识。

1. 基于运动特质,匹配教育特性

体育课程的主要属性是利用身体的动作作为工具,通过各种运动类型来实施教导和培训。依据各类运动的特点,选择相应的、独特的教育主题,使得专业的技巧知识和道德观念能够无缝结合。

2. 找准思政元素,有机立体融入一个运动项目

不仅仅是运动特点可以有机结合育人思政元素,体育项目本身的诸多要素同样具有与思政内容结合的亮点。例如,在中华武术教学中,教师对武德观念的介绍以及学生自身的观察思考,将帮助学生加深对武术文化的认知,更深入了解了中华优秀传统文化,拓宽视野。掌握武术基本功、学习武术礼仪,对学生的道德行为也有着积极影响,以武践行,强身健体,同时也端正了思想和生活作风。

图 2-3　大学生太极拳表演赛

引自：邵引印，李勇铧. 学院举行大学生太极拳表演赛. 广东科学技术职业学院：https://www.gdit.edu.cn/jsj/2020/0706/c4652a47779/page.htm

3. 专业术语和思政用语，语境有效切换

在体育课程中融入思政元素时还应该注意专业术语与思政用语的有效切换，针对不同的学生接受能力、不同教学场景、不同教学内容，依据课程目标、教学效果挑选那些容易被理解、能激发思考、触动心灵的专业词句，授课时使用富有逻辑的表达方法也极其重要。

三、体育课程思政的作用

习近平总书记在党的二十大报告中指出，“广泛开展全民健身活动，加强青少年体育工作，促进群众体育和竞技体育全面发展，加快建设体育强国”。习近平总书记高度重视体育强国建设，强调“体育精神”是中国精神的一个缩影。中华体育精神是我们中国人民在体育活动中塑造出来的，它是提升民族自信、增强民族团结力以及激发民族精神的关键因素。当代大学生既是祖国未来建设的主力军和生力军，也是弘扬中华体育精神的重要力量，需要率先践行中华体育精神。因此，在高校的体育课程思政教学中融入中华体育精神，可以帮助丰富高校课程思政内容，实现立德树人的根本任务，培养适合肩负民族复兴使命的新时代人才。

为了增强新一代青年的全面能力、精神风貌和思维高度，以便他们在未来的全球竞赛中占得先机，我们必须对他们提出更高的要求：除了具备卓越的健康体魄外，还需拥有积极的道德观念。为此，任课老师需要调整教导方式，通过体育课程来强化学生的思想政治教育的理解，探索出一种新的培养人才的方法，以助推学生更好地成长与进步。

(一)锤炼意志品质,促进品格内化

学习并熟练运用运动技巧通常要求大量的重复动作,有时可能还需要承担较高的运动压力。尤其是在室外锻炼场景下,例如长跑、登山、游泳、划船、滑冰、自行车、溜旱冰、自我救助与救援、野外生活等,都需要付出巨大的精力和考验个人的毅力。因此,实际操作中的运动教育不仅能够有效地锻炼学生的坚韧精神,还能无形之中塑造他们的勇敢、独立及团队协作的精神特质。

(二)强化行为规范,加强道德修养

通过实施大学的运动课程,我们可以塑造并强化学生的品德理念。这些课程包括预备阶段对队伍排序及形式训练的要求,课堂内的组织与管理规定,以及下课后迅速返还体育设备等等。我们注重强调学子们的团队纪律性和日常行为控制,以期他们能养成优秀的体育道德标准。在各类校园运动赛事、竞技游戏或比试中,都设定了明晰的价值观和规章制度,学生们需遵循赛制规则、尊敬对手、坚守体育道德准则、公正参赛。这特别的“规矩”效果能在悄然间培育他们的竞争心态、角色认知和协作能力,引导学生遵守纪律、尊重裁判、学会自我约束,倡导社会道德规范。

(三)塑造健全人格,成就幸福人生

健康、全面个性特征的形成主要依赖于积极的生活体验。大学的健身课程不仅仅为学生提供了身心愉悦的感觉,还赋予了他们在生活中与感情上更丰富的感受。锻炼活动可充分利用高校学生的自然需求去消耗并激发身体的活力,从而让他们感受到生理刺激的同时也获得了心理享受。当参与到竞技活动中时,无论是个人还是团队形式都能让同学们感到自信满满且有成功的喜悦之情。特别是团体比赛中所展现出的合作能力和社交技巧都对提高同学们的集体意识和人格认同有着重要的影响作用。此外,参加各种类型的训练也有助于改观个人的形象和提升个人魅力指数。

(四)促进心理健康,增强调节能力

现代高校学生通常承受着巨大的学习与职业生活的双重压力。各类校园体育活动能对他们调整心态和生活压力产生显著的影响。通过参与体育锻炼,学生可以释放并转移孤立、恐惧、忧虑、抑郁及自我否定等负面情绪,减轻精神压力,减少焦虑程度,有助于维持健康的乐观的身心。

第二节　体育课程思政的开展与实施

教育在实现中华民族伟大复兴的进程中发挥着重要的作用。我国拥有独特的人文历史和国情，在党领导下的高校是中国特色社会主义高校，必须坚持正确的政治方向，必须将思想政治教育贯穿高等教育全过程，以思想引领发展高等教育，为国为党育人育才。体育课作为高校教育中不可或缺的公共基础课程，将思政教育贯穿体育教学全过程，不仅传授技能，强身健体，还是促进学生全面发展、培养优良品德的必要渠道。所以，体育课程思政化对贯彻党的教育方针，指明新时代高校体育发展方向，实现体育课"强德精技"的育人目标具有重要意义。

一、体育课程思政实施面临的现实困境

(一)对体育课程思政建设的认知不足

长时间内，大学行政人员与体育教学工作者普遍误解，把思想道德教育的任务主要看作某一学院或部门的责任，视为思德教职员工及辅导员的主要工作，而体育老师只需专注于知识点的传递与技巧的训练，这样的观点极大地阻碍了大学的培养人才的方式，也违反了课程思政化的重要原则。

(二)缺乏体育课程思政建设的实质措施

在体育课程的教学中，运动技能的学习和锻炼占据了绝大多数的时间，这导致了教师在课程教学中把注意力更多地放在提高学生的运动技能，从而忽视了对学生进行品行和思想意识的教导。对于公共体育课教师来说，在面临多个专业、多个教学班，教学压力相对较大、教学工作任务繁重的情况下，主动挖掘探索思想政治教育元素，并能让学生很好地接受，仍然是一件比较困难的事情。

(三)缺少系统化的长期监督和评估机制

现在大学的体育课程教学模式正在不断创新和改进，以适应新时代体育教育的发展需求，出现了如"俱乐部"式教学模式、混合式教学模式、"课内外一体化教学模式"、线上线下混合式教学模式等新型体育课教学模式。在体育教学实践中，体育课程的考核方式主要以学生的体育技能和知识掌握情况为主，而缺乏对思政教育方面的考核和评估机制，导致体育课程思政缺

乏长期监督和评估机制的有效实施。尽管过去几年大学的课程思政改革已经取得了一些进展，但总体上看，仍然存在诸如对课程思政重视不足、系统协作能力欠佳、效果并未显著以及教师主观意识薄弱等问题。

二、体育课程思政建设机理

（一）全面贯彻落实党的教育方针

在全国高校思想政治工作会议上，习近平总书记指出，要坚持把立德树人作为中心环节，把思想政治工作贯穿教育教学全过程。《高等学校课程思政建设指导纲要》强调高校人才培养的重点包括评估课程思政建设效果，体育课程应该以实际行动践行“健康第一”理念，深化爱国主义教育与传统文化教育，培育学生的坚韧不拔精神和提升全民族体质的责任感。

公共体育课程作为高等教育体系中不可或缺的组成部分，扮演着至关重要的育人角色。它不仅是大学生必修的实践性课程，还具备强大的感染力和示范作用，

在当代高等教育体系中，体育课程作为一种独特的思想政治教育资源载体，其在培养全面发展人才的过程中占据了不可替代的地位，是继思想政治理论课之后，又一重要的育人平台。这不仅因为体育本身的育人价值，还因为体育教学能够与思想政治教育形成有效的互补和融合，进而极大地丰富和拓展了高等教育的思想政治工作内容和形式。

（二）深化传统体育课程改革

完善以体育课教学为主渠道，以思政教育为重要载体，以日常健康教育为基础的教育推行机制，将思政元素融入体育课程，形成独特的新兴的体育思政教育课程，形成学校全员、全过程、全方位育人格局，促进学生人人身心健康，营造德、智、体、美、劳“五育”全面发展的良好氛围，大大发挥体育真正的育人功能。在高校体育教学改革中融入思政教育，推进高校体育课创新体育思政教学理念、丰富体育思政教学内容、优化体育思政教学方法，发挥体育思政落实全民健身、养成终身体育意识、为建立体育强国培养人才的重要育人功能，使高校体育教学模式更加合理化、科学化。

（三）挖掘体育课程蕴含的德育资源

体育课程与思想政治教育之间的契合点体现在多个方面，例如通过体育活动强化团队协作、公平竞争、自我挑战等价值观，这些都是思想政治教育试图传达的核心理念。因此，利用体育课程中蕴含的丰富思政资源，不仅可以加强学生的身体素质，还能有效地培养其社会主义核心价值观，这一点是在其他课程中很难做到的独特优势，充分展现了体育课程在高校教育体系

中的重要地位。事实上,思政教育和体育教育在育人目标上有着本质的一致性,都旨在培养具有社会责任感、创新精神和实践能力的全面发展的社会主义建设者和接班人。

(四)探索拓宽“体育+”路径

1. 体育与国防教育相结合

2020年,国家体育总局下发《关于将野战运动项目更名为国防体育运动项目有关事宜的通知》,对推进国防体育运动的场地保障、训练项目、教练员运动员资格鉴定等进行明确。国防体育运动源于军事体育和技能训练,具有一定难度。体育教育与国防教育相结合可以增强青少年国防意识及锻炼相应的国防本领,是培养学生爱国主义和集体主义的重要举措。在国防教育中体育可以作为一个平台展示军事技能和国防知识。通过举办体育军事比赛等形式,让学生了解国家国防现状和形式,学习军事技能、军事思想,提高防卫意识,在学生心里埋下强烈的爱国主义情感,增强国家凝聚力(图2-4)。

图2-4 与国防教育结合的体育比赛(朱艳英摄)

引自:王晓,虞丹峰,范奇飞.国防+体育,打开国防教育新视野.中国国防报,2023-08-02:10版.

2. 体育与劳动教育相结合

著名教育家蔡元培先生说:“完全人格,首在体育。”推进体育与劳动的相结合,创建劳动体能课程,开展体育和劳动教育结合的课外体育活动,推动家校劳动与体育共育的工作,有利于培养学生吃苦耐劳精神和劳动体能,有利于实施“五育”并举,培养德、智、体、美、劳全面发展的社会主义合格建设者和接班人。

三、体育课程思政课堂教学的路径

(一)思想引领的“课堂寄语3分钟”

为了适应大学生当前的状态与思维倾向,教师会在各种形式的教育活动中寻找合适的教学方法。在体育课里，一种名为“课堂寄语”的方式对于他们来说是新颖且有趣的。在此基础上，体育老师会对每个学生的专业背景、性别、运动能力及学习的内容有所了解后，结合实际情况，把红色文化元素、引用的话语、激励性的短篇小说、成功人士的故事等融合到课堂寄语之中，以期能在几分钟的时间内引发同学们的讨论和思考。这种方式旨在让那些珍贵的理念能够深入人心，并被学生个人理解和吸收。经过这样的互动和表达，它们可以逐渐转变成为价值观和生活动力。

（二）推行独特且多元的预热活动和游戏，构建团队协作教育系统

通过在体育课上引入各种有趣的热身活动与体育游戏，体育老师能够显著提升教室的活力并减轻学生的生理紧张状态。这不仅能使他们更积极参与到活动中去，还能让他们相互认识、亲近，从而减少对新环境的恐惧感和隔阂，进一步增强同班感情。这种方式也有助于推动学生间的互动合作，鼓励更多的人加入到体育学习中来，缓解他们的心理压力，助力其身心健康地成长及个性潜力的充分发挥。

（三）实行助教和体育委员的轮换制度，重视学生自我评估和互相评价

在运动教育过程中，往往依赖于老师的指导与解释，然而，通过鼓励学生自我展示并阐述观点，可以带来更加有趣且高效的效果。每位老师可以在每堂课后挑选一些表现优秀的同学作为下一堂课的小助手及班干部，告诉他们即将学习的主题，让他们利用课余时间独立研究、模拟授课以及进行预备工作，这样一来，他们在接下来的课堂上就能带领大家一起练习或者带头讲述知识。这种方法不仅能为同学们创造实践的机会，还能提升他们的口头沟通技巧和整体素养。

（四）开展体育教学竞赛，注重学生技能的熟练程度和速度

在教学过程中，我们应依据学习的进展与学生的能力状况来安排适当的教育竞赛活动。这样既能测试出他们的实际能力和练习成果，也能让学生意识到自己的弱点并正视问题，同时增加他们参与竞赛的机会和经验，塑造一种乐观、积极的心态去接受成功或失败，从而培育他们优秀的团队协作精神和主动寻找问题的思维方式。

（五）关注学生学习态度改变，构建有效的课后教育平台

相比其他专业的学科，体育课能更有效地整合并融入思想教育内容，这使得学生们更容易理解和喜欢上这些内容。由于每个人的学习经验、技巧掌握度和品质状况都有所不同，因此在体育课上需要充分利用优秀的同学来作为示范，并且密切注意全体学生的态度变化，引导他们逐步进步，激励他们的积极性和自信心，同时也需对那些在技术学习或态度方面认识存在一些

问题的学生加以严格管理，推动体育课程走向更为精细且全方位的教育模式转变，从而尽可能达到课程与思想教育的高度融合。

（六）适当规划考试题目与分数的比例，强化过程评价

对于一学期以来的辛勤付出，学生的最大关注点是他们运动课程的成绩。因此，作为一名体育老师，我们需要依据学校的相关规定及课程目标来深度考虑和概括，科学制定学生课程评分标准及其权重分配，特别突出学习的积极性和日常行为的表现力，强化过程性的评价，重视各种自我展现、互动讨论、辅助教学和班级干部等方面的得分激励。此外，应按照课程进展情况，重点关注半年度测试的结果，为每个学员提供二次期末技巧测验的选择机会，以此提升他们的学习热情和技术能力。

（七）重视学生在体育课外的表现和运动成效

体育教师评价一名学生是否优秀并不仅仅取决于体育技能的好坏。他们应主动了解学校内各项体育比赛的信息，通过课堂提问或课后交流等方式留意学生在体育课外的竞赛经历和各方面的亮点，然后在教学中公开表扬，拉近与学生的关系，增进学生的信任。这将激励学生在体育课堂上展现更好的自我，满足他们被尊重的需求，提高个人优越感，引导他们在体育领域发展，发掘潜力，发挥价值。教师还应引导学生积极参加校内外的体育活动和比赛，开阔视野，逐渐树立学生的终身体育观念，养成健康运动的习惯。

四、大学体育课程思政范例

（一）课程思政融入篮球课程

1. 大学篮球课程教育中可以挖掘的思政元素

①篮球课程理论知识中蕴含的思政元素。通过篮球理论课的教育，学生可以塑造出优秀的个人品格。在篮球职业化进程中，规则、运动员素质和社会责任等思政要素被融入其中，将这些思政元素与课程理论知识相结合，从而培养出学生的良好个人修养。

②篮球实践战术中蕴含的思政元素。篮球的实践战术中有一系列的规则，训练的过程要求严格、规范和科学。实践战术中包含的思政元素有：学生要具备坚强的个人意志、责任感，一定的合作精神。在长期的训练过程中，学生可以从中锻炼顽强的意志能力、塑造坚强的品格，培养学生科学的思维观念。

③篮球比赛项目中蕴含的思政元素。在篮球实战比赛中，学生要考虑整个团队，不能只考虑自己。篮球比赛有利于培养学生的团队合作意识、遵守规则和战术技能等方面的能力，发挥榜样的示范作用，有利于培养学生健全的人格和顽强的个人品质。

2. 课程思政理念融入大学篮球课程的措施

①在篮球课程教育里融入思想政治因素，首先是必须把关于篮球的历史、演变过程等基本概念融合到理论学习当中，并向学生介绍一些篮球选手的小故事，以使他们能从初级阶段就理解和认知篮球这项体育活动。其次，在教授篮球技术的过程中，我们应详尽地解释每个动作的部分细节，引导学生重视篮球规则的重要性，强调其优先地位，从而提高他们的篮球素质。最后，在设计教学内容的环节上可以适当地加入思想政治要素。在篮球竞赛期间，学生们需注意运用技巧来避免触犯规则，并且关注自身修养的塑造；而裁判员也应该秉持公允原则，这有助于学生学会尊重规则及提高责任感。

②篮球实战教学中融入思政元素。在篮球的实践练习中，可以体现出很多的思政文化内容，有公平公正、团结友谊和尊重等精神，有利于培养学生良好的个人品质。例如，篮球比赛的开始和结束时都需要双方队员握手，比赛结束后还需要感谢教练和裁判，比赛中其中一方将另一方的队员撞倒要主动扶起。篮球比赛的每一个环节中都体现了体育精神。让学生在实践练习中学习相关的体育精神，有利于发扬体育文化，培养学生健康的心理，帮助学生形成正确的价值观，塑造完美的人格。

篮球，赋予我们的八种优秀品质

能吃苦——真实的世界没有一步登天，有的是日复一日的艰辛，一步一个脚印，让我们知道人生没有捷径。

有目标——热爱，可能是你打球的初衷；冠军，是每一位球员的梦想。有目标就要去拼搏，如果你行，全世界的目光都会聚焦于你。

知礼仪——人生中，你会遇到对手、战友、搭档。越过山丘，才发现谁在等候。

懂合作——篮球让我们知道，一个人拯救世界的超级英雄只存在于漫画中。有一个好的团队，懂得合作才能迎接一场又一场的胜利。

守规矩——篮球让我们知道，无规矩不成方圆，遵守规则是和谐相处的前提。

有成就——精彩的传球、漂亮的过人、果敢的投篮，聚沙成塔才铸就了冠军的辉煌。

不服输——人生没有一帆风顺，一场失败不是终点，越败越战才能看出真豪杰。

敢胜利——如果你拥有了之前的全部品质，那么也请你接受最终的成果——敢胜利。因为它一定会陪伴你终生，那是你因“打篮球”而不凡的人生——应得的奖励。

③篮球教育中合理应用思政教育。对于大学的篮球教育来说，强调的是把理论知识的学习和实际操作相结合，目的是为了更有效地应用于实践当中。比如，教练可以利用课程时间来分享一些关于团队协作和个人优良品德的故事，这些故事中的角色都具有优秀的特质，这能激发学生们观摩篮球赛事的视频，从中学到相应的篮球技能及策略，以此提升他们对篮球练习技术的理解，同时也能让他们学到运动员在竞赛过程中展现出的运动精神，进而培育出他们的优质人格特征，形成卓越的个性。

(二)课程思政融入武术课程

1. 武术课程思政的教学内容和重要意义

依据相关学术前沿研究成果，武术课程思政是指将思想政治教育的内容和精神融入武术专业课程和公共体育的武术课程中。讲解武术的发展历程，让学生了解武术在中国历史上的重要地位，激发学生的民族自豪感和爱国主义情怀；介绍武术文化中的武德，如尊师重教、见义勇为、谦逊有礼等，培养学生的良好品德和行为规范。对于大学生树立正确的世界观、人生观、价值观，深刻认识习近平新时代中国特色社会主义思想，具有不可替代的重要作用。

2. 构建新时代武术课程思政融入路径体系

①武术课程思政需要马克思主义教学部做好思政课程的"助力"，做好指导服务工作。深入发掘武术课程中的思政元素，强调民族传统体育文化自信、尚武精神和民族传统体育精神等。

②显性课程和隐性课程是实施体育课程思政的重要路径，显性课程主要是将思政元素进课堂、进教材、进大纲等，以直接的方式传递给学生。隐性课程则需要潜移默化地传递给学生，主要是通过人、活动与环境的方式进行。

③不断拓展实施武术课程思政的新方式、新路径。首先，教师方面采用"以赛促教"，举办教师"课程思政"教学设计、创新大赛，青年教师"课程思政"教学竞赛，师德师风演讲比赛等。其次，学生方面采用"以赛促学"，在学生中举办"课程思政"微课大赛等，通过比赛转变学生学习的态度，提升学生主动学习能力。最后，理论研究方面设立国家级、省部级以及学校级别的课程思政课题和教学改革项目，以此提升教师对体育课程思政的研究深度。

综上所述，高校教师应力争实现思想政治教育工作在体育教学中恰如其分地融入，润物细无声地传授给学生，最终实现体育课程与思想政治理论课同向同行，形成协同效应。

(三)课程思政融入羽毛球课程

1. 羽毛球课程思政的教学内容和重要意义

羽毛球运动在我国有深厚的群众基础,是我国群众喜闻乐见、广泛参与的项目,在大学体育课教学中也有较高的参与度。羽毛球运动在竞技层面有很高的成就,中国运动员在国内外赛事中屡创佳绩。利用羽毛球进行思政教育有肥沃的土壤和平台,发挥羽毛球课程的育人功能也是羽毛球课程的特征决定的,更是积极响应习近平总书记的殷切嘱托。

2. 课程思政理念融入羽毛球课程的措施

(1)加强教学设计,优化教学方案。教学设计是根据课程标准的要求和教学对象的特点,有序安排教学要素、确定最佳教学方案的一项重要工作。在高校公共体育羽毛球课程中,教师在设计教学计划时,应以思政元素为重要依据,在传授学生羽毛球技能的同时将思政教育有机渗透到课程中。

首先,教师可以利用羽毛球运动为依托,通过案例讲解、观看视频、开展游戏等形式与学生交流互动,激发学生学习兴趣,引导学生在运动中体会到团队协作意识以及责任意识。

其次,学校可以构建全方位的体育教学+思政教学体系,帮助教师整合羽毛球课程中的思政要素,使其贯穿于整个羽毛球教学过程。例如,在课程中加入有关团队合作、公平竞争、尊重规则等教学内容,培养学生的规则意识与社会责任感。

此外,为进一步推动高校羽毛球课程建设与创新,学校可采用“线上+线下”的混合式羽毛球课程思政教学模式,合理利用互联网技术,搭建线上体育思政教学平台,为学生提供丰富的学习资源以及互动交流的平台,并结合线下的实践活动,对学生的体育思政教学结果做出合理评估,确保学生在羽毛球运动中能够深入体验思政元素的实际应用。这种“线上+线下”的混合式教学模式有助于提高羽毛球课程教学效果,更好地迎合时代发展趋势、满足学生多样化的学习需求。

(2)丰富教学模式,强化实践效果。在羽毛球课程设计中,教师应明确思政教育的目标和内容,将马克思主义基本原理、社会主义核心价值观等思想内容融入到羽毛球的技术和战术训练中,使思政元素贯穿课程始终。

在羽毛球课程实施上,教师应改变传统的以教师为主导的教学方法,采用情境化的教学手段,开展多种形式的实践教学环节,灵活运用包括现代教学技术在内的多种手段,切实提高学生教学技能。比如观看中国队羽毛球夺冠相关赛事,让学生体会民族荣誉感以及集体主义精神,激发学生探究欲望,促使学生在羽毛球运动中主动思考与思政相关的问题,使学生深刻理解和感悟思政元素的本质；通过羽毛球运动的比赛礼仪，培养学生谦虚礼貌友爱的品质；结合羽毛球裁判实践，告诫学生做事要认真细心、处理问题要公平正义。

课后思考题

1. 谈一谈你对体育课程思政的认识。

2. 对于学校开展的体育课程教学你有哪些好的建议和意见？

第三章

科学的体育锻炼方法

第一节　体育锻炼的基本原则

体育锻炼的基本原则就是指体育锻炼参与者在制订锻炼计划、安排锻炼内容、选择锻炼方法时要遵循和依据的法则与标准，它是体育锻炼客观规律的正确反映，一般包括全面发展原则、积极主动原则、持之以恒原则、循序渐进原则、因人而异原则五个方面。

一、全面发展原则

全面发展原则是指体育锻炼的参与者要关注身体与心智的全面健康发展。除了关注身体素质、机能、体型等“硬件”方面的健康发展外，还需要关注心理、心智等“软件”方面的培育和完善，以达到全面发展、和谐与共的体育锻炼理想局面。可以通过以下途径实现全面发展的目标。

1. 选择适宜全面发展的体育锻炼内容

比如足球、篮球、排球、橄榄球、网球、乒乓球、羽毛球等球类运动，在锻炼过程中，对跑、跳、柔韧性、力量等身体素质各方面都有很好的锻炼效果。通过一些对抗性竞赛还可以锻炼参与者的集体精神、专注能力、分析能力、抗压能力等，从而达到全面发展的目的。

2. 制订适宜全面发展的体育锻炼计划

在计划中，既要保证一定量的身体素质锻炼，也要重视心理、心智方面的锻炼与强化。当然，身、心两方面锻炼往往都是交织在一起的，人为地割裂则是不科学的，也是不可取的。

二、积极主动原则

积极主动原则是指体育锻炼参与者能够自觉积极地参加体育锻炼，有着明确的锻炼目的并能充分认识到体育的价值。体育锻炼的过程是一个不断面对困难、不断战胜困难的过程。在这个过程中，懒惰、懦弱等负面心理总是会不断浮现，此时，需要激发人的主观能动性，战胜自我，克服困难，塑造完善健康人格。为了让同学们积极主动参加体育锻炼，要注重以下环节。

1. 树立科学健康观

只有明白了个体健康对于生命、家庭、社会、国家的意义与价值，把健康观与世界观、人生观构建为统一整体，才能积极主动参与体育锻炼，并把它作为个人学习与生活的自觉行动。

2. 培养运动兴趣

体育运动是终身健康的基础，运动兴趣和习惯是促进自主学习和终身坚持锻炼的前提。

无论是运动内容的选择还是运动方法的更新，都应十分关注个体的运动兴趣，只有激发和保持了运动兴趣，才能使大家自觉、积极地进行体育锻炼。因此，在体育教学中，运动兴趣是实现体育运动和健康目标的有效保证。

三、持之以恒原则

持之以恒原则是指参与体育锻炼要长久地坚持下去，经常进行并逐步养成为参与者的日常习惯。体育锻炼“贵有恒”，人体改造绝非一日之功，只有长久地锻炼积累，才能达到良好的效果。如果是“三天打鱼，两天晒网”，即便是已有的锻炼成果也会日益消退。以下措施有利于坚持体育锻炼。

1. 制定长、短期相结合的锻炼目标

“不积跬步，无以至千里”。体育锻炼应首先根据身体客观实际，制定一个力所能及、切实可行的短期目标。短期目标的实现有助于帮助其树立坚持锻炼的信心和培养运动锻炼的兴趣。在此基础之上，逐步确立长期锻炼目标，“积小成为大成”，实现华丽蜕变。

2. 制订持续的锻炼计划

把体育锻炼列为每日的必备科目，合理安排锻炼时间。通常情况下，一个月的持续锻炼即可养成一个习惯。此外，他人的监督和结伴锻炼都是促进坚持锻炼的有效手段。

四、循序渐进原则

循序渐进原则是指在进行体育锻炼时要按照一定的步骤逐渐深入、逐步提高，不可停滞不进，更不可揠苗助长。高职学生正处于青春生长发育期，人体的成长发展及身体适应能力都有其基本自然规律。参与体育锻炼必须遵循客观规律，安排适宜的锻炼项目并运用科学合理的锻炼方法，否则，就会事倍功半，甚至会适得其反，给身体健康带来危害。贯彻循序渐进原则需要注意以下要点。

1. 切忌急于求成

准确掌控运动负荷量，以锻炼者运动后疲劳适度为标准。随着体育锻炼的不断坚持，身体的不断强健，逐步有序增加运动负荷，提高运动能力和机体健康水平。

2. 切记热身准备

每次运动锻炼时，不可马上加入高强度、高竞争运动项目。因为此时的身体肌肉、关节、韧带的机能尚未完全放松或打开，剧烈运动容易造成不必要的运动损伤。必须要重视运动前的准备活动，充分热身后，再投入运动锻炼之中。当然，运动后的放松与恢复也十分重要。

五、因人而异原则

因人而异原则是指根据体育锻炼参与者不同的体质、体能、性格和兴趣等具体情况而选择不同的锻炼计划、不同的锻炼目标以及不同的锻炼方法。具体地说，要重视以下工作。

1. 注重个体锻炼计划制订

根据自身身体实际条件，制订适宜个体的锻炼计划。只有这样的计划才能真正得到实施并收到预期效果。任何好高骛远的其他方案最终都会流于形式。执行计划时应注意阶段性地调整。

2. 注重运动锻炼的阶段性反馈

高职学生的体育锻炼是一个持续的系统项目，在整个过程中，要时刻关注运动锻炼的个体反馈，关注个体运动后的舒适度、疲劳度。要根据反馈不断修正个体下一步的运动负荷和计划。体育锻炼应以不影响正常的生活与学习为基本标准。

以上的五条原则，既相互区别、相互制约，又相互联系、相互协调。在实际操作中，应统筹兼顾，全面贯彻。唯有如此，方能使同学们的体质健康得到不断加强，为建设社会主义现代化强国做出自己应有的贡献。

第二节　科学的体育锻炼方法

体育锻炼方法就是根据人体生长发展规律，运用各种身体锻炼方法或借助器材锻炼以期得到不断发展和增强体质的方式与方法。体育锻炼的方法多种多样，我们一定要在遵循体育锻炼原则的基础上，选择适合自身体质发展的科学锻炼手段。

一、体育锻炼的一般方法

(一)负重练习法

负重运动方法是指利用杠铃、哑铃、沙袋等辅助锻炼器材进行锻炼以达到增强体质的锻炼方法。此锻炼方法既适合运动员的身体训练，又适合普通人强身健体，还适合伤病患者的康复训练，是一种常见的体质训练练习法。

此锻炼方法须关注锻炼者最大负荷值，因为负荷过大会对骨骼、心血管和呼吸系统造成不良影响。为保证锻炼的良好效果，可以在负荷值范围内连续、重复训练。

(二)重复锻炼法

重复锻炼法是指按照一定的运动负荷要求，对某一动作多次重复地进行锻炼的方法。此方法通过机体的重复刺激来加速新陈代谢，从而实现强身健体。

此锻炼方法要根据自身具体体质现状合理掌握重复次数和强度，重视运动间歇的机能恢复，避免训练受伤。比如，锻炼下肢力量，可重复进行60米加速跑4～6次，每次跑后间歇1～2分钟，且每次跑的距离和速度不变。

（三）综合锻炼法

综合锻炼法是在体育锻炼过程中，为了促进身体各个部位的全面发展，将对身体各个部位有不同影响的几个运动项目组合起来，形成一个可以影响身体几个部位甚至全身各个部位的方法。如跳绳、垂直支撑、多级跳远、广播体操、健身操等方法。

二、经济时尚的锻炼方法

体育锻炼的内容和方法多种多样，且每位参加锻炼的人也有着不同的动机和目的。选择适合自己的锻炼方法是一个必须考虑的问题。否则，体育锻炼不但不能增进健康，反而会有损健康。下面将介绍几种经济时尚的科学锻炼方法。

（一）散步锻炼法

散步即走路。走路不仅是一种交通方式，而且是延年益寿的保健方法。散步简单易行、活动量容易控制又可使全身得到锻炼，因此，对各种年龄段的人都适用，尤其是对校园里从事脑力劳动的学生来说帮助最大。选用这种简单、轻快、柔和、有效的方法进行锻炼，效果更佳。

（二）跳绳锻炼法

跳绳是一项群众性体育活动，是一人或多人在一根或多根环摆的绳中做各种跳跃动作的运动游戏。跳绳不需要特定的运动场地，也不分时间、季节，更不受身体条件的限制，所以参加锻炼者的范围广泛，也是特别适合（高职学生）个人和团体参与的体育运动项目。

（三）踢毽子锻炼法

踢毽子是中国传统体育项目。毽子以鸡毛、绒线等插在圆形的底座上制成。据史料记载，此项目起源于汉代，盛行于唐宋，明代有了正式的踢毽子比赛，清代发展到了鼎盛时期，毽子的制作工艺和踢法技巧都达到了空前的高度。踢毽子能锻炼身体，增进健康。毽子制作简单，且踢毽子对场地要求不高，不管是室内室外，还是庭院操场，只要有几平方米的空地，男女老幼都可以踢起来，再加上毽子的踢法多种多样，趣味性很强，所以，历来是我国人民喜爱的一项娱乐性的运动。

踢毽子的花样很多，算得上是技巧性很强的全身运动。它能使全身各部位都得到很好的锻炼，有效地增强腿、膝、髋、肩关节以及腰、颈椎的灵活性和柔韧性，踢毽子还可以加强血液循环，提高人体抗御寒冷的能力。对于青少年来说，其增进健康和促进生长发育的价值就更为显著，因此这项运动值得大力提倡。

(四)骑自行车锻炼法

自行车运动是指以自行车作为健身工具的运动项目。自行车具有很强的实用性,既可以作为交通工具,节省能源,又可以当作运动器材锻炼身体。自行车运动不受性别、年龄的限制,一年四季都可进行。

自行车运动能培养人的机智、勇敢、果断、顽强的意志,并能发展力量、耐力、速度、灵敏等身体素质;经常参加自行车运动,能够增强心脏、血管系统、呼吸系统的功能,对身体的新陈代谢有一定的促进作用;相对于跑步、跳绳等运动方式,骑自行车可以更好地保护膝盖;户外自行车运动轻松、便捷,还可以欣赏沿途美景,陶冶情操。

(五)太极拳锻炼法

太极拳是我国国家级非物质文化遗产,它以中国传统道家哲学的阴阳辩证思想为基础,集修身养性、强身健体等功能为一体,结合经络学、导引吐纳术融合而成的一种柔美、和谐、优雅、轻灵并刚柔相济的宝贵民族遗产。男女老幼皆宜,不受时间和季节的限制,单人练也可,集体练更好,既能锻炼身体,又能防治疾病。

(六)游泳锻炼法

游泳是人利用水的浮力产生漂浮并通过肢体有规律的运动使身体在水中运动的一种历史悠久的体育项目。据史料考证,古代生活在江河湖海附近的人类为了生存,必然要到水中捕食,他们通过观察并模仿青蛙、鱼类的动作,逐渐学会了游泳。中国历史悠久,水域辽阔,早在5 000年前的史料中就有了关于游泳的记载,但作为一个运动项目得以发展还是近代以来的事情。

国际泳联1908年成立后,比赛项目有自由泳、仰泳、蛙泳、蝶泳、跳水、水球、花样游泳。

游泳一直是深受广大青少年喜爱的运动项目之一,在我国有着广泛的群众基础,但同时每年都有青少年学生溺水伤亡事件的发生。因此,为了安全,一定要注意防范溺水,做好安全保障。第一,不要在单人或同伴不是成年人的情况下游泳;第二,不要在陌生水域游泳;第三,不要在身体生病时游泳;第四,不要在恶劣天气里游泳;第五,牢记游泳前要充分热身,避免水中抽筋;第六,女学生切忌在生理期去游泳。

(七)利用自然力锻炼法

自然力锻炼是利用日光、空气和水等自然因素的作用来改善机体调节功能,提高人体对外界环境变化的适应能力,活跃生命过程,增强人体对疾病的抵抗力。常用的有日光浴、空气浴和冷水浴。

1. 日光浴

日光浴是指按照一定的科学方法使日光照射在人体皮肤上,从而引起一定的生理反应以达到健身治病目的的一种健康锻炼方法。

日光中的紫外线可以刺激人体的造血功能，使红细胞增多，促进钙的吸收，增强皮肤抵抗疾病的能力。红外线有利于血液循环和新陈代谢，能使人血管扩张，血流加快，增强体温调节能力。

小贴士：要科学利用自然条件

日光浴又称美黑，在低温下不宜进行。日光浴时要注意对头部进行遮挡，以免头晕、头疼。空气浴要结合气象变化和个体耐寒程度灵活掌握，如遇大风、寒流可在室内进行。冷水浴要从夏季开始，循序渐进，如机体有炎症，体温过高应暂停。

2. 空气浴

空气浴是指让身体皮肤暴露在新鲜空气中，利用空气中湿度、温度、气压、气流以及负氧离子等对人体的刺激反应，达到提高机体对外部环境适应能力的一种体育健身方法。健身的时间以早晨为宜，森林、田野、公园等场所皆可进行，长期锻炼能有效提高人体抗寒能力，预防感冒等疾病。

体验空气浴之前，必须进行热身且不要出汗，然后再脱衣体验；冬季要结合跑步等其他运动方式进行，以身体不出现寒战为标准；发烧感冒、身体虚弱者不宜进行空气浴。

3. 冷水浴

冷水浴是一种利用自然因素锻炼的方法。冷水浴是通过人体接触冷水，刺激皮肤血管急剧收缩，使大量血液流向人体深部组织和器官；继而，皮肤血管扩张，大量血液又流向体表。这样，全身血管都参加了舒缩运动。这种血管一舒一缩的锻炼，可以增加血管的弹性，有利于防治动脉硬化、高血压和冠心病。

冷水浴还通过加深呼吸、增加膈肌活动度、加大肺通气量而增强肺功能。通过促进胃肠蠕动，它能有效地改善消化功能；而通过增加热量释放、减少脂肪在皮下堆积，能起到减肥作用。

第三节　常见运动损伤的防护

体育锻炼中的运动损伤问题一直是体育教学的一个棘手的问题，甚至会影响体育教学活动的正常开展。比如，单双杠练习时的“骨折”、长跑中的“昏厥”、篮球争抢中的“脑震荡”等，在学校体育活动中屡有发生，一定程度上打击了人们进行体育锻炼的积极性和自信心，所以，体育锻炼中的运动损伤防护问题必须得到重视。

一、高职体育常见的运动性伤病及处置

1. 擦伤

在体育活动中，皮肤表面受到外力摩擦导致表皮破损，常带有毛细血管出血。小面积擦伤

可用红药水涂抹伤口；大面积擦伤需要先用生理盐水冲洗至干净，然后涂抹红药水，再用消毒纱布覆盖包扎。

2. 撕裂伤

在剧烈运动时造成的组织撕裂，如肌腱撕裂、皮肤撕裂等。轻度撕裂伤用碘伏消毒涂抹伤口即可；重度撕裂伤必须止血并缝合，必要时应注射破伤风抗毒血清。

3. 软组织挫伤

软组织挫伤指身体某处受钝性暴力作用引起的皮肤和软组织挫伤，有时还有其他组织器官的损伤。挫伤后 24 小时内应采取局部冷敷的方法，局部包扎可以有效防止渗出和水肿，抬高受伤部位有利于消肿，也可配合云南白药气雾剂等辅助治疗；24 小时后可进行热敷、按摩等化解伤痛。

4. 肌肉拉伤

肌肉拉伤指在肌肉猛烈收缩或过度牵伸时引起的肌肉组织损伤。与软组织挫伤处置方法相同，如肌肉断裂应立即送医院手术治疗。

5. 韧带扭伤

在关节发生超范围活动时导致的韧带扭伤，与肌肉拉伤有一定相似之处。韧带扭伤需马上冷敷并加压包扎，24 小时后理疗、针灸和按摩治疗；韧带断裂则需要送医院手术缝合并做固定处理。

6. 脱臼

运动过程中两个骨端失去了正常位置，即关节脱位，经常出现的如肩关节、肘关节、踝关节的脱位。出现脱臼时，建议找专业人士治疗复位以避免造成更大的伤害。

7. 骨折

运动导致的骨结构的连续性完全或部分断裂，常见的有锁骨骨折、前臂骨折、肱骨骨折、小腿骨折、踝足部骨折等。骨折如出现休克时，应立即点按人中穴并进行人工呼吸或心脏胸外按摩；有出血伤口应同时实施止血并包扎；骨折部位暂勿移动，固定后及时送医院治疗。

8. 抽筋

即肌肉痉挛，肌肉不自主地强直性收缩，常见的部位是小腿和足底部。运动过程中出现抽筋时，应马上停止运动，可自行或凭借外力慢慢伸展痉挛的肌肉，也可对抽筋部位轻轻按摩。

9. 运动性腹痛

在激烈运动时引起的腹部疼痛，常表现为钝痛或胀痛。中长跑、篮球运动中多见。出现运动性腹痛时，应采取鼻腔呼吸并尝试做背伸运动拉直腹部肌肉，也可进行热敷缓解疼痛。

10. 运动性中暑

在运动训练时体内热量积蓄导致身体高热中暑。出现中暑现象应立即把患者抬至阴凉通风处，保持呼吸道畅通，辅助以物理降温手段，口服凉淡盐水，严重者到附近医院治疗。

11. 脑震荡

一种轻微性脑损伤，一般是头部遭受外力打击而致短暂的脑功能障碍。出现脑震荡时，应让患者保持安静、平卧，并及时送医院治疗。

二、运动损伤频发的原因

在体育锻炼中出现运动损伤的原因是多方面的，运动基础差是主要原因，一是体育锻炼被忽视导致同学们体育方面的知识、技能和方法严重不足，不经常性的体育锻炼，既缺乏必要的安全防范意识，也不会科学合理地进行体育活动；二是一部分同学身体素质、心理素质不达标，对一些体育项目有畏惧感；三是部分同学在没有充分准备的情况下就投入激烈的对抗活动之中，这都会造成运动损伤。

三、解决运动损伤问题的策略

参加体育锻炼的目的是增强体质、促进健康，运动损伤的出现是我们要努力避免的。因此，了解和掌握预防运动损伤的措施非常必要。

1. 遵循体育运动的基本原则

体育锻炼应当以促进身体健康成长为目的，要遵循体育运动的基本规律。因此，一是要针对自身体育素质的实际，合理设置体育运动项目；二是要激发对体育运动锻炼的兴趣；三是体育锻炼要有运动方案，循序渐进地开展体育活动。

2. 把握体育运动的基本规律

体育运动有它自身的科学规律性，背离体育规律不仅会给自身带来伤害，也可能会使体育运动的效果适得其反。

3. 加强体育运动的安全防范

防范体育运动中的损害事故是顺利开展体育活动的基本保证，首先要了解和掌握体育运动安全的基础知识、技能和方式方法，增强对运动损害的防范意识和处置能力；其次因人而异，根据自身条件选择合适的运动项目，遇有超越自身承受能力或身体不适、状态不佳时，要适当调整运动内容。

第四节 健康评测

健康评测是指与学校健康教育密切相连的学生身体健康评价与检测。

为不断建立和完善学校学生体质健康评测机制，更好地激励同学们积极参加体育锻炼，教育部印发《国家学生体质健康标准》(2014 年修订)，各个学校每学年每学期应按要求进行在校所有年级学生的评测工作。新修订的《国家学生体质健康标准》适用于全日制普通小学、初中、普通高中、中等职业学校、普通高等学校的学生。高职院校应参照普通高等学校的标准执行。

此标准的学年总分为 120 分，由标准分和附加分两部分组成。标准分由各单项指标得分与权重乘积之和组成，满分为 100 分。附加分根据实测成绩确定，即对成绩超过 100 分的加分指标进行加分，满分为 20 分；男生加分指标为引体向上和 1 000 米跑，女生加分指标为 1 分钟仰卧起坐和 800 米跑，各指标加分幅度均为 10 分。根据学生学年总分评定等级：90.0 分及以上为优秀，80.0～89.9 分为良好，60.0～79.9 分为及格，59.9 分及以下为不及格。

高职学生健康评测包括身体健康评价和心理健康评价两个方面。

一、身体健康评价

(一)身体形态方面的评价(BMI)

身体形态方面的评价常用人体肥胖程度来衡量，国际上也常用人体肥胖程度来衡量人体健康状况。但体重的绝对值是不能用于直接判断肥胖程度的，身高也是判断肥胖程度的重要参数。因此，国家采用身体质量指数(BMI)，又称体重指数作为衡量标准。BMI 是通过人体体重和身高两个数值获得的相对客观的参数，根据所得参数所处范围来判断高职学生体质健康状况、体型匀称度、生长发育水平及营养状况。体重指数 BMI = 体重(千克)/身高(米)的平方(评价标准见表 3-4-1)。

表 3-4-1 体重指数(BMI)单项评分表 千克/米^2

等级	单项得分	男	女
正常	100	17.9～23.9	17.2～23.9
低体重	80	≤17.8	≤17.1
超重		24.0～27.9	24.0～27.9
肥胖	60	≥28.0	≥28.0

注：数据来源于《国家学生体质健康标准(2014 年修订)》(节选大学部分)。

(二)身体机能方面的评价(肺活量)

肺活量是指在最大吸气以后尽力呼气的气体量。肺活量的高低受到性别、年龄、身高、体重、胸围等因素的影响。一般情况下,男性明显高于女性,身体越强壮,肺活量越大。肺活量能直接反映人体心肺功能,是评价高职学生生长发育水平,身体机能的重要指标,评价标准见表3-4-2。

表 3-4-2　肺活量单项评分表　　毫升

等级	单项得分	男		女	
		大一 大二	大三 大四	大一 大二	大三 大四
优秀	100	5 040	5 140	3 400	3 450
	95	4 920	5 020	3 350	3 400
	90	4 800	4 900	3 300	3 350
良好	85	4 550	4 650	3 150	3 200
	80	4 300	4 400	3 000	3 050
及格	78	4 180	4 280	2 900	2 950
	76	4 060	4 160	2 800	2 850
	74	3 940	4 040	2 700	2 750
	72	3 820	3 920	2 600	2 650
	70	3 700	3 800	2 500	2 550
	68	3 580	3 680	2 400	2 450
	66	3 460	3 560	2 300	2 350
	64	3 340	3 440	2 200	2 250
	62	3 220	3 320	2 100	2 150
	60	3 100	3 200	2 000	2 050
不及格	50	2 940	3 030	1 960	2 010
	40	2 780	2 860	1 920	1 970
	30	2 620	2 690	1 880	1 930
	20	2 460	2 520	1 840	1 890
	10	2 300	2 350	1 800	1 850

注:表中数据来源于《国家学生体质健康标准(2014 年修订)》(节选大学部分)。

(三)身体素质方面的评价

1. 50米跑

50米短跑是国际通用的测评项目,通过短距离、高强度短跑测试高职学生的速度素质、灵敏素质及神经系统灵活性的发展水平,评价标准见表3-4-3。

表3-4-3 50米跑单项评分表

秒

等级	单项得分	男		女	
		大一大二	大三大四	大一大二	大三大四
优秀	100	6.7	6.6	7.5	7.4
	95	6.8	6.7	7.6	7.5
	90	6.9	6.8	7.7	7.6
良好	85	7.0	6.9	8.0	7.9
	80	7.1	7.0	8.3	8.2
及格	78	7.3	7.2	8.5	8.4
	76	7.5	7.4	8.7	8.6
	74	7.7	7.6	8.9	8.8
	72	7.9	7.8	9.1	9.0
	70	8.1	8.0	9.3	9.2
	68	8.3	8.2	9.5	9.4
	66	8.5	8.4	9.7	9.6
	64	8.7	8.6	9.9	9.8
	62	8.9	8.8	10.1	10.0
	60	9.1	9.0	10.3	10.2
不及格	50	9.3	9.2	10.5	10.4
	40	9.5	9.4	10.7	10.6
	30	9.7	9.6	10.9	10.8
	20	9.9	9.8	11.14	11.0
	10	10.1	10.0	11.3	11.2

注:表中数据来源于《国家学生体质健康标准(2014年修订)》(节选大学部分)。

2. 坐位体前屈

坐位体前屈是评价人体柔韧性的测试项目。目的在于测量高职学生在静止状态下的躯干、腰、髋等关节可能达到的活动幅度，主要反映这些部位的关节、韧带和肌肉的伸展性和弹性及学生身体柔韧素质的发展水平，评价标准见表 3-4-4。

表 3-4-4 坐位体前屈单项评分表 厘米

等级	单项得分	男		女	
		大一大二	大三大四	大一大二	大三大四
优秀	100	24.9	25.1	25.8	26.3
	95	23.1	23.3	24.0	24.4
	90	21.3	21.5	22.2	22.4
良好	85	19.5	19.9	20.6	21.0
	80	17.7	18.2	19.0	19.5
及格	78	16.3	16.8	17.7	18.2
	76	14.9	15.4	16.4	16.9
	74	13.5	14.0	15.1	15.6
	72	12.1	12.6	13.8	14.3
	70	10.7	11.2	12.5	13.0
	68	9.3	9.8	11.2	11.7
	66	7.9	8.4	9.9	10.4
	64	6.5	7.0	8.6	9.1
	62	5.1	5.6	7.3	7.8
	60	3.7	4.2	6.0	6.5
不及格	50	2.7	3.2	5.2	5.7
	40	1.7	2.2	4.4	4.9
	30	0.7	1.2	3.6	4.1
	20	-0.3	0.2	2.8	3.3
	10	-1.3	-0.8	2.0	2.5

注：表中数据来源于《国家学生体质健康标准(2014 年修订)》(节选大学部分)。

3. 立定跳远

立定跳远是评价人体爆发力的测试项目。目的在于测试高职学生下肢爆发力及身体协调能力的发展水平，评价标准见表 3-4-5。

表 3-4-5　立定跳远单项评分表　　　　厘米

等级	单项得分	男		女	
		大一 大二	大三 大四	大一 大二	大三 大四
优秀	100	273	275	207	208
	95	268	270	201	202
	90	263	265	195	196
良好	85	256	258	188	189
	80	248	250	181	182
及格	78	244	246	178	179
	76	240	242	175	176
	74	236	238	172	173
	72	232	234	169	170
	70	228	230	166	167
	68	224	226	163	164
	66	220	222	160	161
	64	216	218	157	158
	62	212	214	154	155
	60	208	210	151	152
不及格	50	203	205	146	147
	40	198	200	141	142
	30	193	195	136	137
	20	188	190	131	132
	10	183	185	126	127

注：表中数据来源于《国家学生体质健康标准(2014 年修订)》(节选大学部分)。

4. 引体向上(男)/1 分钟仰卧起坐(女)

(1)引体向上(男)。引体向上目的在于测试高职男生的上肢肌肉力量的发展水平。

(2)仰卧起坐(女)。仰卧起坐目的在于测试高职女生的腹肌耐力。

评价标准见表 3-4-6。

表 3-4-6 男生 1 分钟引体向上/女生 1 分钟仰卧起坐单项评分表 次

等级	单项得分	男		女	
		大一大二	大三大四	大一大二	大三大四
优秀	100	19	20	56	57
	95	18	19	54	55
	90	17	18	52	53
良好	85	16	17	49	50
	80	15	16	46	47
及格	78			44	45
	76	14	15	42	43
	74			40	41
	72	13	14	38	39
	70			36	37
	68	12	13	34	35
	66			32	33
	64	11	12	30	31
	62			28	29
	60	10	11	26	27
不及格	50	9	10	24	25
	40	8	9	22	23
	30	7	8	20	21
	20	6	7	18	19
	10	5	6	16	17

注:表中数据来源于《国家学生体质健康标准(2014 年修订)》(节选大学部分)。

5. 1 000 米跑(男)/800 米跑(女)

1 000 米跑(男)、800 米跑(女)用以测定高职学生的心血管呼吸系统的机能及肌肉耐力，评价标准见表 3-4-7。

表 3-4-7　男生 1000 米/女生 800 米跑单项评分表

等级	单项得分	男		女	
		大一 大二	大三 大四	大一 大二	大三 大四
优秀	100	3′17″	3′15″	3′18″	3′16″
	95	3′22″	3′20″	3′24″	3′22″
	90	3′27″	3′25″	3′30″	3′28″
良好	85	3′34″	3′32″	3′37″	3′35″
	80	3′42″	3′40″	3′44″	3′42″
及格	78	3′47″	3′45″	3′49″	3′47″
	76	3′52″	3′50″	3′54″	3′52″
	74	3′57″	3′55″	3′59″	3′57″
	72	4′02″	4′00″	4′04″	4′02″
	70	4′07″	4′05″	4′09″	4′07″
	68	4′12″	4′10″	4′14″	4′12″
	66	4′17″	4′15″	4′19″	4′17″
	64	4′22″	4′20″	4′24″	4′22″
	62	4′27″	4′25″	4′29″	4′27″
	60	4′32″	4′30″	4′34″	4′32″
不及格	50	4′52″	4′50″	4′44″	4′42″
	40	5′12″	5′10″	4′54″	4′52″
	30	5′32″	5′30″	5′04″	5′02″
	20	5′52″	5′50″	5′14″	5′12″
	10	6′12″	6′10″	5′24″	5′22″

注：表中数据来源于《国家学生体质健康标准(2014 年修订)》(节选大学部分)。

每个学生每学年评定一次，记入《〈国家学生体质健康标准〉登记卡》。特殊学制的学校，在填写登记卡时可以按规定和需求相应地增减栏目。学生毕业时的成绩和等级，按毕业当年学年总分的 50%与其他学年总分平均得分的 50%之和进行评定。

测试成绩只有达到良好及以上的学生，才有评优与评奖资格；测试成绩达到优秀的学生，才可获体育奖学分。测试成绩不及格的学生,在本学年度准予补测一次,补测仍不及格者,则评定为不及格。高职院校学生毕业时,测试的成绩达不到50分者按结业或肄业处理。

二、心理健康评价

(一)心理健康的概念

心理健康是指人的基本心理活动的过程内容完整、协调一致,即认识、情感、意志、行为、人格完整和协调,能适应社会,与社会保持同步。

(二)心理健康的评价标准

1. 智力及认知能力正常

拥有正常发育的智力水平和认知能力,主要表现在听力、视力、观察力、记忆力、想象力、思维能力和操作能力正常。

2. 认识自我,悦纳自我

真正了解自己,准确评价自己,欣然接受自己,协调控制自我的情绪,为健康成长奠定基础。

3. 接受他人,善与人处

认识和接纳同学的优缺点,与同学友好相处,善意帮助别人,拥有良好融洽的人际关系。

4. 热爱生活,提高职业素质

高职阶段是学生走向社会的过渡阶段,学生要饱含对生活的热情,对自己所学专业的喜爱,不断提高自身的职业素养,为将来走向社会提供保障。

5. 面对现实,接受挫折

学习、生活不是一帆风顺的,当遇到困难时,要面对、正视现实,接受挫折,尽全力克服困难,战胜失败。

6. 心理行为符合年龄特征

高职学生处于青年阶段,自我评价要恰当。心理健康的人,能够正确认识和评价自我,既不妄自菲薄,也不狂妄自大,给自己确立的奋斗目标符合实际,实现目标的过程行为坚定、有条不紊。

小测评

健康、亲情、友谊、自由、快乐、爱心、毅力、学习、事业、成功

从上述词语中:

1.选择你觉得最重要的5项。

2.从5项中去掉一项,剩4项,依此类推,看看最后剩下的一项是什么。

第四章

田径运动

第一节 田径运动的基本常识

一、田径运动的定义

田径运动是世界上最为普及的运动之一，也是历史最悠久的运动项目，是由田赛和径赛、公路赛、竞走、越野赛、全能运动组成的运动项目。通常以时间计算成绩的项目称为“径赛”，以高度和远度计算成绩的称为“田赛”，还有用部分田赛和径赛组合的“全能运动”。

二、现代田径运动的发展概况

人类在长期的生产、生活过程中，为了生存和竞争的需要，走、跑、跳、投的基本生存能力不断得到增强，从而提高了人的生存、生活和生产水平，促进了社会的进步和发展。田径运动就是在走、跑、跳、投的基础上逐步形成和完善的现代运动竞赛项目。

最早的田径比赛出现在公元前776年，在古希腊奥林匹克村举行的第一届古代奥林匹克运动会上，当时只有短距离赛跑一个比赛项目。到公元前648年，奥运会又增加了跳跃、投标枪、掷铁饼等比赛项目。1894年，在法国巴黎成立了现代奥运会组织，1896年在希腊的雅典，举行了第一届现代奥林匹克运动会，把田径运动正式列为比赛项目。在这届奥运会上，只允许男运动员参加比赛，设置了跑、跳跃和投掷项目。直到1928年的第9届奥运会上，才允许女子参加比赛，并设置了5个女子比赛项目。

随着田径运动的广泛开展和普及，越来越多的人开始通过田径运动的锻炼增强体质，现代奥运会不断增加田径运动的男女径赛项目，使女性享有和男子同样锻炼和比赛的权利，到目前为止，列入奥运会比赛的田径项目已达50项，田径运动成为各项体育运动中项目最多的一项体育运动。奥运会使田径运动得到迅猛的发展。

纵观世界田坛，随着科学技术的不断发展和创新，各国教练员、运动员和管理人员不断努力探索，差距逐步缩小，田径比赛也更加紧张和激烈，更加具有观赏性。

我国的田径运动历史悠久，新中国成立前，田径运动发展缓慢，技术水平低。1932年在美国洛杉矶举行的第10届奥运会上，中国正处于“九一八”事变之后不久，局势动荡。经过多方努力，张学良捐资，刘长春等4人克服各种困难，参加了这届奥运会。由于长途跋涉，体力消耗过大，他在100米、200米预赛中成绩不佳被淘汰。

新中国成立后，田径运动得到迅速发展。1957年，我国女子跳高运动员郑凤荣以1.77米的成绩打破了丹麦运动员保持的1.76米的世界纪录；1983年和1984年，我国运动员朱建华连续3次创造男子跳高世界纪录；1993年8月在德国举行的第四届世界田径锦标赛中，我国女运动员王军霞、曲云霞和刘冬分获10 000米、3 000米和1 500米的金牌，黄志红获得铅球比赛的冠军，同时，王军霞还创造了 10 000 米和 3 000 米的世界纪录，曲云霞创造了 1 500 米的世界纪录。在 2004 年的第 28 届奥运会上，刘翔在男子 110 米栏比赛中荣获金牌，在 2006 年的世界田联大奖赛洛桑站上，他以 12 秒 88 的成绩打破 12 秒 91 的世界纪录，又在随后日本大阪举行的世界田径锦标赛上取得冠军，创造了亚洲人在田径短跨项目上的辉煌，实现了历史性突破，极大地推动了我国田径运动的发展。

三、田径运动的分类

现在国际田径运动的比赛项目很多，它的分类也比较复杂。各国为参加世界性的和国际性的田径比赛，大都沿用或参照国际田联承认的世界田径纪录的比赛项目。我们国家田径比赛项目的分类情况，见表 4-1-1。

表 4-1-1　我国田径比赛项目分类

类别	项目	男子项目	女子项目
田赛	跳跃	跳高、撑竿跳高 跳远、三级跳远	跳高、撑竿跳高 跳远、三级跳远
	投掷	铅球(7. 26 千克) 标枪(800 克) 铁饼(2 千克) 链球(7. 26 千克)	铅球(4 千克) 标枪(600 克) 铁饼(1 千克) 链球(4 千克)
径赛	竞走	20 千米、50 千米	5 千米、10 千米、20 千米
	短距离跑	100 米、200 米、400 米	100 米、200 米、400 米
	中距离跑	800 米、1 500 米、3 000 米	800 米、1 500 米、3 000 米
	长距离跑	5 000 米、10 000 米	5 000 米、10 000 米
	跨栏跑	110 米(1. 067 米) 400 米(0. 914 米)	100 米(0. 84 米) 400 米(0. 762 米)
	障碍跑	3 000 米	
	马拉松	42 195 米	42 195 米
	接力跑	4×100 米 4×400 米	4×100 米 4×400 米
全能运动		十项 (100 米、跳远、铅球、跳高、400 米、110 米栏、铁饼、撑竿跳高、标枪、1 500 米)	七项 (100 米栏、跳高、铅球、200 米、标枪、跳远、800 米)

四、田径运动的价值

(一)田径运动的教育价值

田径运动的各个项目都要求运动员在有一定限制和条件下发挥出最大的潜力，要始终保持必胜的信心，要有克服一切困难和正视一切挑战并实现自己目标的勇气。因此，它能培养人的勇敢顽强、拼搏进取的意志品质。

（二）田径运动的健身价值

田径运动的不同项目对提高身体的相关能力和相应的身体素质，有明显的作用。不同的运动项目，锻炼效果各有侧重，短跑以发展速度为主，可增加有氧系统酶的活性，提高人体的最大摄氧能力，提高中枢神经系统兴奋和抑制过程的灵活性；中长跑可增加耐力，增强心肺系统的能力，是提高人体抗疲劳能力的重要手段，也是防止体内脂肪堆积的有效手段；跳跃项目以发展弹跳力和灵敏度为主，可提高人体的弹跳能力和灵敏性，增强人体的空间感觉机能；投掷项目以提高肌肉力量为主，可改善肌肉的灵活性，提高肌肉的收缩速度和力量。

（三）田径运动的竞技价值

田径运动在提高身体素质方面效果显著，很多竞技体育项目都把田径运动作为发展全面身体素质的重要手段。为较客观地衡量身体训练水平，检验身体训练的效果，一般都选用一些田径项目制定测验标准，并作为常规性测验指标。

第二节　田径运动的基本技术与学练方法

跑是日常生活中人的最基本的活动能力。跑包括短距离跑、中距离跑、长距离跑、跨栏跑、障碍跑、马拉松和接力跑。

一、短距离跑

跑步项目的基本技术

短距离跑即是短跑，它是一项以无氧代谢为主要特征的极限强度运动，也是发展速度素质的最有效手段。它包括 100 米跑、200 米跑和 400 米跑。

（一）基本技术

短跑的全程技术分为起跑、起跑后的加速跑、途中跑和终点跑四个部分。

1. 起跑

起跑的目的是使身体摆脱静止状态，从而获得向前的冲力，为起跑后的加速跑创造条件。根据田径比赛规定，短跑比赛必须采用“蹲踞式”起跑并使用起跑器（图 4-2-1）。

起跑包括“各就位”“预备”和“鸣枪”三个阶段（以 100 米跑为例）。

（1）各就位。听到各就位的口令后，运动员做 2～3 次深呼吸，放松地走到起跑线前，俯身用两手撑地，将两脚依次蹬在起跑器的抵趾板上。将有利的脚放在前起跑器上，后膝跪地，两手放在起跑线后沿，两臂伸直并稍比肩宽，四指并拢与拇指成八字形，身体稍前倾，两肩放松，眼睛看前下方，注意力集中，听口令。

（2）预备。听到口令后，逐渐抬起臀部，略高于肩部，身体重心前移，落在两臂和前脚上，集中精力听“鸣枪”。

（3）鸣枪。听到枪响后，两手迅速推离地面，并屈肘做有力的前后摆动，同时两腿快速蹬离起跑器，后腿迅速屈膝向前摆动。

图 4-2-1　蹲踞式起跑

2. 起跑后的加速跑

起跑后的加速跑是从蹬离起跑器后进入途中跑前的一个跑段。这段距离一般为 30 米左右。加速跑的任务是尽快使自己的速度达到最高。

在加速跑过程中，身体重心随着速度增加，逐渐由较大的前倾过渡到抬起，直至接近途中跑姿势。

3. 途中跑

途中跑是短跑全程中距离最长、速度最快的一段，也是最重要的一个阶段，其任务是继续发展和保持较长距离的最大速度。技术特点是摆动腿积极前摆下压，后蹬腿迅速蹬地，伸展髋、膝和踝关节，使身体重心迅速前移，两臂积极有力地前后摆动，途中跑时，要求上体稍前倾或正直，眼睛平视前方（图 4-2-2）。

图 4-2-2　途中跑技术

4. 终点跑

终点跑是全程跑的最后一段。终点跑的任务是保持最快的速度跑过终点，以取得好的成绩和名次（图 4-2-3）。

图 4-2-3　终点跑的撞线动作

终点跑技术与途中跑技术基本相似。最后 20～30 米处加强两臂摆动和两腿的蹬地力量，距终点 3 米左右时上体迅速前倾，用胸部或肩部撞线，撞线后随惯性自然跑出。

(二)200 米跑和 400 米跑的技术

200 米跑和 400 米跑技术，同 100 米跑没有本质上的区别，不同的是有一半以上距离是在弯道上跑，为了适应弯道跑，必须改变跑的身体姿势和后蹬与摆动的方向。同时，在赛跑时，应合理分配体力。

1. 弯道起跑和起跑后的加速跑

为了便于加速，起跑后开始一段距离应沿着直线跑进，起跑器安装在跑道的右侧沿，正对弯道切点方向。弯道起跑后的加速跑距离短，较大前倾的身体要早些抬起。

2. 弯道跑

进入弯道时，身体向内倾斜，后蹬时右腿用前脚掌的内侧用力，左腿用前脚掌的外侧用力。右肘内扣，右臂摆幅加大，前摆时稍向内，后摆稍向外，左臂稍离开躯干。弯道跑的蹬地与摆动方向都应与身体向圆心方向倾斜一致。

(三)短跑练习

1. 专门练习

(1)原地摆臂练习。原地前后站立，以肩为轴，屈肘做前后大幅度的放松摆动。两手指自然微屈或伸直。注意摆动的方向，肩关节要放松。

(2)小步跑练习。大腿稍高抬，膝关节放松，身体重心自然前移，用前脚掌扒地过渡到垂直支撑，两腿依次交替做，两臂自然弯曲，配合两腿前后摆动。要求大腿积极下压，脚掌做有力的扒地动作；步幅小，步频快(图 4-2-4)。

图 4-2-4　小步跑技术

(3)高抬腿跑练习。大腿向前上方抬起,另一腿有力地蹬地,两臂有力地前后摆动,体会摆动腿折叠高抬的前摆动作(图 4-2-5)。

图 4-2-5 高抬腿跑技术

(4)后蹬跑练习。上体稍前倾,提高身体重心。摆动腿高抬至水平面,胯前送,小腿自然下垂,随后大腿积极下压。要求后蹬腿积极快速后蹬,加大前摆幅度,身体重心前移,两臂配合积极摆动(图 4-2-6)。

图 4-2-6 后蹬跑技术

(5)车轮跑练习。上体正直或稍前倾,摆动腿折叠前摆高抬,脚跟紧靠臀部,大腿抬直水平面后积极下压,膝关节放松;小腿顺惯性前摆后做快速的扒地动作,两臂协调配合做前后摆动(图 4-2-7)。

图 4-2-7 车轮跑技术

2. 蹲踞式起跑技术

(1)掌握普通起跑器的安装方法。

(2)将学生分散开,按“各就位”“预备”“跑”的口令进行练习。

(3)集体听口令进行练习,蹲踞式起跑加速 20～30 米。

3. 途中跑技术

(1)用前脚掌着地,进行富有弹性的慢跑练习,体会提拉脚跟、两臂前后摆动与跑步动作的协调配合。

(2)行进间跑 30～60 米,体会完整的途中跑技术。

(3)高抬腿跑 20 米逐步转入加速跑 40～60 米。体会前脚掌着地动作及上、下肢动作的协调配合。

(4)后蹬跑 30 米逐步转入加速跑至 60 米。

(5)加速跑 60～80 米,要求加速到最高速度时保持速度,顺惯性跑进,体会自然、放松的途中跑技术。

4. 学习弯道起跑技术和弯道衔接技术

(1)画一个半径为 10 米的圆圈,学生沿圆圈进行逆时针方向的圆圈跑练习,体会弯道跑技术。要求跑时,用左脚外侧、右脚内侧着地,体会身体内倾的感觉。

(2)直道进入弯道跑 30 米,体会由直道进入弯道跑的衔接技术。

(3)弯道进入直道跑 20 米,体会由弯道进入直道跑的衔接技术。

5. 终点跑技术

积极摆动两臂,蹬地有力,身体积极前倾,保持冲刺速度,用胸部撞线。

(1)在距终点 20 米处拉一长约 10 米的横线,学生分成 4～6 组,在中速跑中进行撞线练习。

(2)加速跑 30 米做最后的冲刺撞线练习。

6. 短跑的完整技术(以 100 米跑为例)

(1)蹲踞式起跑 30～50 米。

(2)60 米跑练习,体会短跑的完整技术。

(3)学生分成若干组,进行 60 米跑的教学比赛。

(4)100 米全程跑练习。要求各技术环节协调配合,动作流畅、完整。

(5)100 米全程测试跑或比赛。

7. 常见的错误及纠正方法

(1)起跑时蹬离起跑无力。

产生原因:预备时臀部抬得过高或过低;腿部力量欠缺。

纠正方法:做预备动作时,强调臀部稍高于肩,两脚紧贴起跑器上。加强两臂与两腿的有力配合。平时在练习中,要加强腿部力量的练习,如纵跳、蛙跳、后蹬跑等。

(2)上体抬起过早。

产生原因:起跑反应慢,用力不够。

纠正方法:要求起跑时低头,眼看前下方,注意力放在摆臂和蹬地的配合上,随惯性逐渐抬起头,不必刻意去做。

(3)屈髋后坐跑。

产生原因:后蹬不充分,身体后仰或挺胸跑。

纠正方法:多做后蹬跑练习或有节奏的跑的练习。

(4)跑动时直线性感觉较差,身体左右摇摆。

产生原因:低头或两臂摆动的方法不正确。

纠正方法:沿分道线跑,两臂前后积极地摆动。

二、中长跑

中长跑是中距离跑和长距离跑的简称。它的特点是距离比较长，要求运动员既要有一定的速度，还要有持久的意志力。

中长跑的比赛项目很多，它包括 800 米、1 500 米、3 000 米、5 000 米、10 000 米等。

(一)中长跑的基本技术

中长跑基本技术包括：起跑和起跑后的加速跑、途中跑和终点跑。

1. 起跑和起跑后的加速跑

中距离跑采用半蹲式或站立式起跑，长距离跑采用站立式起跑。

半蹲式起跑：两臂一前一后，一手的拇指与其余四指成“八”字形支撑在起跑线后，另一手臂在体侧，体重主要落在前腿和支撑臂上。起跑动作与蹲踞式起跑相似。

站立式起跑的动作顺序按以下口令进行：听到“各就位”后，做一两次深呼吸，走到起跑线后，两脚前后开立，紧靠起跑线的后沿，前脚跟和后脚尖之间的距离为一脚长，两脚左右间隔约半脚，后脚前脚掌支撑站立。两腿弯曲，上体前倾，集中注意力听枪声或“跑”的口令。听到口令后，两腿用力蹬地，后腿蹬地后迅速前摆，前腿迅速蹬直，两臂配合两腿的摆动使身体向前冲出。加速跑时，上体前倾，积极摆臂、摆腿和后蹬。当跑出一定距离时，逐渐进入匀速而有节奏的途中跑。

2. 途中跑

途中跑技术与短跑技术相似。身体重心略高，两腿的后蹬与两臂的摆动幅度都要小一些。弯道跑时身体稍向左倾，右臂的摆动和右腿的蹬伸力量要相对的大些。途中跑要求步幅均匀，动作轻松，正确地呼吸(采用二吸一呼方法)，跑起来富有弹性。

3. 终点跑

终点跑是临近终点一段距离的冲刺跑。一般地，距离越长的项目，冲刺距离也随之延长。冲刺跑选择的时机很重要，冲刺时应加大手臂的摆动和腿的后蹬力量，增大动作幅度，身体前倾，全力冲过终点。

(二)中长跑练习

1. 起跑练习

采用站立式起跑 30～50 米 2～4 次进行练习。体会和掌握起跑和起跑后的加速跑技术。

2. 变速跑

采用 100 米快、100 米慢或 200 米快、100 米慢等方法进行交替练习。800 米 2～3 次(间歇时间 10 分钟左右)。

3. 间歇跑练习

反复跑 800 米(或 1 500 米)2～3 次。要求用中速跑，最后冲刺(每次间歇时间 15 分钟左右)。

4. 进行 800 米或 1 500 米测试

要求合理地分配体力,量力而行。

5. 常见的错误及纠正方法

(1)呼吸方法不正确,跑时节奏性差。

产生原因:呼吸和跑的节奏配合不协调。

纠正方法:采用二吸一呼的方法,中速跑,使呼吸与动作协调配合。

(2)重心不稳,身体摇晃,动作费力。

产生原因:身体过于紧张,摆臂动作不正确。

纠正方法:放松身体,轻松自然地前后摆臂;沿分道线进行中速跑练习,注意调整呼吸和跑的节奏。

三、接力跑

接力跑是田径运动项目中唯一的集体项目,包括男子 4×100 米接力和 4×400 米接力,女子 4×100 米接力和 4×400 米接力。接力跑成绩的优劣,不仅取决于每个队员跑的速度,而且在很大程度上取决于队员之间的相互配合以及相互之间传接棒技术的合理运用。因此,接力跑项目极具竞赛性和观赏性,深受人们的喜爱。

(一)接力跑的传接棒方法

在接力跑中,目前多采用下压式、上挑式和混合式三种方法进行传接棒。

1. 下压式传接棒技术

动作要点:接棒时自然伸臂,手心朝上,虎口向后。传棒时将棒自上而下放入接棒者手中(图 4-2-8)。

下压式传接棒的优点是接棒后手已经握在棒的一端,因而不必换手,便于传给下一棒。但是接棒时的手臂和手腕动作比较僵硬和紧张。

2. 上挑式传接棒技术

动作要点:接棒手臂后摆,手指张开,拇指向前。传棒时手臂前伸,由下而上挑送入接棒人手中(图 4-2-9)。

上挑式方法的优点是接棒队员手臂后伸动作比较自然,肌肉比较放松。但是接棒后手已经握在棒的中部,不利于传棒,影响跑速,并容易造成掉棒。

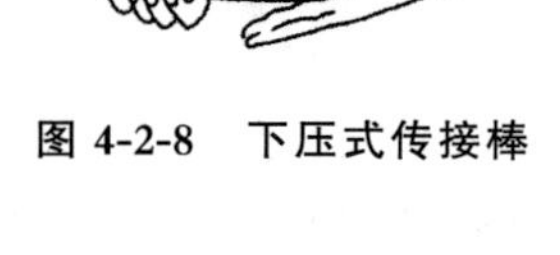

图 4-2-8　下压式传接棒

图 4-2-9　上挑式传接棒

3. 混合式技术

混合式技术综合了上述两种方法。

(二)接力跑的基本技术

接力跑的技术包括短跑技术和传接棒技术两部分。接力跑的成绩不仅取决于各棒次队员的速度,更取决于各棒次队员之间传接棒技术的积极有效的相互配合,有时后者的作用更为明显和突出。

1. 4×100 米接力跑

4×100 米接力跑采用的是分道跑,每个参赛队的 4 名队员都必须在自己的跑道上完成传接棒。

(1)起跑。第一棒必须采用蹲踞式起跑,由于第一棒跑的是弯道,因此,跑的技术与弯道跑技术相同。一般地,起跑器要安装在靠跑道的右侧。第一棒队员采用右手持棒,持棒的方法有三种:一是用右手的食指握住棒的后部,拇指与其他手指分开撑地;二是用右手的中指、无名指握住棒的后部,拇指、食指和小指成三角撑地;三是用右手的中指、无名指和小指握住棒的后部,拇指和食指分开撑地。接力棒不得触及起跑线和起跑线前的地面(图 4-2-10)。

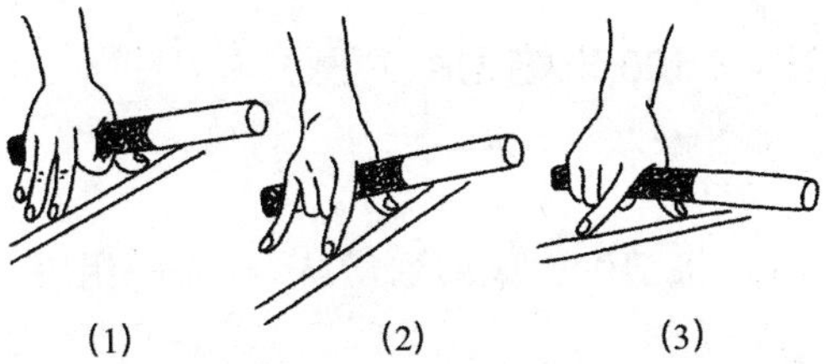
(1)　(2)　(3)

图 4-2-10　三种持棒方法

第二、第三、第四棒队员多采用站立式或半蹲式起跑。第二、第四棒队员站在跑道的外侧,右脚在前,左脚在后,用右手撑地,头向左转,目视传棒人,等到传棒人触及自己的起跑标志线时则立即起动。第三棒队员站在跑道的内侧,左脚在前,右脚在后,左手撑地,头向右转,目视传棒人,待传棒人触及自己的起跑标志线时则立即跑出。

(2)传接棒的方法。4×100 米接力跑多采用上挑式与下压式相结合的传接棒方法。第一、第三棒队员用右手持棒,沿跑道内侧跑进,采用上挑式方法将棒传给第二、第四棒队员。第二棒队员则用左手接棒,沿跑道外侧跑进,用下压式方法将棒传给第三棒队员的右手。第四棒队员用左手接棒,沿跑道外侧跑进,直至跑完全程。

(3)4×100 米各棒次的安排。一般地,第一棒队员应安排起跑快并且弯道技术好的队员,比赛开始就能领先,为全队的最后获胜奠定基础。第二棒应安排专项技术好,善于传接棒的队员。第三棒除了要具备第二棒队员的条件外,还要善于跑弯道。第二、第三棒队员还应具备较好的较长距离的单跑成绩。第四棒应是全队短跑速度最快,而且冲刺能力、意志力都较强的队员。

2. 4×400 米接力跑

4×400 米接力跑第一棒采用分道跑,第二棒先进行分道跑,跑过第一个弯道抢道标志线后抢道,第三、第四棒不分道跑。

(1)起跑。第一棒队员采用蹲踞式起跑,第二、三、四棒队员则多采用站立式起跑,站在第一道上,目视传棒人的跑进,准备接棒。

(2)传接棒方法。传接棒一般采用两种方法:一种是接棒人向后伸出右臂,手掌向上,拇指向后方,肘部向下;传棒人伸出左臂,并逐渐减速。另一种是接棒人向后伸出右臂,手掌向后,拇指向下指;传棒人向前伸出左手,由下而上将棒传给接棒人,并逐渐减速。

4×400 米接力跑,多采用右手传棒,左手接棒的方法,即第一棒以右手传给第二棒的左手,第二棒跑出后将棒换到右手,依此类推,最后一棒可以不换手跑完全程。

由于传棒人传棒时的速度已经明显下降,所以当传棒人跑进时,接棒人要目视传棒人,在慢加速中主动接棒,随后快速跑出。

4×400 米接力与 4×100 米接力跑的明显不同之处是在跑道上没有固定标志,虽然传接棒时的速度相对较慢,相对容易,也不容易犯规,但是它的接力区都几乎在第一道上。因此,在水平接近、竞争激烈的情况下,要做到迅速并及时地完成传接棒,接棒人应及时地判断自己将在哪条跑道上接棒,并判断传棒人的速度,进行预跑。

(3)4×400 米各棒次的安排。一般地,第一棒应具备良好的冲刺能力,能充分利用分道跑的有利条件,力争在第一个 400 米跑中成为领先者。第二、三棒队员的跑速相对要差些。第四棒队员应是全队中专项技术最好、跑得最快的队员。

(三)接力跑的练习(以 4×100 米接力跑为例)

1. 练习方法

(1)原地进行传接棒练习。将学生分成两列横队,两人一组进行练习。体会上挑式和下压式的传接棒方法。

(2)在走和慢跑中进行传接棒练习。传棒人在接近接棒人时要发出“接”的信号,接棒人迅速向后伸臂接棒。要求接棒者手臂保持基本平稳,不要过于晃动。

(3)在直道上进行传接棒练习。将学生分成若干组,用中速进行练习。要求按道次跑,不要越线。

(4)在接力区内做传接棒的练习。掌握在接力区内完成传接棒技术。要求先用中速练习,逐渐过渡到全速,体会在高速情况下完成传接棒的技术动作。

(5)4×50 米接力跑练习。将学生分组,进行 4×50 米的练习或比赛。

(6)4×100 米接力跑练习或比赛。进行 4×100 米的全程对抗性练习或比赛。掌握在竞争激烈的情况下与同伴之间传接棒的协调配合及适宜的时机。

在 4×100 米接力跑的分组练习或比赛时,都要注意各队的实力力求均衡,以提高各队之间的竞争效果;每次练习或比赛后各组都要积极进行总结,互相沟通和协调,不断改进和提高传、接棒技术。

2. 常见的错误及纠正方法

(1)掉棒。

产生原因:传接棒时过于紧张;手持棒的部位不正确。

纠正方法:增强自信心,以中速进行练习,正确掌握传接棒方法。传、接棒时要按照先后顺序,传棒人应握紧棒,直到将棒顺利传到接棒人手里为止。

(2)传棒时前送过早，或接棒人接棒时后伸过早。

产生原因：传棒人传棒时过于疲劳，担心自己赶不上接棒人；接棒者又过于害怕接不到棒。

纠正方法：反复进行传接棒的练习；消除紧张心理。

(3)接棒时手臂晃动过大，影响传棒人传棒。

产生原因：接棒人过于紧张，动作僵硬。

纠正方法：打消顾虑，消除紧张情绪；反复进行传接棒练习。

(4)接棒人接棒时回头张望，影响跑的速度。

产生原因：精神过于紧张，自信心不足。

纠正方法：进行由中速逐渐过渡到全速的传接棒练习；眼睛始终向前看，反复地进行练习，消除紧张情绪。

(5)接棒人没有按跑道的一侧跑进，给传接棒造成传递的困难。

产生原因：没有形成接力跑沿一侧跑的意识；练习太少。

纠正方法：了解和掌握各棒次队员正确的跑进路线和传接棒方式；反复地进行练习。

(四)发展和提高速度力量的练习

短跑是极限强度的竞赛项目，也是发展速度素质最有效的手段。在教学中，应加强短跑的反应速度练习和力量练习。要求快速地完成各种动作。

(1)2 人一组，相距 2 米面对面站立，听口令做反向的快速跑出。

(2)原地按教师的手势做向前、向左、向右的移动。

(3)慢跑中，听口令做向前或向后的转身跑练习。

(4)听口令做蹲踞式起跑练习。要求快速跑出 15 米。

(5)50 米的追逐跑练习。将学生分成若干组，每组间隔 2 秒听口令进行追逐跑的练习。

(6)练习短距离加速跑 30～60 米。要求逐渐加速，蹬地有力，两臂配合积极摆动。

(7)100 米全程跑练习。体会全程跑的完整动作技术，要求动作幅度大，节奏感强，跑得积极有力，上下肢协调配合。

(8)60 米迎面接力跑练习或比赛。将学生分成若干组，进行迎面接力跑的练习。

(9)4×100 米的接力跑的练习或比赛。

(10)30 米跨步后蹬跑练习。强调步幅不宜过大，蹬伸要快速有力。

(11)沙坑内做快速的纵跳练习。要求充分蹬地，快速跳起。

(12)立卧撑快速跳起练习。

(13)向上或向前的快速推举哑铃练习。要求两腿用力蹬地，上、下肢协调配合。

短跑的速度力量练习有很多。在教学中，还应采取多种教学手段和方法，多做跑的专门练习，增加一些趣味性的游戏和比赛，进一步激发学生的学习兴趣，发展和提高学生的速度力量素质。

四、跨栏跑

跨栏跑是田径运动中极具挑战的项目，跨栏跑技术以它独特的技术动作和魅力，深受人们的喜爱。跨栏跑的成绩不仅取决于运动员的平跑能力，还取决于运动员的跨栏技术以及跑和跨的结合能力。

跨栏跑的比赛项目有男子 110 米栏和男子 400 米栏、女子 100 米栏和女子 400 米栏。

正式比赛的栏架设置如表 4-2-1 所示。

表 4-2-1 正式比赛的栏架设置 米

比赛项目	栏高	栏间距	起跑至第一栏距离	第十栏至终点距离
男子 110 米栏	1.067	9.14	13.72	14.02
男子 400 米栏	0.914	35	45	40
女子 100 米栏	0.84	8.50	13	10.50
女子 400 米栏	0.76	35	45	40

(一)跨栏跑的基本技术(以 100 米栏为例)

1. 起跑至第一栏技术

起跑至第一栏的任务是:快速起动,积极加速,迅速准确地跨过第一栏。

起跑时将起跨腿放在起跑器上,起跑至第一栏一般跑 8 步。起跑后要积极加速,两臂前后有力地摆动,后蹬有力。栏前最后一步步幅稍小,起跨腿快速扒地,准确地踏上起跨点。

过栏是由起跨攻栏、腾空过栏和下栏着地构成的技术动作(图 4-2-11)。

图 4-2-11 跨栏跑的过栏技术

(1)起跨攻栏。起跨攻栏是指从起跨脚踏上起跨点到后蹬离地为止的准备过栏动作,正确的起跨动作是掌握过栏技术的关键。起跨时要有较高的身体重心位置,保证重心的平稳过渡。身体腾空后,应加大重心前移,同时起跨腿积极向下、向后做扒地动作。摆动腿以大腿带动小腿,积极快速地由后向前摆动,大小腿在体后折叠,足跟靠臀部,膝部朝下,快速向前上方摆起。

身体各部位动作连贯,协调配合。两臂配合下肢做前后的有力摆动。摆动腿异侧手臂伸向前方,有利于身体平衡,抵消身体的扭转。

(2)腾空过栏。腾空过栏是指从起跨结束,身体转入腾空起,到摆动腿过栏后着地的这段空间的动作。任务是保持身体平衡,快速完成腿的剪绞动作,以利于过栏后继续向前跑进。腾空过栏时,身体重心沿着起跨时的抛物线轨迹向前运动。当膝关节超过栏板高度时,小腿迅速前摆,摆动腿异侧臂伸向栏板上方,与摆动腿基本平行。过栏时摆动腿积极下压,加快起跨腿的提拉速度和剪绞速度,尽量保持起跨前已有的速度,维持身体重心平稳。

(3)下栏着地。下栏着地是指身体重心达到最高点开始,到摆动腿落地支撑的过程,其任务是尽量减少水平速度的丧失,使身体平稳、快速地进入栏间跑。下栏着地要积极快速,摆动腿积极下压,起跨腿迅速提拉,两臂积极地前后摆动,两腿动作协调配合,动作连贯。

2. 栏间跑技术

栏间跑是指下栏着地点至下一栏的距离。栏间跑的任务是发挥速度,保持步幅和节奏,强调高重心,高频率,准备攻栏。在跨栏着地时,为使跑跨动作衔接紧密,支撑腿的有力后蹬,起跨腿快速向前提拉和两臂前后的有力摆动是完成第一步的关键。第二步与途中跑相似,步幅比第一步要大,是栏间跑的关键步,跑得轻松且富有弹性。栏间跑的第三步与起跨攻栏紧密相连,要求摆动腿放脚积极、迅速。栏间跑的速度主要取决于加快步频和改进跑的节奏。

(二)跨栏跑的练习(以 100 米栏为例)

1. 跨栏跑练习(图 4-2-12)

图 4-2-12　跨栏跑练习

(1)原地或行进间的高抬腿跑练习。

(2)行进间的车轮跑练习。

(3)扶墙做起跨腿的体侧拉向体前练习。强调髋前送,重心前移。

(4)行进间做摆动腿的模仿练习。

(5)走或慢跑中做摆动腿屈膝高抬的动作和"鞭打"动作。

(6)走或慢跑中做栏侧的起跨过栏动作的练习。

(7)慢跑或高抬腿跑中做栏中的过栏动作。

2. 跨栏跑的正确节奏

(1)60 米高重心大步快速跑。

(2)行进间在栏侧做跨栏的完整动作练习。要求体会起跨腿的蹬地与摆动腿的协调配合。

(3)在慢跑中做跨栏板的练习。在地上放置 3～5 个栏板,相距 6 米左右,要求用 3～5 步进行练习。

(4)行进间做跨栏跑的练习:放置 3～5 个栏(栏架倒放),从栏间跑 3 步或 5 步进行练习。强调摆动腿的高抬动作和起跨腿的外翻提拉动作。

(5)放置 6 个栏架,栏架放低或将栏板平放在栏架上,用中速跨过。要求栏间用 3 步完成。

(6)60 米全程栏的节奏练习。体会全程栏的节奏;提高学习兴趣,增强自信心。

3. 起跑跨过第一栏技术

(1)站立式起跑,采用 10～12 步跨过第一栏(起跑至第一栏 13 米)。要求逐渐加速,步长稳定。

(2)蹲踞式起跑,采用 10～12 步跨过第一栏。要求确定步长,设置起跨点标志,反复地进行练习。

(3)听口令蹲踞式起跑跨过第一栏。要求注意力集中,认真听口令进行练习,避免和减少抢跑。

4. 60 米全程跨栏跑技术

(1)蹲踞式起跑跨过 3～5 个栏,栏间用 3 步(栏间距离 6～7 米,栏板平放在栏架上)。

(2)蹲踞式起跑跨过 4～6 个栏,栏间用 3～5 步完成。

(3)蹲踞式起跑跨过全程 6 个栏,并快速跑过终点。

(4)进行 60 米跨栏跑技术的测试、比赛。巩固跨栏跑的技术;检查学生的学习情况(栏间距离 7 米,栏间用 3 步或 5 步跨越均可)。

强调跑的重心高,节奏明显;要求下栏第一步摆动腿向前上方摆动跑出,要求学生要有意识地加大这一步;栏间跑做到积极有力。

5. 常见的错误及纠正方法

(1)蹲踞式起跑至第一栏步点不准。

产生原因:自信心不强,跑的节奏不稳定。

纠正方法:增强自信心;起跑后的第一步放置标志物,反复多练;稳定步长,积极攻栏。

(2)起跨时重心过高,形成向上的跳栏动作。

产生原因:助跑速度太慢;起跨攻栏不积极;最后一步太小。

纠正方法:采用 6～8 步助跑,逐渐加速;画出起跨点标记,反复做起跨攻栏练习。

(3)起跨时重心过低,蹬地不充分,造成屈腿跳栏。

产生原因:胆怯,害怕碰栏;最后一步太小,速度过慢。

纠正方法:消除紧张、害怕心理;降低栏架高度,栏板平放在栏架上;起跨点做标记,反复做起跨攻栏练习。

(4)下栏时身体重心不平衡,向一侧扭转。

产生原因:起跨腿后拖,没有提拉到身体前方;身体重心前移不够;起跨腿起跨蹬伸不充分;上下肢动作配合不协调。

纠正方法：反复进行跨栏的专门练习；加强起跨腿一侧手臂的前伸摆动与起跨腿的蹬伸、向前提拉动作的配合练习。

(5)全程跑节奏不稳定。

产生原因：全程跑练习不够；跑时节奏不稳定。

纠正方法：多做全程跑练习；建立正确的全程跑的节奏感。

在教学中，要正确引导和启发学生的学习兴趣，多做一些游戏和跨越障碍的练习，消除顾虑和害怕心理，不要提出过高、过多的要求。特别要注意安全问题，栏架的高度要降低，栏板平放在栏架上，栏间距离也要缩短。教学中注意循序渐进，使学生身心放松地学习，基本了解跨栏跑的技术特点，初步掌握和完成技术动作，从中感受这项运动所带来的快乐和美。

第三节　跳　跃

跳跃是田径运动的一部分，它包括跳高、跳远、三级跳远和撑竿跳高。跳跃项目的技术环节包括助跑、起跳、腾空和落地。

一、跳高

完整的跳高技术由助跑、起跳、过杆和落地几部分构成。有跨越式、剪式、滚式、俯卧式以及现在普遍采用的背越式跳高五种技术动作。

跳高项目的基本技术

(一)跨越式跳高

1. 基本技术

跨越式跳高技术(图 4-3-1)简单易学，容易掌握，对场地条件要求不高，一般学校都可以开设这个项目，因此也深受学生的喜爱。

(1)助跑：助跑的任务是使身体获得向前运动的水平速度，为快速有力起跳创造条件。

跨越式跳高采用从侧面直线助跑，摆动腿一侧靠近横杆，多采用 6～8 步，助跑角度 35～45 度。助跑要求蹬地快速、有力，逐步加快，节奏感强；两臂积极摆动，重心稍前移。

(2)起跳：起跳是跳高技术的关键环节。起跳的任务是迅速改变人体的运动方向，为过杆创造有利的条件。助跑的最后一步要依靠起跳腿和摆动腿的有力配合，完成起跳动作。起跳时上体要保持正直，两臂向上摆起。

(3)过杆和落地：过杆和落地的任务是充分利用起跳的高度，使身体尽快越过横杆，顺利落地。当摆动腿摆过横杆时，起跳腿稍向外旋，并快速向上抬起，同时起跳腿的同侧臂向下，向后摆动，并带动身体稍向横杆方向侧倒和扭转，帮助起跳腿向上绕过横杆，然后摆动腿、起跳腿依次落地，完成动作。

图 4-3-1 跨越式跳高技术

2. 跨越式跳高练习

跨越式跳高技术简单易学，易于掌握。因此，在教学中以完整教学为主，强调动作的连贯性和协调性。

(1)练习跨越式跳高技术。

①原地做蹬摆的模仿练习。

②在走或慢跑中做蹬地摆腿练习。

③直线跑 6～8 步做助跑和起跳练习。要求反复练习，确定起跨点。

④全程助跑进行跨越式跳高练习。要求快速助跑和起跳，手臂带动两腿向上做跨越动作。

⑤进行测试或比赛，增强竞争意识，提高和完善动作技能。

(2)常见的错误及纠正方法。

①助跑步长不稳定，节奏感差。

产生原因：身体过于紧张，跑动不积极，节奏感差。

纠正方法：身体放松，反复进行助跑起跳练习，稳定步长，确定起跨点。

②最后一步重心过低，屈膝后坐。

产生原因：担心跳不起来，以至于最后一步过大。

纠正方法：反复做助跑起跳练习。强调高重心，上体保持基本正直。两臂积极摆动，起跳腿充分蹬伸，蹬地有力；在最后一步放置标志物，稳定步长。

③摆动腿与起跳腿的配合不协调。

产生原因：当摆动腿摆过横杆时，起跳腿未及时向横杆方向侧倒和扭转，从杆上绕过横杆。

纠正方法：多做摆动腿和起跨腿的模仿练习，加强腿部肌肉的柔韧性练习。

（二）背越式跳高

1. 基本技术

背越式跳高是当今世界上普遍采用的最先进的跳高技术。它是人体通过助跑起跳，以身体背对并越过横杆，用肩背先着垫的跳高技术。背越式跳高技术包括助跑、起跳、过杆和落地几个技术环节。

（1）助跑：助跑的任务是使身体获得向前运动的水平速度，获得合理的身体内倾姿势，为快速有力地起跳创造条件。

背越式跳高的助跑分为直线段和弧线段两部分。直线段有利于发挥水平速度，弧线段有利于起跳。直线段一般跑4～5步，要求跑动中身体重心要平稳，上体稍前倾，两臂积极摆动，蹬地有力。弧线段一般也跑4～5步，要求用前脚掌着地，蹬地有力，两臂积极的前后摆动，外侧肩高于内侧肩，身体逐渐加大内倾。助跑的第二步是助跑过渡到起跳的衔接部分，身体重心随之自然降低，为加快起跳速度创造有利的条件（图4-3-2）。

（2）起跳：起跳是跳高技术的关键环节。起跳的任务是迅速改变人体的运动方向，获得合理、有效的垂直速度和起跳角度，为顺利越过横杆创造条件。起跳时起跳脚沿弧线的切线方向朝前迈出，用前脚掌着地并很快过渡到全脚掌，并迅速地蹬地跳起。同时两臂配合腿的摆动向上做提肩摆臂动作，为完成过杆动作创造有利条件。

（3）过杆和落地：过杆和落地的任务是充分利用跳起的高度使身体顺利地越过横杆，并使身体安全落地。起跳腾空后，身体背对横杆，两腿自然放松下垂，挺髋仰卧，身体成反弓形。当身体重心越过横杆后，上体稍前屈，头部稍前收，两腿向上收，使整个身体尽快离开横杆，以肩背落在垫上。

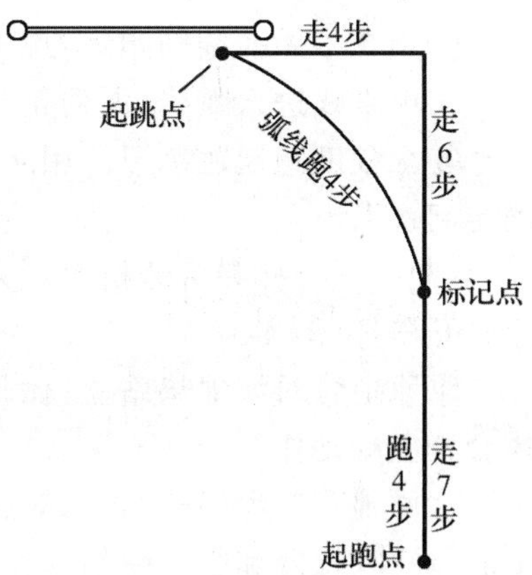

图4-3-2　助跑丈量法

2. 背越式跳高技术练习（图4-3-3）

（1）练习起跳技术。起跳脚沿助跑弧线的切线方向，即与横杆平行方向放脚，蹬摆结合。

①原地起跳练习：起跳腿在前，摆动腿在后，两臂积极由后向前、向上摆动，摆动腿积极蹬地，以髋带动摆动腿向前上方屈腿摆起，使摆动腿同侧肩高于异侧肩。

②向前上1步做起跳练习。

③向前3步弧线助跑做起跳练习。要求两臂带动摆动腿向上摆动，右肩高于左肩，起跳腿积极蹬伸，有力地向上跳起。

（2）助跑与起跳的结合练习。摆动腿的快速摆动和起跳腿有力蹬伸以及两臂的积极摆动；助跑与起跳动作衔接紧密，节奏感强。

①画一条半径为6米的圆圈，沿圆圈做起跳练习。要求用4步完成一次起跳动作，反复练习。跑时注意身体向内倾。

②3～5步弧线助跑起跳练习。

图 4-3-3　背越式跳高技术

③用 5 步做弧线助跑练习。用头或手触及高物,体会充分腾空向上的感觉。

④由直线进入弧线,做助跑起跳练习。

⑤全程助跑起跳练习。用 4 步跑直线,4 步跑弧线。要求根据个人情况,设定助跑距离和确定起跳点。

(3)练习过杆和落地技术。完成仰头、倒肩、展体和挺髋成反弓姿势;收腹收腿,使身体快速离开横杆(图 4-3-4)。

①原地背对海绵垫站立,做倒肩展髋动作。注意仰头,两臂同时向上摆起,用肩背着垫。体会杆上的动作。

②原地背对海绵垫站立,双脚跳起做倒肩、展髋和收腿动作。要求跳起后,一次完成仰头、倒肩、展体、挺髋和收小腿的动作。

③上一步单脚起跳做倒肩、挺髋和收腿练习。

④3～5 步助跑起跳,背卧上高的海绵垫,使身体成背弓姿势,两小腿下垂。体会倒肩展髋的感觉。

⑤3～5 步助跑做背越式过杆动作练习。放低横杆进行练习。

(4)练习背越式跳高的完整技术。富有节奏地助跑,起跳动作积极,身体过杆,动作连贯协调。

①进行全程的助跑和起跳练习。要求丈量自己的助跑距离和步长,确定起跳点,设置标志物。

②3～5 步助跑做背越式跳高练习。

③全程助跑做背越式跳高的完整动作练习。放低横杆进行练习。

④进行教学比赛和测试。通过技术评定,了解和掌握学生的学习情况,为今后更好地改进和提高教学质量打下良好的基础。

图 4-3-4　原地起跳“背弓”练习

(5)常见的错误及纠正方法。

①助跑速度太慢,节奏感差。

产生原因:助跑距离不准确,步长不稳定。

纠正方法:反复做助跑练习,踏准步点。

②摆动腿后蹬无力,上摆时屈膝不够。

产生原因:摆动腿后蹬不积极,大小腿折叠不好;腿部力量差。

纠正方法:加强腿部力量的练习;原地或上步多做摆动腿的屈腿摆动练习。强调两臂的积极摆动带动身体向上跳起。

③起跳后屈髋后坐,臀部落垫上。

产生原因:害怕担心;起跳后收腹,过早地倒体和收腿。

纠正方法:消除害怕心理;原地或上步跳起做抬臀挺髋的"背弓"姿势练习。要求摆动腿积极上摆,用肩背落垫。

在助跑和起跳的教学中,要强调摆动腿的积极支撑和摆动,上、下肢的协调配合;在完整技术动作的练习中,要强调技术动作的连贯性、整体性,各环节动作的合理衔接。教学中还应注意采取安全措施,确实保证学生的健康和安全。教学初期,横杆可以先用竹竿代替,尽量不用金属横杆。

二、跳远

跳远是一项速度与力量相结合的项目。跳远的完整技术是由助跑、起跳、腾空和落地四个部分组成。跳远有蹲踞式、挺身式和走步式三种动作形式。其中,蹲踞式跳远技术动作简单易学,便于学生学习和掌握。

(一)蹲踞式跳远

1. 基本技术(图 4-3-5)

(1)助跑。助跑的任务是为了获得较高的水平速度,为起跳做准备。助跑起动的方法有站立式和行进间两种。站立式起动是从静止姿势开始助跑,行进间起动是走或跑步踩上标志后开始的。助跑距离因人而异,一般在 25 米左右。

助跑应做到快速、积极和有力,逐渐加速,节奏感明显。最后几步要保持高速度和高的身体重心。

(2)起跳。起跳的任务是充分利用助跑所获得的水平速度,使身体获得最大的水平速度和最适宜的腾起角度,快速准确地完成起跳动作。助跑的最后一步,起跳脚应积极、快速地踏上起跳板,加快身体前移,起跳腿快速有力地蹬伸,使起跳腿的踝、膝、髋关节及全身充分伸展,上体和头部保持正直,摆动腿快速向前上方摆起至水平位置或略高,两臂配合腿部积极上摆。起跳结束时,有"制动"的感觉。起跳时应做到蹬、摆的协调配合。

(3)腾空。起跳结束后,身体向前上方腾起,这时摆动腿屈膝前摆、高抬,起跳腿自然下垂,留在身后,两臂向前上方摆起,身体成"腾空步"姿势。

(4)落地。身体腾空达到最高点时,留在后面的起跳腿屈膝前上收,向摆动腿靠拢,在空中形成"蹲踞"姿势,随后两腿上收,身体重心前移,两臂积极地由前向下、向后摆动,带动小腿前伸、落地。

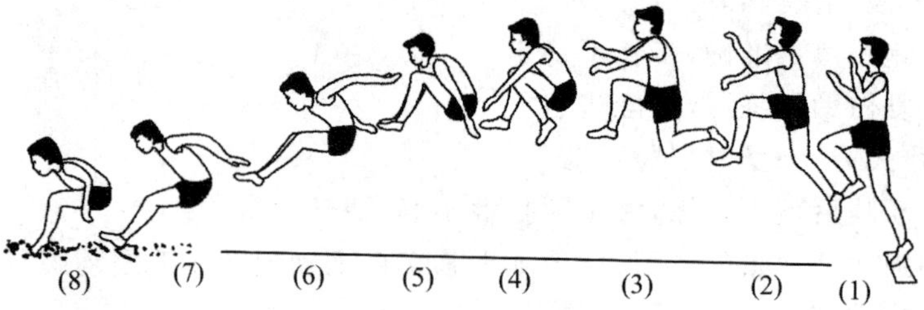

图 4-3-5 “蹲踞式”跳远技术

2. 蹲踞式跳远的练习

(1)蹲踞式跳远的技术要点。采用 6～8 步助跑,助跑快速,富有节奏;起跳脚积极前伸,踏板有力。助跑与起跳动作连贯、协调。

(2)练习方法。

①上 1 步做起跳的模仿练习:两脚前后站立,摆动腿在前,起跳腿在后。摆动腿蹬地,起跳腿由后向前迈步,并积极做踏板动作。两臂有力摆动与摆动腿积极上摆协调配合,有力地向前上方跳起。

②2～4 步做助跑起跳练习。在慢跑中连续做模仿练习。

③上 2 步在踏板上做起跳练习。在距离沙坑 1 米左右的地方放一个踏跳板,让学生体会腾空后的空中感觉。

④4～6 步做助跑结合起跳练习。在沙坑上方放竹竿,让练习者跳过,体会“腾空步”感觉。

⑤全程助跑与起跳练习。确定助跑的距离,放置标志物。要求稳定步长,反复练习。

3. 练习腾空和落地

(1)重点。保持空中的跨步姿势,延长“腾空步”时间。落地时重心前移,两脚前伸落在沙坑内。

(2)方法。

①团身举腿落地练习。要求跳起后两腿屈膝,两臂由后向前摆动;小腿前伸,落入沙坑。

②上 1 步在踏板上起跳,腾空后做团身举腿练习。

③3～5 步中速助跑踏板起跳,腾跃过橡皮筋后,做团身收腿落地动作。要求尽量延长“腾空步”时间。

4. 练习蹲踞式跳远的完整技术

(1)重点。确定全程助跑距离,助跑与起跳动作的协调性和连贯性。

(2)方法。

①确定助跑距离、步长,放置标志物。距离依个人情况而定,一般在 20 米左右。

②进行全程助跑距离的练习。要求反复多练,稳定跑的距离和步长。

③全程助跑与起跳练习。要求踏准起跳点。

④全程完整技术动作练习。要求助跑逐渐加速,起跳有力,身体各部位协调配合。

⑤进行蹲踞式跳远技术的测试或比赛。提高竞争意识,巩固动作技术。

5. 常见的错误及纠正方法

(1)助跑不积极,步长不稳定。

产生原因:助跑快慢不均匀,步点不准。

纠正方法:反复练习加速跑,确定步长和步点。

(2)起跳脚过于前伸或收回,踏板不准。

产生原因:过于紧张,担心踩不上起跳板,助跑的最后一步过小或跨大步。

纠正方法:消除紧张情绪,在最后两步旁放置标志物,反复进行助跑起跳练习。

(3)起跳时屈髋、后坐。

产生原因:起跳腿蹬伸不够,摆动腿前摆不积极。

纠正方法:反复做助跑和起跳的衔接练习,蹬摆协调配合。

(4)落地动作不协调,直腿落地。

产生原因:团身举腿动作不够,两臂摆动不积极。

纠正方法:多做两臂积极摆动,配合团身举腿练习;在沙坑里做全蹲跳起练习。

(二)三级跳远

三级跳远项目起源于爱尔兰,当时的跳法是两次连续的单脚跳和一次跳跃。

三级跳远是一项技术难度比较大的跳跃项目。三级跳远的技术动作是在助跑起跳后连续做3次跳跃,即由“单足跳”“跨步跳”和“跳跃”所组成的连续动作。

1. 基本技术

(1)助跑。三级跳远的助跑技术与跳远的助跑技术基本相同,只是助跑的距离稍短。身体前倾稍大。

(2)3次跳跃(图4-3-6)。

第一跳是单足跳,即用有力的脚起跳,起跳时全脚掌快速有力的踏板,同时摆动腿向前上方摆动,两臂由下向上摆起,跳起后身体在空中形成“腾空步”。上体保持正直,起跳腿以大腿带动向前摆动,此时摆动腿再由上向下、向后摆动,形成交换步。起跳腿积极下压,全脚掌扒地完成起跳动作。

第二跳是跨步跳,即用摆动腿跨步落地。起跳腿用力蹬地后,摆动腿继续向前上方高抬摆动,在空中形成“腾空步”。两臂协调配合,由前向后侧方摆动。摆动腿“扒地”下落。要求动作幅度大,腾空时间长。

第三跳是跳跃,它的起跳和腾空动作与跳远基本相同。即用摆动腿蹬地跳起,充分利用已有的水平速度,在空中形成“腾空步”。采用蹲踞式、挺身式或走步式落入沙坑,完成动作。

2. 三级跳远的练习

(1)练习助跑与起跳技术。起跳腿的积极前伸、放脚,有力地蹬摆结合,助跑与起跳动作连贯协调配合。

①做单脚起跳练习。要求用有力的脚起跳,连续做起跳练习。

②上1步在踏板上做单脚起跳练习:踏板距离沙坑约1米,要求起跳后单脚落入沙坑。反复地进行练习,体会“腾空”的感觉。

图 4-3-6　三级跳远技术

③3～5 步做助跑起跳练习。要求起跳时保持身体正直，重心前移。

④全程助跑起跳练习。要求确定助跑距离、步长及标志物。

(2)“三步跳”练习。“单足跳”“跨步跳”和“跳跃”三跳动作的合理衔接，尽可能地延长跨步跳和跳跃步的“腾空”时间。

①在沙坑里做单足跳练习。要求两腿交换做，反复地进行练习。

②4～6 步助跑做单脚起跳练习。要求用有力的脚进行起跳，并用起跳脚落入沙坑。

③15 米距离做连续的跨步练习。要求蹬地时髋、膝和踝关节充分蹬直。

④立定三级跳远练习。体会三步跳的衔接及腾空落地动作。

(3)完整技术动作练习。确定助跑距离、步长及设置标志物；掌握助跑节奏，提高跑跳能力；上下肢动作协调配合，动作连贯、顺畅。

①丈量助跑距离，确定助跑步长，设置标志物。

②反复进行全程的助跑练习。要求逐渐加速，稳定步长。

③进行全程助跑和起跳练习。要求反复练习，踩准起跳点。

④全程的完整技术动作练习。要求起跳后完成空中的“蹲踞式”动作。

⑤进行完整技术动作的测评和比赛。

(4)常见的错误及纠正方法。

①助跑步点不准。

产生原因：心里害怕，动作紧张，造成助跑步长不稳定，节奏感差。

纠正方法：要求助跑时逐渐加速，提高跑的节奏；反复进行全程助跑的练习。固定助跑的步长，放置标记以做提示。

②起跳时身体后坐，蹬地无力。

产生原因：担心跳不起来，制动过大。

纠正方法：身体放松，重心平稳，起跳脚快速前伸，蹬地有力。

③第一跳腾空过高，距离短。

产生原因：上体后仰，最后一步过大。

纠正方法：反复做助跑起跳练习。起跳时上体保持正直，最后一步自然放松，“跑”过起跳点。体会“跑跳”结合。两臂配合摆动腿做积极的前后摆动。

④第二跳跨步的远度和高度不够。

产生原因：第一步跳得过高，下落时重心不稳，腿软，影响第二跳动作的发挥和完成。

纠正方法：反复进行跑跳的结合练习；加强腿部力量的练习，多做单足跳、蛙跳等练习。

⑤第三跳腾不起来。

产生原因：第二跳制动过大，影响第三跳的动作和节奏。

纠正方法：加强第二跳腿的有力蹬伸练习，多做三跳的连贯动作练习。可以从较小幅度逐渐过渡到较大幅度的练习。

⑥三跳动作之间的衔接不好，节奏感差。

产生原因：第一跳过高或步子过大，使第二跳跳不起来，进而影响第三跳动作的发挥。

纠正方法：采用4～6步助跑，进行三级跳远的完整动作练习。强调三跳动作之间的衔接；加强腿部力量的练习，尤其是弱腿的力量练习，多做单足跳、跨步跳及立定三级跳远等练习。

⑦空中动作的平衡性差。

产生原因：腾起后，两臂和两腿的摆动配合不协调；两臂用力不均匀，造成身体向一侧扭转。

纠正方法：采用4～6步做完整的三级跳远练习，加强上下肢的协调配合，要求两臂适当打开，有利于保持身体的平衡。

在教学中，注重采用多种教学方法和手段，引导和提高学生的学习兴趣，增强自信心，使学生初步掌握三级跳远的基本技术。尤其要重视第一跳，即单腿跳技术动作的学习和掌握。要加强单腿跳的练习。强调上、下肢动作的协调配合及动作的整体性和连贯性。

3. 发展和提高弹跳力的练习

(1)原地纵跳摸高。两脚自然开立，半蹲，两臂带动两腿蹬地向上跳起，用单手触摸悬挂物。

(2)上步做单足起跳摸高练习。助跑3～5步，摆动腿高抬，两臂由后向前积极摆动，带动起跳腿用力蹬地向上跳起，用单手触摸悬挂物。

(3)立定跳远练习。要求两臂前后积极摆动，带动两腿向前上方快速有力地跳起。

(4)立定三级跳远练习。可采用2个单足跳、一个跨步跳进行练习。

(5)五级跨步跳练习。要求摆动腿积极前摆，后蹬腿充分蹬伸，两臂协调配合前后摆动。

(6)连续单足跳练习。一腿屈膝上提，另一腿向前跳跃，上体保持正直向前上方跳起。腾空后，蹬地腿屈膝高抬，摆动腿向后摆动，两臂协调配合做前后的交换摆动。蹬地后再进行第二次跳跃，依次地向前做连续的跳跃练习。强调两臂协调配合，带动两腿做有力的蹬伸动作；要求多做弱腿的连续单腿跳练习。

(7)连续纵跳练习。要求两臂用力地向上摆起，带动两腿快速蹬伸，向上跳起。

(8)双脚或单脚屈膝连续跳练习。

(9)沙坑内做团身跳。两腿用力蹬地后迅速收腿至胸前,两臂积极摆动至体前抱膝,身体前屈成团身姿势。

(10)助跑 4～6 步,踏板起跳做"腾空步"练习。要求用单脚落地。

第四节　投掷运动——推铅球

投掷运动是在规定的场地内按一定的规则投掷不同的器械,用远度计算成绩和名次的一项运动。投掷包括推铅球、掷标枪、掷铁饼、掷链球等项目。本节主要介绍推铅球。

推铅球是以力量为基础,速度为核心的速度力量性项目。推铅球是人体从静止开始,在直径 2.135 米的圆圈内采用一定的技术将铅球推出。推铅球项目发展至今,先后出现了正面原地推铅球、侧向原地推铅球、上步推铅球、垫步推铅球、侧向滑步推铅球、背向滑步推铅球以及旋转推铅球等技术。现在普遍采用的是背向滑步推铅球和旋转推铅球技术。

一、侧向滑步推铅球技术

侧向滑步推铅球技术包括持球、准备姿势、滑步、最后用力和保持身体平衡等环节(图 4-4-1)。

图 4-4-1　侧向滑步推铅球技术

(一)基本技术(以右手为例)

1. 持球

持球于食指中指和无名指的指根,大拇指和小指扶在铅球的两侧。将球放在锁骨窝处,贴紧颈部,掌心向前上方。肘与肩同高,右臂自然放松。

2. 预备姿势

左肩侧对投掷方向,两脚自然开立。右脚站在投掷圈的后沿处,左脚与右脚平行稍后,用脚尖或前脚掌着地,重心落在右腿上。右手持球,左臂自然向前上方抬起,眼看前方。

3. 滑步

滑步时身体前屈，右腿屈膝，左腿向投掷方向侧预摆一二次，待身体平稳后，左腿迅速向投掷方向摆动，同时右腿用力蹬地，并快速拉收右腿，脚尖逐渐向内转动，前脚掌落在投掷圈的中心。随后左腿积极下落，脚尖稍向外转，左脚掌落在抵趾板的内侧。髋部微向左转动。身体重心落在右腿上。

4. 最后用力

最后用力是推铅球技术的主要环节。当右腿着地后，右腿积极蹬转，膝关节内扣，推动右髋向投掷方向转动，上体逐渐抬起。左臂向投掷方向摆动，展胸转头，右臂积极地向前上方送出，右手迅速有力地屈腕拨球，将球推出。

5. 保持身体平衡

铅球出手后，及时交换两脚的位置，降低身体重心，以保持身体平衡。

（二）侧向滑步推铅球练习

（1）原地正面向前上方的推拨球练习。体会手指和手腕用力地拨球动作。

（2）徒手做侧向的蹬摆腿的练习。强调身体重心随蹬摆配合起伏并快速地平稳移动。

（3）原地做侧向滑步的模仿练习。要求滑步时身体前屈，重心较平稳地过渡。

（4）原地做侧向滑步推实心球的练习。体会和掌握最后用力的动作顺序；反复地进行练习。

（5）持铅球做侧向滑步推铅球的完整技术练习。强调滑步与最后用力动作的连贯和协调配合。

（三）常见的错误及纠正方法

1. 滑步时重心过高，右腿屈膝不够

产生原因：腿部力量欠缺，右腿支撑困难；滑步的动作概念不清。

纠正方法：加强腿部力量的练习，多做单足跳、纵跳等练习；掌握滑步动作的技术要点，反复地进行练习。

2. 滑步后有明显的停顿

产生原因：左脚落脚太慢；右脚蹬地转身不及时。

纠正方法：多做侧向滑步推铅球的模仿练习。要求右腿弯曲，左脚一着地，右腿即做蹬地、转身的动作。

3. 推球时，屈髋后坐

产生原因：右髋、右肩没有前送；右腿蹬伸过早。

纠正方法：反复做侧向滑步推铅球的模仿练习。强调右髋积极前送与蹬伸的协调配合。

4. 推球时没有发挥下肢的蹬转力量

产生原因：最后用力的顺序概念不清；动作不协调。

纠正方法：原地反复做蹬地转体送髋的徒手动作。强调上、下肢动作的紧密配合，要求动作的连贯性和协调性及自下而上的用力顺序。

二、背向滑步推铅球技术

(一)基本技术

背向滑步推铅球技术分为持球、预备姿势、滑步、最后用力和保持身体平衡五部分。

1. 持球(以右手为例)

五指自然分开,将球放在食指、中指和无名指的指根上,拇指和小指扶在球的两侧,保持球的稳定。持球后,手臂放松弯曲,把铅球放在锁骨窝处,紧贴颈部,掌心向内,右肘自然下垂。

2. 预备姿势

预备姿势是滑步前的准备动作,包括高姿势和低姿势两种(图 4-4-2)。高姿势是指持球后,身体背对投掷方向,站在投掷圈后沿,两脚前后开立(右脚在前),脚尖贴近投掷圈的内沿,左脚在后,左臂自然上举,重心落在右腿上,眼看前方。低姿势是指持球后,背对投掷方向,站在投掷圈后沿,两脚前后站立,右脚在前,脚尖靠近投掷圈内沿,脚跟正对投掷方向或稍向内转。左脚在后,用前脚掌或脚尖点地。上体前屈,左臂自然下垂,两腿弯曲,重心落在右腿上,眼看前下方。

高姿势

低姿势

图 4-4-2 预备姿势

3. 滑步

滑步是使身体获得一定的水平速度,并为最后的用力创造有利条件。滑步时,右腿弯曲,左腿大腿先向后上抬起,并向投掷方向做预摆一两次,同时上体前倾,左臂向前伸出。当左腿摆至与地面平行时,左腿积极回收,形成团身姿势。接着臀部向投掷方向移动,左腿迅速向抵趾板方向摆出,同时右腿前脚掌用力蹬地,身体向投掷方向移动。右腿蹬地后,收腿,膝内扣,脚尖内转。向后摆动的左腿,其脚稍外转,用前脚掌内侧积极下落于抵趾板内侧。

4. 最后用力

最后用力是指在滑步结束时,左脚着地前开始的动作。滑步结束时,右脚着地并迅速蹬转,随着左脚积极着地,右髋向投掷方向转动,上体逐渐抬起,左臂向投掷方向摆动,左臂和左肩高于右肩,身体成侧弓姿势,为最后用力动作创造有利条件。此时,右腿迅速蹬伸,加速右髋向投掷方向转动和上体前移，重心移至左腿，快速展胸转头，右肩向前上方送出，右手迅速有力地屈腕拨球，将球推出。

5. 保持身体平衡

铅球出手后，两腿前后交换，降低身体重心以缓冲向前的冲力，保持身体平衡(图 4-4-3)。

图 4-4-3　背向滑步推铅球技术

(二)背向滑步推铅球练习

1. 原地推铅球练习

由于背向滑步推铅球技术较复杂，因此，先学习和掌握原地推铅球技术，对于进一步学习背向滑步推铅球技术奠定良好的基础，创造有利条件。

(1)徒手做原地推铅球的辅助练习。要求身体侧对投掷方向，做最后用力的动作。

(2)2人一组面对站立，做用力的推手练习。

(3)原地单手做推实心球练习。

(4)熟悉铅球特性，双手持球做向前和向后的抛球练习。

(5)单手持球做向上的推铅球练习。两脚开立，膝半蹲，用力蹬地，将球向上推出。

(6)侧向原地推铅球练习。身体左侧对着投掷方向，两脚左右开立与肩同宽，左脚稍后，身体重心落在右腿上。随后右腿蹬地转髋送肩，手臂用力将球推出。

(7)背向原地推铅球练习。身体背对投掷方向，两脚前后开立，与肩同宽，右脚掌稍内扣，上体前屈，重心落在右腿上，左臂前伸，随后右腿蹬地，转髋转体向投掷方向，同时右肩前送，右臂迅速用力前伸，将铅球推出。

2. 背向滑步推铅球练习

滑步时，左腿的向后摆动和右腿的蹬地的协调配合；身体的平稳移动；滑步与最后用力的紧密连接。

(1)摆动腿的摆动练习。预备姿势站立，左腿向后预摆，当回摆靠近右腿时，团身左腿顺势向后下方摆出，右腿用力蹬伸，重心随之前移，以左脚掌的内侧着地，上体前倾，身体重心落在两腿之间。

(2)原地徒手做滑步练习。要求身体前屈，拉收右腿至身体重心以下，以前脚掌着地。滑步时保持身体的平稳。

(3)2人一组做徒手的滑步练习。两人面对站立，练习者的左手拉着同伴的手，向后做滑步练习。要求两手放松自然，不要拉紧，逐渐放手。

(4)持球做背向滑步练习。

(5)背向滑步推铅球的完整技术动作练习。要求滑步与最后的用力衔接紧密，动作连贯、协调。

3. 常见的错误及纠正方法

(1)滑步时重心起伏过大。

产生原因：重心过高；摆动腿向后上摆动不充分；收腿太过。

纠正方法：身体前倾，左臂向前伸出，左腿摆动时尽量向正后方摆动，不要摆偏。

(2)滑步与最后用力衔接不紧，有明显的停顿。

产生原因：腿部力量较弱；滑步结束时，左脚落脚太慢；右腿蹬伸不积极，身体重心仍在右腿上。

纠正方法：多做原地的滑步与最后用力的衔接练习。要求左脚快速落地，右腿用力蹬地。动作连贯、协调。

(3)推铅球时，身体后坐。

产生原因：担心踩出投掷圈，动作幅度小；重心前移不够，右肩右髋未及时前送。

纠正方法：消除紧张情绪，放松、自然地做动作；多做徒手的最后用力动作。重心积极前移，蹬地送髋，眼看前上方。

(4)推铅球时，身体左倒，左肩向左倾斜。

产生原因：左腿屈膝；支撑不够；左肩过早打开；滑步结束时左脚落地偏左。

纠正方法：做徒手的滑步落脚练习。两脚前后开立，用左腿做后摆练习，控制摆腿的方向。落脚时，转肩、送髋、蹬地，上体前移，重心跟上，眼看前上方。

(5)推球时，右肘下降，用手臂推球。

产生原因：上臂力量不够；铅球离开颈部过早。

纠正方法：加强上臂及手指手腕的力量练习；用实心球多做原地的推球练习，要求左脚落地瞬间右腿迅速蹬地，右肘外展抬起，右臂用力将球推出。

(6)滑步距离过短，动作幅度小。

产生原因：蹬摆力量小，动作不协调。

纠正方法：多做下肢的力量练习，充分利用投掷圈，在地上画好标记，反复做滑步蹬摆练习，以摆带蹬。

三、发展和提高速度、力量素质的练习

推铅球是力量型的投掷项目。推铅球技术需要全身各部位肌肉的积极参与和协调配合，因此，要全面发展身体各部位的肌肉力量，平衡和发展上下肢、腰腹膝和踝等部位的肌肉力量。

推铅球除了要具备一般的身体素质，还必须具备专项素质。在各项素质中，最主要的是快速力量。在发展快速力量时，基本都采用以负轻重量练习为主。可以采用以下的方法进行练习。

屈肘快速握推哑铃：两手各握一个哑铃，做快速向前向上的推举练习(可两手同时做或交换练习)。

俯卧撑：两手撑地，与肩同宽或稍宽，做快速屈伸动作。

抛实心球练习：两脚左右开立，两手持球做向前、向后抛球练习。

推实心球练习：两脚前后站立，单手持球于颈部，上一步将球快速推出。

立卧撑练习：两手撑地，两腿蹬地后屈膝前收，随即推手蹬地，身体向上跳起。

手持哑铃蹲跳起：全蹲，做快速地向上跳起练习。

小腿上绑沙袋向上快速跳起。

沙坑内做连续纵跳练习。

连续单脚跳练习。

在发展力量的同时，也要重视发展灵敏性和协调性素质，采用各种跑、跳的练习，球类练习及柔韧性练习等，全面发展和提高身体素质。

第五节　田径运动规则简介

一、径赛项目

在田径运动会中，所有赛跑项目（包括跨栏及接力跑）都属于径赛项目。参赛者的名次取决于其身体躯干（有别于头、颈、臂、腿、手或足）抵达终点内侧的垂直线为止时的顺序。径赛成绩相同而影响进入下一赛次时，若情况许可，均予以取录，否则应予以重赛。在决赛中成绩同是第一，总裁判有权决定是否重赛，若认为无须重赛，则维持赛果；其他名次成绩相同，无须重赛。

1. 短跑及中、长跑

在国际赛事中，所有 400 米或以下的径赛项目，必须采用蹲踞式起跑及使用起跑器。在"各就位"及"预备"口令之后，参赛者应马上完成有关动作，任何参赛者不能在合理时间内完成有关动作，则属起跑犯规。对起跑犯规的参赛者，直接取消其参赛资格（此例不适用于男子十项全能及女子七项全能比赛）。

400 米以上的竞赛项目，口令只有"各就位"，当所有参赛者均准备妥当及静止后，便可鸣枪开始比赛。

2. 跨栏

各参赛者必须在自己的线道内完成比赛，而且当参赛者跨越栏架时，若其腿或足从低于栏架顶的水平线跨越，或跨越并非自己赛道上的栏架，均应被取消资格。若裁判员认为参赛者故意以手或足撞倒任何栏架，亦应取消其参赛资格。

3. 接力跑

4×100 米接力跑是分道进行，接棒者可以在接棒区前 10 米内起跑。第一棒全程及第二棒的第一弯道是分道跑，第二棒运动员要跑至抢道线后方可自由抢道。第一棒的传接必须在参赛者指定的线道内进行，其余各棒的传接，裁判员会根据第二棒及第三棒运动员通过 200 米起点处之先后，按次序安排其第三棒及第四棒的队友在接棒范围内，由内至外排列等候接棒。所有接棒者均不可以在接棒区外起跑。

接力棒必须拿在手上，直到比赛结束为止。任何人掉了棒，必须由其本人拾回，而且要在不影响别人的情况下，方可越出自己的跑道拾回接力棒。所有接力赛事，必须在接棒区内完成交接棒。"接棒区内"的判定是根据接力棒的位置，而不是根据参赛者的身体或四肢的位置。任何参赛者在传接棒完毕后故意越出跑道以妨碍其他参赛队伍，其队伍可以被取消资格。

二、田赛项目

田径比赛中所有赛跑项目以外的赛事，均属田赛项目。田赛项目又可分为投掷类及跳跃类。

若参赛者同时参加了田赛和径赛项目，或一项以上的田赛项目，而在比赛时间上有所冲突时，田赛项目裁判可让参赛者在每一轮中更改赛前预定的试掷(跳)次序，但每一位参赛者在任何一轮的比赛中，不得有多于一次试掷(跳)的机会(跳高除外)。

用距离决定胜负之田赛项目以参赛者全部试掷(跳)中之最佳成绩计算名次。遇上最佳成绩相同时，应以次佳成绩定胜负，依此类推。若仍无法定出胜负而又涉及竞逐第一名时，则成绩相同者须依原来顺序进行比赛，直至分出胜负为止。

用高度决定胜负之田赛项目，遇上最佳成绩相同时，以最少试跳次数成功越过最后高度之参赛者应获排较前的位置。如仍未分胜负，则全场比赛中试跳失败次数最少(包括最后跳过之高度)之参赛者应获排较前的位置。若仍无法分别胜负而涉及竞逐第一名，虽然有关参赛者有可能曾经在不同高度做试跳而相继失败，裁判应以其中最低之高度上，再给予一次试跳机会。如仍无法分别高下，则每次升高或降低 2 厘米让有关参赛者加跳一次，直至能定出胜负为止，而且在此情况下，有关参赛者必须试跳，以便判定名次。不涉及竞逐第一名，则由成绩相同之有关参赛者并列同等名次。

若田赛者无理延误试掷或试跳，便算一次失败，如再次延误比赛，会被取消继续比赛的资格，但之前所创之成绩仍被承认。在正常情形下，每次试投或试跳的时间不得超过一分半钟，当跳高比赛只剩下二或三人时，此时限应增至 3 分钟。若只剩下一人时，此时限应增至 5 分钟。

1. 铅球

参赛者必须在投掷圈内，由静止状态开始，把铅球以单手由肩上推出。在整个推铅球过程中，铅球应接触或接近参赛者的下颌，并且不得低于此位置，也不得移至肩线之后。投掷时，参赛者可以触碰投掷圈及抵趾板的内缘，但身体之任何部位若触到投掷圈或抵趾板上缘，或投掷圈外面的地面，均视作试推失败。铅球着地前，参赛者不得离开投掷圈。离开投掷圈时，必须从其后半圆离开。

在投掷过程中，参赛者可以中途停顿，甚至把铅球放下，以及离开投掷圈(但仍要符合上述规定)，然后重新由静止位置开始投掷。

铅球必须完全落在扇形着地区角度线范围以内方为有效。丈量时应从铅球着地痕迹之最近端拉向投掷圈之圆心，以投掷圈内缘至铅球着地痕迹近缘之距离为成绩。距离之计算须以 0.01 米为最小单位，不足 0.01 米者应以较低的读数计算成绩。

2. 铁饼

除了投掷方式上的不同外，所有推铅球的规则通用于掷铁饼项目，唯丈量时应以 0.02 米为最小单位，不足 0.02 米者应以较低的读数计算成绩。

3. 标枪

参赛者应握着标枪之握把处，自肩上或投掷手臂上方把枪掷出，投掷时不得把枪抛出或甩出。自开始投掷至标枪离手期间，参赛者不得转身完全背向投掷弧。标枪着地前，参赛者不得离开助跑道。离开时要在助跑道两边平行线的直角方向及投掷弧的两端延长线后面走出。在投掷过程中，只要未触犯上述规定，参赛者可中途停顿，甚至把标枪放下，并且离开助跑道，然后重新回到助跑道投掷。

标枪着地时，枪尖必须比其他部分先着地，并且完全落在扇形着地区的角度线之内，该掷方算有效。丈量时应由枪尖着地之最近点，通过投掷弧线之圆心，量度至投掷弧线的内缘作为该掷之成绩。距离之计算须以 0.02 米为最小单位，不足 0.02 米者应以较低的读数计算成绩。

4. 跳高

比赛开始前，裁判员必须向参赛者宣布起跳的高度及每次晋升的高度，直至只剩下一位参赛者为止。除非只余下冠军参赛者，否则横杆的升幅不得少于 2 厘米，而且横杆的升幅不得增加。在只剩下冠军参赛者的情况下，横杆的升幅可按其意愿决定。

参赛者必须单脚起跳。若起跳后，横杆不停留在支架上；或在尚未越过横杆前，身体的任何部位触及两支架间或两支架外的地面（包括着地区），则以试跳失败论。如果参赛者在试跳时，其脚部触及着地区，而裁判员认为并未因此而获得利益，则该跳仍算有效。

参赛者可以在任何一个高度开始起跳，往后也可以自由选择高度试跳，但不管高度的大小，连续三次试跳失败，便会丧失继续比赛的资格。若参赛者放弃某一高度的第一次试跳后，便不得在同一高度上再次要求试跳机会（成绩相同时之额外试跳除外）。

5. 跳远

参赛者触犯下列任何情况，均作试跳失败论：

（1）不论起跳与否，身体的任何部位触及起跳线前方的地面。

（2）不论是否超过起跳线，在起跳板两端以外起跳。

（3）着地时，身体的任何部分触及着地区以外的地面，而该点较其落在着地区之位置为近。

（4）完成试跳后，在着地区向后行。

（5）使用任何翻腾动作试跳。

除上述行为外，参赛者未到达起跳板即开始起跳，不得判作失败。丈量试跳成绩时，应以身体任何部位在着地区表面留下的痕迹，与起跳线或其延长线间的最短距离为准。距离之计算须以 0.01 米为最小单位，不足 0.01 米者应以较低的读数计算成绩。

6. 三级跳远

三级跳远必须按顺序由单足跳、跨步跳及跳跃三个部分组成。第一步起跳后，须以同足着地，进行第二次起跳；第二步起跳后，则要以另一足着地，然后进行第三次（最后一次）起跳。除场地外，跳远之所有规则，均适用于三级跳远项目。

三、各项竞赛名次判定与成绩相等时的处理办法

（1）对径赛项目，判定运动员到达终点的名次是以躯干（不包括头、颈、四肢）的任何部分抵达终点线后沿的先后顺序为准。以决赛成绩判定该项目最后的名次，而不是以预、次、复赛的成绩来判定。

（2）如两人或两人以上成绩相等，采用下列方法解决：在任一赛次中，按成绩录取进入下一

赛次时出现成绩相等，则终点摄影主裁判应考虑有关运动员的 1/1 000 s 的实际时间。若成绩依然相等，则有关运动员均应进入下一赛次。如实际条件不允许，则应抽签决定进入下一赛次的人选。决赛中出现第一名成绩相等，裁判长有权根据实际情况决定这些成绩相等的运动员是否需重新比赛。如裁判长认定无法安排重赛，则成绩相等的运动员名次并列。其他名次的运动员成绩相等时，按并列处理。当使用手计时出现成绩相等时，应根据判读的 1/100 s 成绩处理。田赛高度项目的名次判定与成绩相等时的处理方法：每名运动员应以其最好的一次试跳成绩，包括因第一名成绩相等而进行的决名次赛的试跳成绩，作为其最后的决定成绩，然后以个人最好成绩排列名次。

(3)按下列规定解决成绩相等：在出现成绩相等的高度上，试跳次数较少者名次列前；如成绩仍然相等，则在包括最后跳过的高度在内的全部比赛中，试跳次数较少者名次列前：如成绩仍相等，涉及第一名时，则在造成其成绩相等失去了继续试跳权利的最低失败高度上，每人再试跳一次。如有关运动员都跳过或都未跳过而仍不能判定名次，则横杆应提升或降低(跳高为每次 2 cm，撑竿跳高为每次 5 cm)。运动员应在每个高度上只试跳一次，直到分出名次为止。有关运动员必须参加决定名次的每次试跳，如成绩相等而不涉及第一名时，则运动员的比赛名次并列。

(4)田赛远度项目的名次判定与成绩相等时的处理方法：以全部试跳(掷)的最好成绩来判定名次。如成绩相等，应以其次优成绩判定名次如仍相等，则以第三优成绩判定，依此类推。如仍相等，并涉及第一名者则令成绩相等的运动员按原比赛顺序进行新的一轮试跳(掷)，直到决出名次为止。

(5)全能项目的名次判定与成绩相等时的处理方法：以运动员全部单项得分的总和排定名次，总积分多者名次列前。如总积分相等，应以单项得分高的项目较多者名次列前，如仍不能判定，则以任何一个项目单项得分高者名次列前。如再次成绩相等，则以第二得分高的单项分数较高者列前，依此类推。

(6)团体总分名次的判定与总分相等时的处理方法如下：总积分较多者列前。如总积分相等，应以破纪录项或次数多者列前，而若再相等，则以第一名多者列前，若仍相等，则以第二名多者列前，依此类推。

第五章

球类运动

第一节　足球运动

足球运动是以脚支配球为主，两个队互相进行攻、守对抗的球类运动项目之一。足球运动在世界上开展得最广泛、影响最大，其魅力无与伦比，因而被称为当今世界第一运动。比赛时场上分两个队，每队 11 人。比赛时间男子为 90 分钟，女子为 80 分钟，均分上下两个半时，以将球射入对方球门多者为胜。

足球起源于中国，早在 3 500 年前的殷代，就有了“足球舞”(求神祈雨时一人边跳舞边踢球)。战国时代(公元前 475—公元前 221 年)民间已盛行集体“蹴鞠”的游戏(蹴，脚踢的意思；鞠，皮质内充以毛之类弹性物的球，又称“蹋鞠”)。现代足球首先从英国兴起，1863 年 10 月在伦敦诞生并制定了最初的比赛规则。1900 年列入奥运会比赛项目，1904 年在巴黎成立国际足球联合会，并于 1930 年举办首届世界足球锦标赛(世界杯足球赛)，以后每隔 4 年举行一届，为世界上规模最大的比赛，其水平最高、影响最广。足球比赛场地大，时间长，对抗剧烈，要求运动员要勇敢、顽强、机智，既有速度，又有耐力，因此它有很高的锻炼价值。

一、足球运动基本技术

足球的基本技术包括踢球、停球、运球、抢截球、头顶球、掷界外球、假动作和守门员技术。

(一)踢球

踢球是运动员有目的地用脚的某一部位把球击向预定的目标。它是足球技术中最重要的技术，在比赛中主要用于传球和射门。

1. 踢球的动作方法

踢球的动作方法很多，这里只介绍几种主要的踢球方法。

(1)脚内侧(足弓)踢球：它的特点是脚与球的接触面积大，易控制出球方向，出球平稳、准确，但力量小，适用于短传配合和射门。

踢定位球时，直线助跑，支撑脚踏在球的侧方 15 厘米左右处，脚尖指向出球方向，膝微屈。在支撑脚着地的同时踢球腿以髋关节为轴，由后向前摆动，屈膝外转，脚尖稍翘起，脚内侧正对出球方向，小腿加速前摆，出球时，踝关节紧张，脚掌与地面平行，用脚内侧击球的后部(图 5-1-1)。

(2)脚背内侧踢球：它的特点是出球有力，方向有较大变化，适用于中、远距离传球和射门。比赛中经常用脚背内侧踢定位球(如球门球、任意球、角球)、过顶球和行进间转身踢球。

(1) (2) (3) (4) (5)

图 5-1-1 脚内侧(足弓)踢球

踢定位球时,斜线助跑,要与出球方向呈 45 度角,支撑脚外侧积极着地,踏在球的侧后方 20～25 厘米处。膝微屈,脚尖指向出球方向,身体稍向支撑脚一侧倾斜。踢球腿以髋关节为轴,大腿带动小腿,由后向前摆动,当身体转向出球方向,膝盖摆到接近球的内侧垂直上方时,小腿加速前摆,脚背绷直,脚趾扣紧,脚尖斜指前下方,以脚背内侧踢球的后中部或后中下部。踢球后,踢球腿随球继续前摆(图 5-1-2)。

(1) (2) (3) (4) (5)

图 5-1-2 脚背内侧踢球

(3)脚背正面踢球:它的特点是踢球的力量大,但出球方向单一,性能变化较小。比赛中常用来踢定位球、空中球、反弹球及倒勾球等。

踢定位球时,直线助跑,最后一步稍大,支撑脚踏在球的 10～15 厘米处,脚尖正对出球方向,膝微屈,在支撑脚前跨和助跑的最后一步蹬离地面时,踢球腿顺势向后摆起,小腿屈曲。在支撑脚着地的同时,以髋关节为轴,大腿带动小腿,由后向前摆动。当膝盖摆至接近球的正上方时,小腿加速前摆,脚背绷直,脚趾扣紧,以脚背正面击球的后中部。踢球后,踢球腿随球继续提膝前摆(图 5-1-3)。

(1) (2) (3) (4) (5)

图 5-1-3 脚背正面踢球

(4)脚背外侧踢球:它的特点是除具备脚背正面踢球的特点外,还由于踢球时脚踝关节灵活性较大和摆腿方向变化较多等优点,因此它是踢各种距离弧线球和弹拨、削球的主要方法。比赛中常用脚外侧踢定位球、弧线球和弹拨球等。

踢定位球(平直球)时,动作方法基本同脚背正面踢球,只是触球部位是用脚背外侧(图 5-1-4)。

(1)　(2)　(3)　(4)　(5)

图 5-1-4　脚背外侧踢球

2. 踢球的练习方法

(1)做各种踢球的模仿练习。

(2)两人一组,一人踩球,另一人结合球做各种踢球的脚法练习。

(3)面对墙结合球练习各种踢球方法。

(4)两人相距 15～20 米,练习各种踢球方法。先踢定位球,后踢滚动球和空中球。

(5)在罚球弧线附近进行各种踢球射门练习。

(二)停球

停球是指队员有目的地用身体的合理部位把运行中的球停挡在所需要的范围内。

1. 停球动作方法

常用的停球方法有脚内侧停球、脚底停球、脚背正面停球、脚背外侧停球和胸部停球、腹部停球等。

(1)脚内侧停球:它的特点是脚接触球的面积大,停球稳,便于改变方向和衔接下一个动作,适用于停地滚球、反弹球和空中球。

①停地滚球:支撑脚正对来球,膝微屈,停球腿屈膝外转并前迎,脚尖稍翘起,脚内侧对准来球。当脚与球接触前的一刹那,踝关节放松后撤,缓冲来球力量,把球挡在需要的位置上(图 5-1-5)。

(1)　(2)　(3)　(4)　(5)

图 5-1-5　停地滚球

②停反弹球：判断好来球的落点，支撑脚踏在球落点的侧前方，停球脚提起，膝关节外转，脚内侧对准球的反弹方向。在脚触球一刹那稍下压，缓冲球反弹的力量，将球控制在需要的位置上（图 5-1-6）。

图 5-1-6　停反弹球

③停空中球：停球脚的大腿高抬，膝弯曲，上体侧转，脚弓对准来球。在脚与球接触的一刹那，小腿放松向后撤或下切球的侧上部位，将球停在地面，控制在需要的位置上（图 5-1-7）。

图 5-1-7　停空中球

（2）脚底停球：它的特点是脚底接触球面积大、停球稳。常用于停地滚球和反弹球。

①停地滚球：停地滚球时，支撑脚踏在球的侧后方，脚尖正对来球，膝关节微屈，停球腿提起，膝弯曲、脚跟离地低于球，脚尖翘起高于球。当球刚刚接触脚掌时，脚掌轻轻下压球的中上部，将球停于脚下（图 5-1-8）。

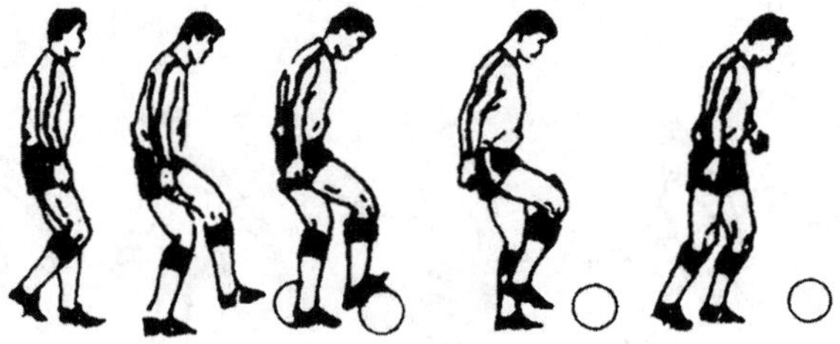

图 5-1-8　停地滚球

②停反弹球：停反弹球时，支撑脚踏在球落点的侧后方，当球着地一刹那，停球脚前脚掌对准球的反弹路线，触球的中上部（图 5-1-9）。

(1)　(2)

图 5-1-9　停反弹球

(3)胸部停球:胸部面积大,有弹性,位置高,能停高球和空中平直球。胸部停球有收胸停球和挺胸停球两种方法。收胸停球一般用来停胸部高度的平直球;挺胸停球一般用来停高于胸部的下落球。

①收胸停球:准备停球时,面对来球,两脚前后开立,两臂自然张开,重心前移,挺胸迎球。当球运行到与胸部接触前的一刹那,重心迅速后移,收胸、收腹挡压球,以缓冲来球力量,把球停在身前(图 5-1-10)。

(1)　(2)　(3)

图 5-1-10　收胸停球

②挺胸停球:准备停球时,面对来球,收下颌,两臂自然张开,两脚前后开立,重心落在两脚之间,两膝微屈。当球运行到与胸部接触前的一刹那,两脚蹬地稍上挺,同时展腹,上体稍后仰,用挺胸动作使球弹起改变运行路线,然后落于体前。

2. 停球的练习方法

(1)做各种停球的模仿动作练习。

(2)两人一组,对面交替抛或踢不同高度的球,然后迎上去停球(两人距离逐渐加大)。

(3)对墙抛或踢球,然后迎上去停反弹回来的球。

(4)两人一组,相距 15～20 米,互相踢高球,练习停空中球。

(三)运球

运球是运动员在跑动中用脚连续推拨球,使球始终处于自己控制范围内的触球动作。

1. 运球的动作方法

常用的运球方法有脚背正面运球、脚内侧运球、脚背内侧运球和脚背外侧运球。

(1)脚背正面运球:跑动时,身体自然放松,上体稍前倾,两臂自然摆动,步幅不要过大。运球脚提起时,膝关节弯曲,脚跟提起,脚尖下指,在迈步前伸着地前,用脚背正面推拨球的后中部。此种方法多在运球推进的情况下使用。

(2)脚内侧运球:运球时,支撑脚稍向前跨,踏在球的前侧方,膝关节稍弯曲,上体前倾向里转。随着身体向前移动,运球脚提起,用脚内侧推球的后中部。此种方法多在接近对手需要用身体掩护球时使用。

(3)脚背内侧运球:跑动时,步幅要小些,上体前倾并稍向运球方向转动。运球脚提起时,膝关节稍弯曲,脚跟提起,脚尖稍外转,在迈步前伸着地前,用脚背内侧推拨球。此方法多在改变方向并需用身体掩护球的情况下使用。

(4)脚背外侧运球:运球脚提起时,膝关节弯曲,脚跟提起,脚尖稍内转。在迈步前伸着地前,用脚背外侧推拨球(图 5-1-11)。此种方法多在快速奔跑和向外改变方向时使用。

图 5-1-11　脚背外侧运球

2. 运球的练习方法

(1)走和慢跑中用单脚或双脚交替运球,体会推拨球的动作方法。

(2)运球绕过插在地上的几根标志杆。

(3)两人一组,一人运球,一人抢堵,做运球过人练习。

(4)运球突破消极防守队员,进行射门练习。

(四)抢截球

抢截球是转守为攻的积极手段,是防守技术的综合体现。它包括抢球和截球两种技术手段。其中抢球是运用规则允许的条件和动作,把对方控制或将要控制的球夺过来,踢出去或破坏掉。截球是把对方队员间传出的球在运行过程中截住或破坏掉。

1. 抢球的动作方法

抢球包括正面跨步抢球、侧面抢截球和侧后抢截球三种方法。

(1)正面跨步抢球:面向对手,两脚前后稍开立,两膝微屈,身体重心稍下降并放在两脚间,在对方运球脚触球即将着地或刚着地时要突然、果断、准确地向前抢球,支撑脚蹬地,抢球脚向前跨出的同时用脚内侧对准球,膝关节弯曲,上体前倾,身体重心移至抢球脚上。另一只脚立即前跨成支撑脚。如双方的脚同时触球时,则要顺势向上提拉,使球从对方脚背滚过,同时身体重心要迅速跟上,把球控制住(图 5-1-12)。

图 5-1-12　正面跨步抢球

(2)侧面抢截球：当与对方平行跑动争球时，身体重心稍下降，接触身体的一侧手臂要紧贴住对方，在对方靠近自己一侧的脚离地时，用肩和上臂做合理冲撞，使对方失去平衡，乘机把球抢夺过来(图 5-1-13)。

图 5-1-13　侧面抢截球

(3)侧后抢截球：侧后抢截球，又称侧后铲球，多属于破坏性的抢截。有异侧脚铲球和同侧脚铲球两种方法。下面介绍异侧脚铲球。

异侧脚铲球：当控球队员拨出球的一刹那，抢球队员后脚用力后蹬成跨步，前脚(异侧脚)的外侧沿地面向前内侧滑出，用脚底将球铲出去，接着小腿、大腿外侧和臀部依次着地(图 5-1-14)。

图 5-1-14　异侧脚铲球

2. 抢截球的练习方法

(1)两人一组，相距 8～10 米。一人向前慢速运球，另一人迎面做下跨步抢球。

(2)两人一组并肩慢跑做合理冲撞练习。

(3)对静止球做铲球动作技术练习。

(4)两人一组，一人直线运球，另一人从侧面做冲撞抢球或从侧后方做铲球练习。

(五)头顶球

头顶球是争取时间、夺得空中优势的一项重要技术,比赛中常用于抢截球、传球和射门。

1. 头顶球的动作方法

头顶球分为前额正面顶球和前额侧面顶球。这两个部位都可以做原地顶球、跑动中顶球、跳起顶球,而原地顶球又是跑运、跳起顶球的基础。

(1)原地前额正面顶球:身体正对来球,两脚前后站立,膝微屈,上体稍后倾,重心放在后脚上,两臂自然张开,目视来球。当球运行到身体垂直部位前的一刹那,后脚用力蹬地,重心移至前脚,同时迅速向前摆体,颈部紧张,快速甩头,用前额正面顶球的后中部,触球后上体随球继续前摆(图 5-1-15)。

(1) (2) (3) (4)

图 5-1-15 原地前额正面顶球

(2)原地前额侧面顶球:两脚前后开立,出球方向的同侧脚在前,上体和头部稍向出球的相反方向回旋侧屈,身体重心放在后脚上,后膝微屈,两臂自然张开,目视来球。当球运行到出球方向同侧肩上方前的一刹那,后脚用力蹬地,上体迅速向出球方向扭摆,同时颈部紧张地甩头,以前额侧面击球的后中部(图 5-1-16)。

(1) (2) (3) (4)

图 5-1-16 原地前额侧面顶球

2. 头顶球的练习方法

(1)原地做各种顶球的模仿练习,体会动作要领。

(2)原地顶吊球或同伴手举的球,体会完整的动作技术。

(3)自抛自顶、对墙顶或两人对面抛顶,体会顶球的时机。

(4)顶球者站在罚球弧附近,顶守门员抛来的球射门。

(六)掷界外球

掷界外球是队员在场地边线外把球远、准、快地掷向同伴,给本队创造良好的进攻机会的技术。

1. 掷界外球的动作方法

掷界外球有原地掷界外球和助跑掷界外球两种。

(1)原地掷界外球:面对出球方向,两脚前后或左右开立,膝关节弯曲,上体后仰成背弓,重心移到后脚上(左右开立时,重心在两脚间),两手自然张开,拇指相对,持球的侧后部,屈肘将球置于头后。掷球时,后脚用力蹬地,两腿迅速伸直、快速摆体,身体重心由后脚移到前脚,同时两臂急速前摆。当球摆到头上时,用力甩臂腕将球掷入场内。掷球后,后脚可沿地面向前滑动,两脚均不得离地或踏入场内,但允许踏在线上(图 5-1-17)。

(1)　(2)　(3)

图 5-1-17　原地掷界外球

(2)助跑掷界外球:双手持球于胸前,在助跑迈出最后一步时,上体后仰成背弓,同时将球上举至头后,掷球时的动作与原地掷界外球动作相同。

2. 掷界外球的练习方法

(1)徒手模仿练习。

(2)对墙掷球练习,逐渐加大距离。

(3)两人一组,对面掷界外球;或一个掷,另一人做停球练习。

(4)掷远和掷准比赛。

二、足球运动基本战术

足球战术是指比赛双方为充分发挥本队队员个人与集体的特长和优势,攻击对方的弱点和不足,从而战胜对方所采取的手段与方法。足球战术可分为进攻战术、防守战术两大系统。

(一)比赛阵型

比赛阵型是指在比赛场上队员基本位置的排列,是本队攻守力量搭配和职责分工的形式。比赛阵型的运用,要根据本队队员的技术水平、身体素质、战术的需要和对方的情况,要有利于发挥己方的特长,达到克敌制胜的目的。

比赛阵型是随攻守技术的发展而不断变化的。从 1930 年至今,足球比赛阵型经过了多次的变化。从"WM"阵型(即 3—2—2—3)、"三三四"阵型到"四二四"阵型、"四三三"阵型、"四四二"阵型至"一三三三"阵型等。

目前,普遍采用的阵型有"四三三""四四二"两种。所谓"四三三"阵型,即 4 个后卫、3 个前卫、3 个前锋。

(二)不同位置队员的职责

守门员：主要职责是守住球门，观察场上比赛变化的情况，组织指挥全队的攻守。

边后卫：主要负责防守对方的边锋或插入边锋位置的其他队员，并与中卫协同防守，相互补位，封锁直接进攻球门的去路。本队进攻时，也可伺机插上助攻，起边锋作用。

中后卫：是防守的支柱，主要职责是防守球门前中央场区最危险的区域，制止对方射门，并与边后位和另一中卫协同防守，相互补位，还应起到攻守的组织和指挥作用。

前卫：活动于锋线队员和卫线队员的中间地带，主要职责是控制中场，是防守的屏障，又是前沿攻击的纽带。前卫进可以攻，退可以守，并能及时插上或远射，起到全队的核心作用。

中锋：主要职责是突破射门或插上接传中球射门。其次是通过交叉换位，左右策动，扰乱对方防线，为同伴创造插上、切入或射门的机会。中锋是本队的尖刀和射手，由攻转守时是全队的第一道防线。

边锋：主要职责是从边路突破对方的防线，带球切入射门或底下传中或包抄射门。防守时要紧盯防守自己的边后卫，不让其自由助攻，并协助本方边后卫防守对方边锋。

(三)进攻基础战术

1. 个人进攻战术

个人进攻战术包括摆脱与跑位、运球过人等。

(1)摆脱与跑位：摆脱与跑位是一个问题的两个方面，是相互联系的。摆脱就是摆脱对手的紧逼，造成空当；跑位是摆脱对方，跑向有利位置或空当。跑位的作用有：摆脱对手去接球；可牵制或扯动对方，为同伴拉出空当，可扰乱对方防线。比赛中队员跑位时不断交叉换位，有利于扰乱对方防线，制造空当，推进进攻。在对手紧逼的情况下，多数的跑位都要采取摆脱的动作。

摆脱对手的方法很多，可采用突然起动、冲刺跑、急停、突然变向、变速和假动作等。摆脱与跑位要有明确的目的，无目的地乱跑反而会造成积堆、堵塞，使队友跑位和接球发生困难。跑位要机动灵活，必须随时观察场上情况，随机应变。另外，摆脱要及时，动作要突然。场上空当的出现往往只是一瞬间，因此进攻队员必须抓住时机，及时摆脱对手跑向空位。

(2)运球过人：是进攻战术中一种极为重要的个人战术。现代足球比赛，防守时大都采用紧逼盯人，以多防少。运球过人是调动、扰乱对方防线造成以多防少，寻找传球空当，突破密集防守，制造射门机会的有效手段。在没有传球配合的可能或运球过人后能有更好的传球机会、射门机会时，则应大胆运球突破，运球者应不断运用变向、变速和假动作，使对手判断错误，从而失去平衡或向相反方向移动，以达到过人的目的。优异的控制球能力和高度的应变能力是运球过人的基础。队员不善于运球过人，那么全队的进攻威胁就会受到很大影响。

2. 局部进攻战术

局部进攻战术是两人以上的战术配合行动。常用的有二过一配合，三过二配合。两人的传球配合是集体配合的基础。

比赛中局部地区两名进攻队员通过传球与跑位配合，突破一名防守队员的战术配合，称为二过一配合。二过一配合在任何场区都可以运用，而运用较多的还是前场。下面介绍几种比赛中常用的二过一配合(图 5-1-18)。

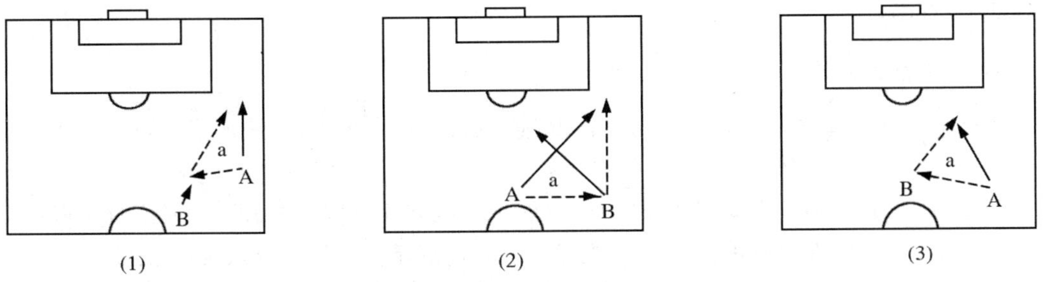

图 5-1-18 二过一配合

(1)直插斜传二过一。当防守队员身后有一定空当,防守队员距插入队员较近时采用此种二过一配合效果较好。如图 5-1-18(1)所示。

(2)斜插直传二过一配合。当防守队员身后有较大空当,防守队员移向接应队员时采用此种二过一配合效果较好。直传球力量要适当,如图 5-1-18(2)所示。

(3)斜插斜传二过一配合。当防守队员身后空隙较小时或采用连续二过一时可采用此种二过一配合,如图 5-1-18(3)所示。

3. 集体进攻战术

边路进攻:指在对方半场两侧地区发动的进攻。它利用边线区域防守力量相对薄弱,容易突破对方防线,达到边线运球传中进攻的目的。要求边锋速度快,运球能力强,传中技术好,而其他前锋线和前卫队员应抓准时机包抄插上进攻射门。

中路进攻:指在对方半场中间地带发动的进攻。中间地带正对球门,一旦突破防线,便可直接威胁球门,且射门角度大。但中路进攻因中间防守队员密集,不易突破。

转移进攻:进攻时,当一侧受阻而另一侧有利时,要及时快速地转移进攻方向。此方法多采用有效而准确的中、长距离传球来实现,以拉开对方的一边防守,达到声东击西的进攻目的。

快速反击:是在本方半场防守对方进攻时,一旦得球,趁对方立足未稳时,快速传球以多打少,达到进攻射门得分取胜之目的。

4. 定位球战术

定位球战术有任意球、角球、球门球、中圈开球、点球、掷界外球等战术配合。

任意球:分直接任意球和间接任意球两种。罚直接任意球可采用穿墙和弧线直接射门,或者采用过顶吊入传切配合射门;罚间接任意球时,传球次数要少,经一两次传递即完成射门;运用假动作迷惑对方,声东击西,避开"人墙",争得射门机会;传球要及时、准确,插入"人墙"后面的队员要避免越位。

角球:角球进攻战术有三种:①采用弧线球(俗称香蕉球)直接射门。②长传将球踢至球门前,由头球能力强的同伴争抢头球射门。③采用短传配合(在对方身材高大、争顶能力强,而本方顶球较差、身材较矮时或遇到较大逆风时运用)。

球门球:球门球的进攻需配合,有两种。一种是守门员直接踢高远球给中场的进攻队员;另一种是守门员与后卫队员通过一次传球配合,以改变球路的传球方法,然后由守门员组织发动进攻。

点球：要求主罚队员沉着、机智、有信心，具备熟练的假动作技术和过硬的脚法。

(四)防守战术

1. 个人防守战术

个人防守战术是局部和集体防守战术的基础。所谓“一点突破，全线崩溃”，可见个人防守战术的重要。

选位盯人：选位与盯人是防守战术中重要的个人战术。选位，防守队员选位时一般应处于对手与本方球门中心所构成的直线上。盯人，一般情况下，对有球的队员和在他附近的队员(有可能接球的队员)以及接近球门附近的队员要采取紧逼盯人，对离球远和离球门远的队员可采取松动盯人。

抢截球：是转守为攻的积极手段，是个人防守技术的综合体现，包括堵、抢断等技术在防守中的运用。现代足球比赛，防守时大都采用紧逼盯人，因此要求每个队员都能很好地运用抢截技术破坏对方的进攻。

抢截时要选择适当的位置，一般要与对方保持 1 米左右的距离。当对方控制球时，不能盲目拼抢，可用后撤步跑运的方法来封堵对方运球突破，要有意识地延缓对方的进攻速度，争取时间等同伴回防。同时要寻找时机，伺机把球抢过来或破坏掉，假如对方是在边线附近，防守队员应封堵内侧空当，放开外侧空当，这样即使进攻队员突破防门后，射门的角度也较小，同伴也容易补位。

2. 局部防守战术

局部防守战术是指邻近位置的几个防守队员通过协作所进行的防守配合。局部防守战术可分为：混合防守战术、补位防守战术和造越位防守战术。

混合防守战术：混合防守是人盯人防守和区域防守相结合的防守方法。人盯人防守的优点在于对进攻队员紧逼，给其传球、停球等活动造成困难，但往往由于进攻队员有意识地采用交叉换位和策动等战术，而造成防守上较大的空隙。人盯人防守的这一缺陷刚好由区域防守来弥补。混合防守应做到：对有球队员逼抢；对距离近和有可能接球的队员要紧逼，距离远的队员可采取区域防守；两名中卫一名盯人，一名拖后中位进行区域防守；对特别有威胁的队员，应由专人盯死。

补位防守战术：补位是防守队员之间的相互协助，是局部防守的一种方法。补位有两种：一种是队员去补空当，如边后位插上进攻时，就由另一个同伴暂时补他的位置，以防插上进攻失误时对方利用这一空当进行反击；另一种是队员的相互补位，即交换防守。补位的队员一般都是比被补位的队员更接近本方的球门，这样当同伴被对手突破时就能及时补位。相互补位一般都是临近的两个同伴之间互相交换防守，因这样出现漏洞的可能性较小。

造越位防守战术：是后位线上的集体配合。当进攻队员向前传球前的一刹那，后位线上的队员同时向前跑动，把进攻队员甩在后面，造成越位。如果运用得当，可以瓦解对方的进攻，而一旦出现漏洞，就会造成很大的危险，所以运用时要特别慎重。

3. 集体防守战术

集体防守战术一般主要有人盯人防守、区域盯人防守和混合防守三种方法。

人盯人防守：除拖后卫外，每个队员都要盯住一个指定对手。原则上，对手跑到哪里就盯到哪里，拖后中卫(自由人)进行区域防守，执行补位任务。

区域盯人防守：每个队员在自己的防守的区域内进行盯人防守，不管是哪个对手进入该区域，原则上不越区盯人，拖后中卫(自由人)执行补位任务。

上述两种防守方法各有其优点和缺点。人盯人防守任务明确，但要有良好的体力和个人突破能力，否则被突破后补位较困难，有时因队员技术不全面，不能胜任其位置的职能，易出漏洞。区域盯人防守有比较固定的位置，但在交换防守时，若默契不好也易出漏洞。

混合防守：就是把人盯人防守和区域盯人防守结合起来。它是现今比赛中运用比较多的一种方法。

不论采用哪种防守战术，都要考虑到本队的特长，更要针对对方的进攻战术，采取有效的防守战术，阻止对方的进攻。

三、足球竞赛规则简介

《足球竞赛规则》是为进行足球比赛而制订的统一规范和准则。随着足球运动的发展，规则曾多次被修改，但其精神实质是始终如一的，概括起来有四个方面内容：一是对等的原则，即一视同仁；二是保护运动员的健康；三是促进足球技术战术的发展；四是提高比赛的观赏性。

(一)比赛场地

足球场应为长方形，长 90～120 米，宽 45～90 米。国际比赛场地长 100～110 米，宽 64～75 米。世界杯比赛场地长 105 米，宽 68 米。球门宽为 7.32 米，高为 2.44 米。球场不论土质或草坪，必须平坦，松软适度，无障碍物，以不伤害运动员和不影响球的正常运行为原则。

(二)队员人数

比赛时，每队上场队员为 11 人，其中包括 1 名守门员。比赛开始或进行中，某队队员人数不足 7 人时，比赛不能进行，应判该队弃权。正式比赛，每队每场最多可以替补 3 名队员。被替换下场的队员不得再次参加该场比赛。

(三)比赛时间

正式比赛时间男子足球为 90 分钟，上、下两个半场各 45 分钟；女子足球为 80 分钟，上、下两个半场各 40 分钟。上、下半场之间休息 15 分钟。比赛时间由裁判员掌握，以裁判员的表为准。

(四)决胜方法

比赛结果成平局后仍须决出胜负则增加决胜期的比赛。决胜期开始前应休息 10 分钟。并重新选择场地或开球权。决胜期的时间为 30 分钟，分上、下两个半场，各为 15 分钟，中间只交换场地不再休息。决胜期终了仍为平局，则采用踢“点球”的方法来决定胜负。

(五)越位

1. 越位位置

进攻队员在踢球和触球的一刹那，攻方队员在对方半场内，较球更接近于对方端线，并且在他与对方端线之间的守方队员(包括守门员)不足两人时,该攻方队员即处在越位位置。

2. 越位判罚

当同队队员踢或触球的一刹那,处在越位位置的队员正在干扰比赛或对方,或正企图从越位位置获得利益,应判罚越位。

3. 越位而不判罚越位

队员仅仅处在越位位置或直接接得球门球、角球、掷入的界外球或守门员坠落地的球,均不应判罚越位。

4. 队员被判罚越位

由对方在越位地点踢间接任意球。

(六)犯规与不正当行为

1. 判罚直接任意球和点球

队员故意违反下列 9 项规定中的任何一项,应由对方队员在犯规地点罚直接任意球,如果守方队员在本方罚球区内故意违反下述 9 项规定的任何一项,应判罚点球。

踢或企图踢对方队员;绊摔对方队员;跳向对方队员进行冲撞或蹬踏;猛烈地或带有危险性地冲撞对方队员;除对方正在阻挡外,从背后冲撞对方队员;打或企图打对方队员,或向对方队员吐唾沫;拉扯对方队员;用手、臂或肘部推对方队员;有意识地用手或臂部击、携带或推球(守门员在本方罚球区内除外)。

2. 判罚间接任意球

场上队员违反下列规定中的任何一项,由对方在犯规地点罚间接任意球。

队员的动作和踢球方式有伤及对方队员危险时;队员目的不是为争球,而球又不在对方控制范围内,这时对该对手进行冲撞;队员不去控制球,而故意阻挡对方队员接近球;在球门区内守门员手中无球,也没有阻碍对方时,冲撞守门员;守门员在本方罚球区内违例(守门员持球行走 4 步以上,未将球发出;守门员虽在行走 4 步以内将球发出,但在球未经其他队员触及前,再次用手触球;守门员持球时间过长或有意延误时间)。

3. 警告

①犯有非法体育行为;②用言语或动作表达不满;③持续违反规则;④延误比赛重新开始;⑤妨碍发角球和任意球;⑥未得到裁判员许可进入或重新进入比赛场地;⑦未得到裁判员许可故意离开比赛场地。

4. 罚出场

①严重犯规;②暴力行为;③违反体育道德行为;④故意手球犯规;⑤破坏对方的破门得分机会;⑥使用反击性、侮辱性或辱骂性语言及动作;⑦在比赛中得到第二次黄牌警告。

第二节　篮球运动

篮球运动是由两队队员在规定的场地内，在一定规则的约束下，通过个人技术和团队战术来进行传递球和防守转换，把球投入对方篮筐内得分并且最终以得分多少来判定胜负结果的球类运动项目。目前包括5人制篮球和3人制篮球等。

现代篮球运动起源于美国。先后经历了初创(19世纪90年代至20世纪20年代)、完善与推广(20世纪30—40年代)、普及与发展(20世纪50—60年代)、全面飞跃(20世纪70—80年代)、创新与攀登(20世纪90年代至今)五个发展时期。1932年，葡萄牙、瑞士、希腊、罗马尼亚、阿根廷、意大利、拉脱维亚和捷克斯洛伐克八国在日内瓦召开会议，宣布国际业余篮球联合会成立，国际篮球比赛规则初步统一。1936年，男子篮球列入第11届奥运会竞赛项目；1976年，女子篮球运动列入第21届奥运会竞赛项目。篮球运动出现了世界性的大普及和大发展，竞技水平也大大提高。尤其是20世纪90年代初由美国NBA职业篮球运动员乔丹、约翰逊、伯德等组成的“梦之队”参加了在西班牙举行的第25届奥运会，他们在比赛中高超的篮球技巧，征服了全世界的观众，将篮球运动的竞技水平和世界范围内的影响力推向了新的高度。

篮球运动来到中国至今已有一百多年。但新中国成立前篮球运动开展得并不广泛，运动水平比较低下。新中国成立后，党和政府加大了对篮球运动的重视，我国篮球运动得到蓬勃发展，并形成了“快速、灵活、全面、准确”的特点。改革开放以来，篮球运动已成为人们喜闻乐见的社会文化形态，在教育科学领域已成为一门重要学科，在竞技范畴内它也是一项重点发展的竞技运动。现阶段CBA联赛代表了我国篮球运动的最高水平。

一、篮球运动基本技术

篮球技术分为进攻与防守两部分。包括移动、抢篮板球、传接球、运球投篮、突破和防守对手、抢断、封盖等。

(一)移动

移动是篮球技术的基础，是队员在比赛中为了争取主动而改变位置、方向、速度和争取有利位置时所采用的各种动作方法的总称，包括走、跑、跳、急停、转身、滑步等各种脚步动作。

1. 起动

起动是队员由静止状态变为运动状态的一种脚步动作，是摆脱防守的有效手段，是防守时抢占有利位置，防住对手的首要环节。

动作方法：两脚前后或左右开立，两膝弯曲，呈上体稍前倾的基本站立姿势。起动时，后脚或异侧脚的前脚掌短促有力地蹬地，同时上体迅速前倾或侧转，向跑动方向移动重心，后脚或异侧脚迅速向跑动方向迈出，两臂积极协调摆动，两脚短促蹬地，以加快跑的速度。

动作要点：快移重心，蹬地起步突然，碎步加速。

2. 跑

(1)侧身跑(弧线跑)：这是比赛中队员在移动时为了更好地观察场上情况而经常采用的一种方法。向前跑动的同时，头部和上体自然地向有球方向扭转，脚尖对着跑的方向。

动作要点：上体侧身转肩，脚尖向前，看球跑动。

(2)变向跑(曲线跑)：这是队员在跑动中突然改变方向来摆脱防守的一种方法。运球攻击时也经常结合运用。防守时可利用这种方法堵截进攻。变向跑时(以从右向左变向为例)，最后一步屈膝着地的同时，脚尖和膝关节朝向跑动方向，并以右脚前脚掌内侧用力蹬地，加快腰部扭转，上体向左前倾，转移重心，左脚向左前跨出一小步，并用力蹬地，右脚迅速向左侧前跨出一大步，继续加速跑动。

动作要点：右脚蹬地，屈膝内扣，转移重心，左脚快迈，上体前倾，加速跑动。

(3)变速跑：是队员在跑动中利用忽快、忽慢的速度变化来摆脱对手或紧跟对手。

动作要点：加速时，蹬地要突然而短促有力，上体前倾；减速时，上体要直立，步幅放大并缓冲抵地。

3. 急停

急停是队员在跑动中突然制动速度的一种方法，也是随时转换和衔接各种脚步动作的过渡动作。球场上常用的急停动作有两种。

(1)跳步急停(一步急停)：在慢跑中，用单脚或双脚起跳，上体稍向后仰，两脚平行或前后同时落地，落地时用全脚掌着地(或先用脚跟着地迅速过渡到全脚掌着地)，两膝弯曲，重心下降，保持身体平衡。

动作要点：屈膝，重心在双脚之间，两臂屈肘微张，保持身体平衡。

(2)跨步急停(两步急停)：在快速跑动中采用急停时，先向前跨出一大步，用全脚掌抵地，屈膝，同时身体稍向后倾，以减缓向前的冲力，后落地脚要落在另一脚的侧前方，脚着地时，脚尖稍向内转，用前脚掌内侧蹬地，两膝弯曲，重心下降，保持身体平衡。

动作要点：第一步脚掌抵地屈膝，上体侧转移重心；第二步用力抵地内转，两臂屈肘自然展开，协助控制身体平衡。

4. 转身

转身是以一脚做中枢脚，另一脚蹬地向不同方向跨移，借以改变身体方向的一种方法。常与跨步、急停结合运用。转身可分为前转身和后转身两种。移动脚向中枢脚前方跨出而改变身体位置与方向的转身叫前转身；移动脚向中枢脚后方撤步而改变身体位置与方向的转身叫后转身。

前转身：以跨步急停接球前转身为例。以右脚为中枢脚，左脚用力蹬地向右脚尖方向跨步，重心移于右脚并用前脚掌做轴旋转，同时转肩向前转身。

后转身：以跨步急停接球后转身为例。右脚在前，左脚在后，以左脚为中枢脚，右脚用力蹬地，向右后撤右脚，同时转肩转髋，向左脚跟方向移动。重心移于左脚并用脚掌做轴旋转，向后转身。

转身动作要点：中枢脚提踵，移动脚蹬跨，腰带体转，注意平衡。

5. 滑步

滑步是防守时的移动步法。滑步可分为侧滑步、前滑步、后滑步三种。

侧滑步：由两脚平行站立姿势开始。滑步时，用移动方向异侧脚掌内侧用力蹬地，另一脚向移动方向跨出，蹬地脚要迅速贴地面跟上，滑动时注意身体不要上下起伏，重心要保持在两脚之间，手臂应根据进攻者的情况而变化。

前滑步：由前后站立姿势开始，滑步时，前脚向前迈出一步，着地的同时，后脚紧随着向前滑动，保持开立姿势，注意屈膝降低重心。

后滑步：后滑步动作方法与前滑步相同，只是向后滑动。

滑步动作要点：蹬跨要协调用力，滑动时身体平稳，两臂要伸展。

6. 移动的练习方法

(1)看或听信号向不同方向起动快跑。

(2)自抛球或他人抛球后，起动快速接球，不让球落地。

(3)看或听信号做侧身跑、变速跑、变向跑等练习。

(4)跑动中做跨步急停和跳步急停。

(5)原地不持球或持球，做前转身、后转身练习；然后，运球中做前转身、后转身练习。

(6)听或看手势，做各种滑步练习。

(7)综合练习：如图 5-2-1 所示，在场内做起动、急停、转身、各种跑和滑步的练习。

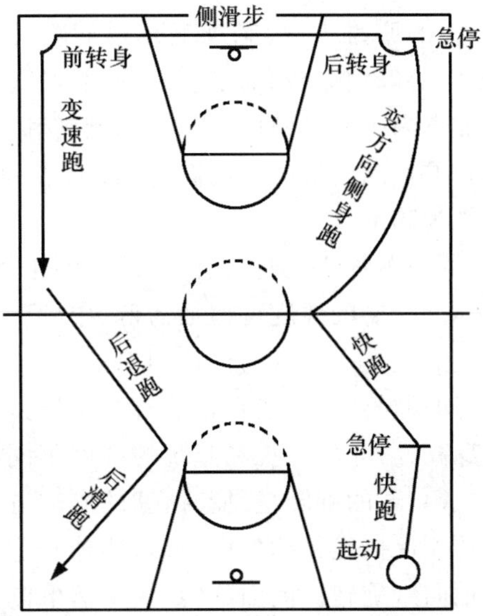

图 5-2-1　移动练习

(二)投篮

投篮是运用正确的身体姿势和手法，将球从篮圈上面投入球篮的各种动作方法的总称。投篮的动作方法很多，按照持球的方法不同，可分为双手投篮和单手投篮两大类；依据投篮前球置于身体的不同部分，可分为胸前投篮、肩上投篮、头上投篮等各种动作方法；按投篮球时移动的形式，可分为原地投篮、行进间投篮和跳起投篮；依照投篮的距离，可分为近、中、远距离投篮；从投球入篮的形式，又可分为碰板投篮、不碰板(空心)投篮和扣篮等。总之，投篮动作种类多，技术较复杂，是最重要且比较难掌握的技术之一。

1. 投篮技术

(1)手法：正确的手法和全身的协调配合是投篮准确的关键。

单手投篮手法：如图 5-2-2(1)所示，五指自然分开，指根以上部位触球，手腕后屈托球，另一手扶球的侧面，出手时全身协调伸展用力，手臂向前上伸出，手腕前屈，手指拨球，最后球从中指、食指的指尖出手。

双手投篮手法：如图 5-2-2(2)(3)所示。两手五指自然分开，持球两侧略后的部位，两拇指呈八字形，手心空出，手腕、肩放松。投篮时，两臂向前上方伸出，最后手掌外翻，用两手的拇指、食指、中指指尖的力量将球拨出。

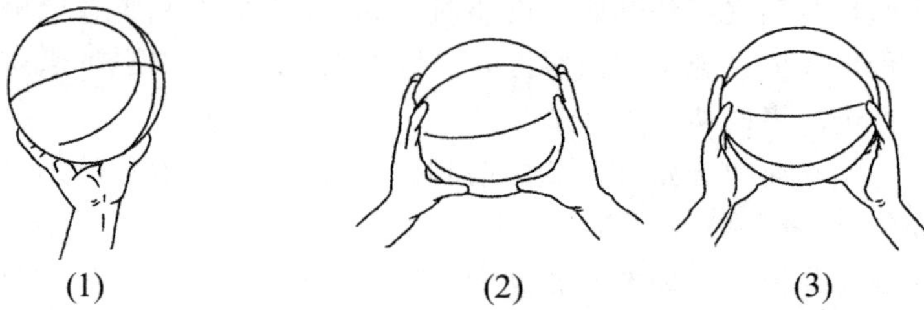

图 5-2-2　单、双手投篮手法

(2)瞄准方法：瞄准就是投篮时看什么地方，直接投中时，看篮圈前沿的正中点或中心点(投空心篮时)。碰板投篮适用于与篮板呈 15～45 度角的区域，以接近 30 度角地区为最好。瞄准点因投篮的角度、距离、球旋转和用力大小不同而有所不同，一般情况是角度小，距离远，则瞄准点离篮圈的距离高而远；反之，则低而近。总之，应以篮板上能够使球反弹入篮的那一点作为瞄准点。

(3)抛物线：是指投篮后球在空中飞行的弧形路线。投篮弧线是否适宜，对命中率有重要影响。投篮的弧度可概括为低、中、高三种。这三种投篮弧线各有优缺点，其中中弧线，球飞行弧线的最高点大致与篮板的上沿在一条水平线上，球篮的大部分暴露在球的下面，是一种比较理想的抛物线，一般在投篮时多采用这种弧线。但在比赛中，根据具体情况，如投篮的距离、人的身高、防守的干扰和起跳的高度不同，投篮的弧度也应有所不同。

(4)球的旋转：投篮时，球的旋转方向和速度取决于球出手时手腕、手指的动作和力量。球旋转能保持飞行的方向正确，使球平稳匀速地飞行，因而容易投中。投空心篮时，球在空中绕横轴向后旋转。侧面旋转，多在篮下侧面碰板投篮时运用。

2. 投篮动作方法

投篮动作方法较多，这里只介绍原地双手胸前投篮、原地单手肩上投篮、原地跳起单手肩上投篮和行进间单手低手投篮。

(1)原地双手胸前投篮：其特点是握球牢，能充分发挥身体和臂部力量，适于远距离投篮，也便于和传球、突破技术相结合，同样具有突然性强的优点。目前女子较多采用这种投篮方法。

动作方法：投篮前将球置于胸前，目视球篮，两肘自然下垂，两脚前后或左右开立，两膝微屈，重心落在两脚掌上。投篮时，两脚蹬地，腰腹伸展，两臂向前上方伸出，两手腕同时外翻，拇指稍用力压球，使球通过拇指、食指、中指指端投出。出手后，脚跟提起，腿、腰、臂随出球方向自然伸展(图 5-2-3)。

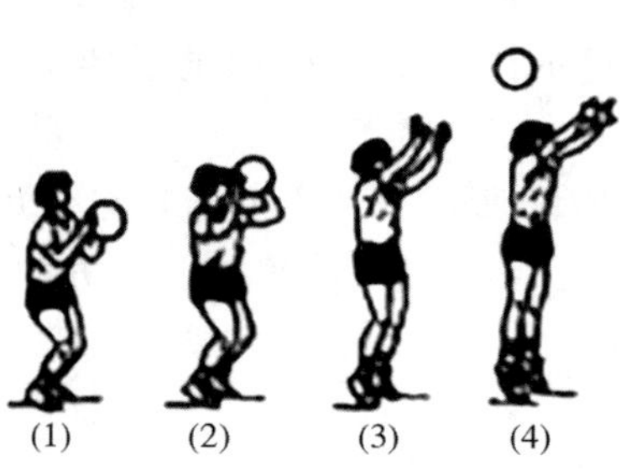

图 5-2-3　原地双手胸前投篮

(2)原地单手肩上投篮：这是篮球比赛中应用比较广泛的一种投篮方法，是行进间、跳起、转身单手肩上投篮的基础。它具有出手点高，便于结合其他技术动作和不易防守的优点，能在不同距离和位置上应用。

动作方法：右手投篮时，右脚在前、左脚稍后，两膝微屈，重心落在两脚掌上，将球举到头部右侧上方位置，左手扶在球的侧下面。投篮时，由下肢蹬地发力，身体随之向前上方伸展，同时抬肘向投篮方向伸臂，由手腕前屈和手指拨球的动作使球柔和地从食指、中指指端投出。球离手时，手臂要伴送，脚跟提起（图 5-2-4）。

(1)　(2)　(3)　(4)　(5)

图 5-2-4　原地单手肩上投篮

(3)原地跳起单手肩上投篮：它具有突然性强、出手点高和不易防守的优点。

动作方法：两手持球于胸前，两脚开立屈膝，重心在两脚之间，起跳时，两腿用力蹬地，垂直向上起跳，同时双手持球于右肩上，当身体至空中最高点时，托球手臂向上伸直，最后用压腕、指拨力量将球柔和地投出（图 5-2-5）。

(1)　(2)　(3)　(4)　(5)　(6)　(7)　(8)　(9)

图 5-2-5　原地跳起单手肩上投篮

(4)行进间单手低手投篮：它具有速度快、命中率高和防守者不易封盖等优点。

动作方法：右脚跨出一大步的同时接球，接着左脚跨一小步并用力蹬地向前上方跳起，同时将球持于胸前，右腿迅速屈膝上抬。投篮时，右手要充分向球篮前沿举球，用挺肘和腕上挑的柔和动作使球出手，并向前旋转入篮（图 5-2-6）。

(1)　(2)　(3)　(4)　(5)

图 5-2-6　行进间单手低手投篮

3. 投篮练习方法

(1)先徒手模仿各种投篮动作,然后结合球进行练习。

(2)定点投篮(选择各种角度反复进行练习)。

(3)直线、斜线、弧线移动中接球,做行进间低手上篮或急停跳投。

(4)半场,做突破跑篮或急停跳投练习。

(5)二对二,结合中锋策应做急停跳投练习。

(三)传球、接球

1. 传球动作方法

传球是进攻队员之间有目的地转移球的方法,也是队员之间相互配合和组成进攻战术的纽带。传球分单手传球和双手传球两大类。传球方法较多,这里仅介绍双手胸前传球和单手肩上传球。

(1)双手胸前传球:这是最基本、最常用的传球方法。其特点是传球快速有力,可在不同距离中使用,而且便于和投篮突破等动作结合运用。

动作方法:成基本姿势站立,持球手法如图 5-2-7 所示,两肘自然弯曲于体侧,将球置于胸腹之间。肩、臂、腕肌肉放松。传球时后脚蹬地,前脚向前上一步,身体重心前移,同时两臂迅速前伸,手腕由下向上翻转,同时拇指用力下压,食指、中指用力弹拨,使球沿横轴向后旋转传出,出球后手心和拇指向下,其余四指向前。

图 5-2-7　双手胸前传球

(2)单手肩上传球:这是一种用于中、远距离的传球方法。特别是在抢到后场篮板球发动长传快攻时运用较多。

动作方法:持球方法与双手胸前传球相同,两脚平行开立,右手传球时,左脚向传球方向跨出半步,同时双手将球引到右肩侧上方,右手腕后屈,手持球的后下方,左肩对着传球方向,体重落在右脚上,出球时右脚蹬地的同时转体带动上臂,肘领先,前臂迅速前甩,手腕前扣,最后通过食指、中指、无名指的弹拨下压动作将球传出(图 5-2-8)。

图 5-2-8　单手肩上传球

2. 接球动作方法

（1）双手接胸部高度的球，这是最基本的接球方法。

动作方法：眼视来球，两臂向球伸出，双手手指自然张开，拇指相对成八字形，其他手指向前上方，形成一个半圆形。当手指触球时，两臂顺势屈肘后引缓冲来球的力量，持球于腹前，成基本站立姿势，以便为下步的传球、运球、投篮做好准备。

（2）双手接头部高度的球。

动作方法：方法与双手接胸部高度的球相同，只是两臂向前上方迎球伸出。

3. 传、接球练习方法

（1）一人一球对墙传球、接球。

（2）两人一组做各种传球、接球练习（可结合 1 人的防守进行）。

（3）五人一组，三人传球，两人防守（图 5-2-9）。

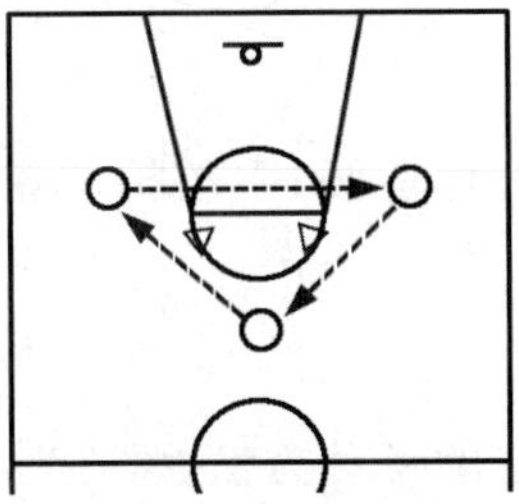

图 5-2-9　传球、接球

（4）弧线侧身跑传球、接球练习。按图 5-2-10（1）所示站位，④分别传球给①②③，并沿球场三个圆圈做侧身跑传球、接球，最后上篮练习。

（5）两人行进间传球、接球上篮练习。如图 5-2-10（2）所示，①传球给②，起动前跑接②的回传球，②也同①，最后由①跑篮。然后两人交换位置在另一侧反方向练习。

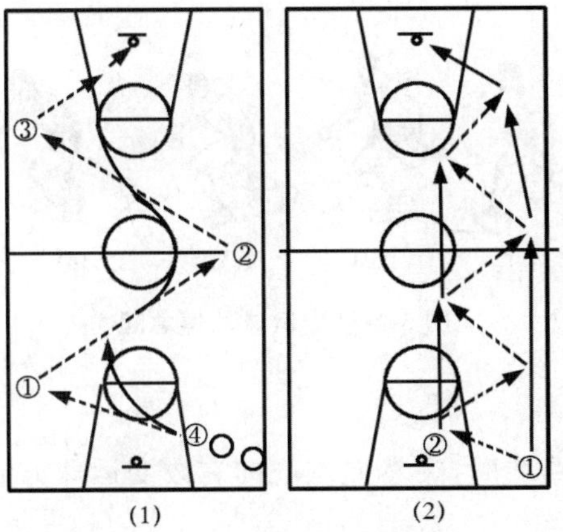

图 5-2-10　行进间传球、接球

（四）运球

持球队员在原地或移动中，用单手连续按拍借助地面反弹起来的球，叫运球。运球是组织战术配合及突破防守的重要手段，是一项重要的进攻技术。运球的方法较多，现介绍以下几种。

1. 高运球

是在没有防守队员阻挠的情况下，为了加快向前推进的速度或高速进攻速度和攻击位置时，所采用的一种运球方法。

动作方法：抬头，目视前方。上体稍前倾，以肩关节为轴，用手按拍球的后侧上方，球的落点在身体侧前方，球反弹的高度在腰胸之间，一般拍一次球跑两步。

动作要点：手按拍球的部位正确，手脚配合协调。

2. 低运球

当接近防守队员受到抢阻或紧逼时，常采用低运球方法摆脱防守。

动作方法：抬头目视前方，两腿迅速弯曲，降低重心，上体前倾，靠近防守队员的一侧，用身体和臂保护球。同时，用手短促地按拍球，使球反弹的高度在膝部高度，以便更好地控制球和摆脱防守继续前进。

动作要点：屈膝降低身体重心，上体前倾；手按拍球短促有力，控制球的高度；手脚配合协调一致。

3. 运球急停急起

它是利用速度的变化来摆脱防守的一种方法，常在对手防守较紧的情况下，运球向前推进时采用。

动作方法：运球急停时，用手快速按拍球的前上方，同时，两脚做跨步急停，并转入低运球，用臂、身体和腿保护球。运球急起时，后脚用力蹬地，同时，按拍球的后侧上方，向前运球，加速超越对手（图 5-2-11）。

动作要点：手按拍球短促有力，部位正确，急停时两腿制动有力，停得住。急起时，蹬地有力起动快，人球配合好，手脚、身体紧密配合，协调一致。

图 5-2-11　运球急停急起

4. 体前变向换手运球

当对手堵截运球前进的路线时，突然向左或向右改变运球方向，借以摆脱防守的一种运球方法。

动作方法：突破时，先向对手左侧快速运球。当对手向左侧转移身体重心准备堵截时，运球队员突然变换运球方向，用右手按拍球的右侧上方，并靠近身体向左侧送拍球，使球的落点靠近左脚，向身体左侧反弹，同时，右脚向左前方跨步，上体左转侧身，以右臂、右腿和上体保护球，换左手按拍球左侧上方，从对手右侧运球突破。

5. 运球练习方法

原地做高低变换运球。

原地体侧前后运球，体会前推后拉运球时手按拍球的部位和力度。

两人一组，一攻一防，做急停急起运球练习。

一人一球，体会运球和脚步动作的配合，做不同高度、速度、变向和转身的运球练习。

（五）持球突破

持球突破是队员运用脚步动作和运球技术快速超越对手的一项攻击性很强的技术，它与传球和投篮密切结合运用。突破方法常见的有同侧步（顺步）持球突破和交叉步持球突破两种。

1. 同侧步（顺步）持球突破

动作方法：以从防守队员左侧突破为例。突破时，用左脚掌内侧用力蹬地，右脚迅速向对手左侧跨出一步，同时上体稍右转，左肩下压，用右手放球于右脚右侧前方，左脚迅速跨步抢位，用右手拍球，加速超越对手。

2. 交叉步持球突破

动作方法：以右脚为中枢脚从防守队员左侧突破为例。突破者左脚先向左侧跨一小步，为向左侧突破的假动作，然后左脚前脚掌内侧用力蹬地向防守者的左侧跨出一大步，贴近防守者。上体稍右转，左肩前探并下压，右手立即将球拍至左脚右侧前方，右脚迅速跟上，加速超越对手。

3. 持球突破练习方法

（1）持球反复做交叉步和同侧步突破练习。

（2）持球突破后，接做跳投、传球、运球上篮等练习。

（3）传接球与突破相结合的练习。

（六）防守对手

1. 防守无球队员

一般来说，防无球队员应站在对手与篮之间的内侧位置上，准备姿势的站法应有变换，离球近防守时，应采用面对人、侧对球的站法，不让对手摆脱去接球；离球远防守时，采用面对球、侧对人的站法，便于断球或协防配合。不论采用哪种站法，都要积极运用各种脚步移动跟住对手，并配合手臂动作，阻挠对手接球和争取断球。

2. 防守有球队员

原则是防守者应站在篮与对手之间的位置上，并同其保持一臂的距离。一般来讲，离篮远则远，离篮近则近，并根据对手的特点（善投、善突等）、战术的需要而有所调整。如对手善于突破，则采用两脚平行站立的防守姿势，两臂侧伸；如对手善于投篮，则采用两脚前后站立的防守姿势，一臂上伸，一臂侧伸进行阻挠。无论采用哪种防守方法，都要积极移动，当对手运球或突破时，应堵截他的移动路线，迫使他运向边角；当对手做假动作时，不要受其引诱而失去身体平衡。

3. 防守对手的练习方法

(1)做随进攻者移动的防守练习。

(2)一防一练习：进攻者做准备投篮和突破动作，防守者做封盖投篮和防突破动作的变换练习。

(3)二防二练习：进攻者做摆脱传球、投篮、运球及运球投篮动作。防守者根据进攻者持球与不持球情况，来选择位置和防守动作。

(七)打球、抢球和抢篮板球

1. 打球

打球是击落对方手中球的方法。包括打持球、打运球、打上篮球。

打持球：防守队员利用突然上步，用单手由下向上或由上向下快速准确地将对方手中的球打掉。

打运球：在进攻队员运球时，当球刚从地面弹起时，防守队员突然上步，用靠近球的手将球迅速打掉。

打上篮球：进攻队员运球上篮时，当跨出第二步起跳时，防守队员移动到他的左侧稍前方，同时用左手从他的斜下方扫击，将球打掉。

2. 抢球

抢球是从进攻队员手中夺取球的方法。包括拉抢和转抢。

拉抢：防守队员看准对手的持球空隙部位，迅速用两手抓住球向后突然猛拉，将球抢夺过来。

转抢：防守队员抓住球的同时，迅速利用手臂后拉和两手转动的力量，将球从对方手中转出。

3. 抢篮板球

抢篮板球是指比赛中双方争夺从篮板或篮圈上反弹球的技术。分单手抢篮板球、双手抢篮板球和点拨抢篮板球三种方法。这里只介绍单手抢篮板球和双手抢篮板球的方法。

单手抢篮板球：要积极占据有利位置，身体和手臂在空中要充分伸展，右臂上举，用腰腹力量控制身体平衡，在最高点当手指触球的侧方或侧下方时，用力屈腕、屈指握球，前臂随之拉球于胸前，另一手护球。一般处于对手背后或侧面的不利位置时或球落在身体侧后方时，可采用这种方法。其优点是接球点高，控制范围大，缺点是不如双手抢球牢稳。

双手抢篮板球：身体起跳在空中，两臂用力伸向球反弹的方向，身体和手达到最高点时，双手将球握住，腰腹用力。迅速收臂将球置于身前，以保护球。这种方法优点是握球牢固，便于结合其他进攻动作，缺点是制高点和控制球的范围不及单手抢球。

4. 打球、抢球和抢篮板球的练习方法

(1)一人持球于胸前，另一人做上步打球和抢球动作。熟练后，持球人将球持于不同位置，抢球人伺机上步做打球和抢球的练习。

(2)一人原地运球，另一人伺机上步打球，然后交换练习。

(3)向篮板抛球，然后跳起用单手或双手抓握篮板反弹回来的球，做一定次数和组数。

（4）三人一组，一人投篮或向篮板抛球，另两人同时抢位并抢篮板球，然后交换练习。

二、篮球运动基本战术

篮球战术有攻守、个人、局部、全队等多种打法，现简要介绍如下。

（一）传切配合

传切配合是两三名队员利用传球和切入技术组成的简单战术配合。包括一传一切和空切。

一传一切：是指持球队员传球后向篮下切入，接回传球投篮[图 5-2-12（1）]。④传球给⑤，立即摆脱对手⚠，④向篮下切入，接⑤的回传球上篮。

空切：是指无球队员掌握时机，摆脱对手，切向防守空隙区城，接球投篮或做其他进攻动作[图 5-2-12（2）]。④传球给⑤时，⑥乘⚠注意球的机会立即摆脱⚠，⑥空切篮下接⑤的传球投篮。

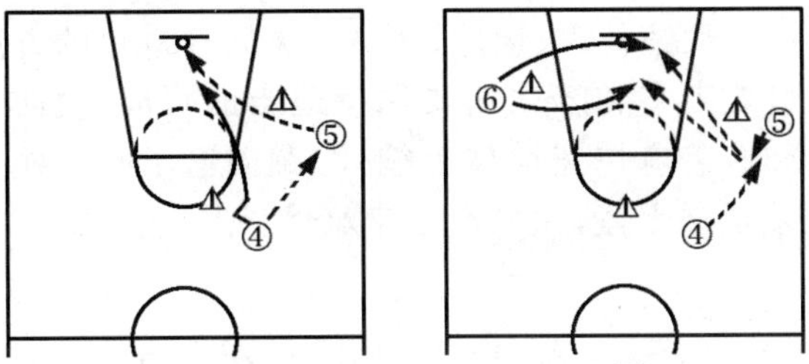

(1)　　(2)

图 5-2-12　传切配合

（二）掩护配合

掩护配合是采用合理的行动用自己的身体挡住同伴防守者的移动路线，使同伴借以摆脱防守的一种配合方法。掩护配合有前掩护、侧掩护和后掩护三种形式。以侧掩护为例（图 5-2-13），⑤传球给④后跑到⚠的侧后方做掩护，④利用这一机会，持球突破上篮。

图 5-2-13　掩护配合

（三）快攻

快攻是在比赛中转守为攻时，以最快的速度创造人数上、区域上的优势，在对方没有布署防守前结束进攻。

1. 快攻的组织形式

有短传快攻、长传快攻和结合运球突破快攻三种。现介绍后两种。

长传快攻：是防守队员在后场获球后，用一两次传接球迅速摆脱对手而传给快下的同伴的一种方法。

结合运球突破快攻：防守队员获球后，无法采用长、短传球推进时，应立即快速运球突破，再寻找配合机会，以提高快攻的速度和威力。

2. 快攻的组织结构

由发动、推进、结束三个阶段组成。

3. 发动快攻的时机

有抢篮板球、抢断球、掷后场端线界外球和跳球等。

(四)二攻一(一防二)

1. 二攻一

二攻一是两人配合，利用快速传球、运球，突破一人防守进攻的方法[图 5-2-14(1)]。二攻一多在快攻中运用，两个进攻者①和②之间要保持适当的距离，使防守者⚠不能同时防守两个进攻者。当推进到前场时，①应快速运球上篮，②跑向篮下牵制⚠和接应①。①运球中如果⚠不上来防守，①就直接运球上篮，如果⚠上来堵防，则①传球给切入篮下的②投篮。

2. 一防二

它是一种以少防多的防守方法。当对方发动快攻、在后场出现一防二的局面时，防守者应及时选择有利位置，积极主动地进行防守[图 5-2-14(2)]。进攻队员①运球推进时，防守者⚠要积极移动堵截，迫使①停止运球，然后迅速回防②，并注意断①传给②的球。

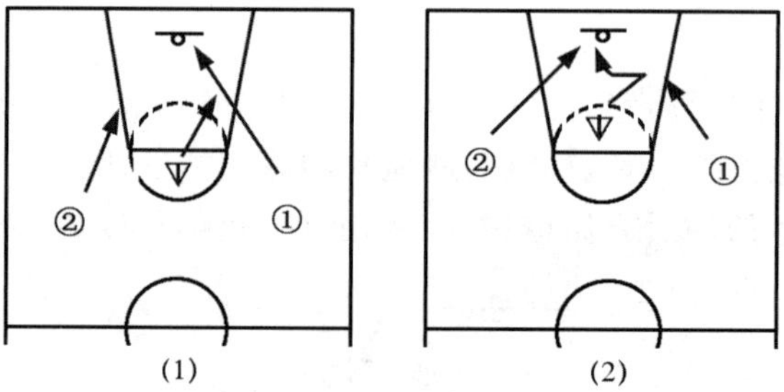

图 5-2-14　二攻一与一防二

(五)"关门"配合

它是防守战术基础配合方法之一。"关门"是临近的两个防守队员协同防守突破队员的配合方法[图 5-2-15(1)]。当④从正面突破时，⚠④和⚠⑥进行"关门"配合，若④从边线突破时，则⚠④和⚠⑤进行"关门"配合。

(六)挤过配合

它是防守战术基础配合的又一种方法[图 5-2-15(2)]。当④传球给⑤去给⑥做掩护时，

⚠④应及时提醒⚠⑥。⚠⑥在④临近的一刹那，迅速靠近⑥，并从④和⑥之间侧身挤过去，继续防住⑥。

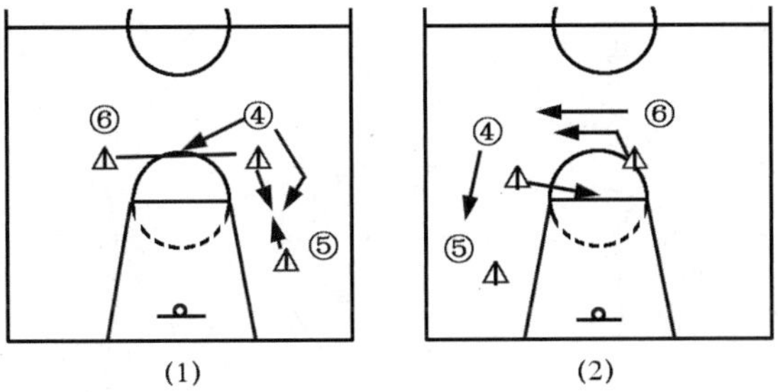

图 5-2-15 “关门”配合与挤过配合

(七)半场人盯人防守

这种防守即是转入防守时，放弃前场的防守，全队退至后场盯住自己对手。常见的有半场缩小(松动)人盯人防守和半场扩大(紧逼)人盯人防守。

半场人盯人防守应遵循“以人为主，人球兼顾”和“有球则紧，无球则松”的原则。合理运用防守基本配合，进行强有力的抢、堵、封、断，控制和破坏对手的进攻配合行动。当对方进行掩护进攻时，迅速观察和判断，根据进攻者掩护的质量，做出挤过、绕过、穿过、换防等配合的行动来抑制对手；当对方利用中锋进攻时，可根据中锋和外线队员特点，或集中优势夹击中锋，或积极封堵外线队员，以切断供给中锋的球。当对方利用持球突破来压缩防区和得分时，相近的两防守队员可积极采取“关门”配合和夹击配合，其他队员要积极补防和抢断，以防止对方形成突破分球配合。总之，当对方外围中投不太准而篮下攻击力量较强时，则要采用半场缩小人盯人防守；当对方外围攻击力强(中、远距离投篮较准)而内线攻击力较强时，则采用半场扩大人盯人防守。同时，根据场上双方技术、战术的需要，来进行选择。

三、篮球竞赛规则简介

(一)比赛场地

篮球比赛是在一块平坦、坚实且无障碍物，长 28 米、宽 15 米(从界线的内沿丈量)的长方形场地上进行的。场地如图 5-2-16 所示。

(二)比赛规则简介

(1)篮球比赛有两个队参加，每队上场 5 人，其中 1 人为队长，替补球员不超过 7 人。

(2)在 3 分区内将球投入对方球篮得 2 分；在 3 分区外投入对方球篮得 3 分；罚球中 1 次得 1 分。

(3)比赛由 4 节组成，每节 10 分钟。在第 1 节和第 2 节(第一半时)之间，第 3 节和第 4 节(第二半时)之间以及每一决胜期之前有 2 分钟的比赛休息时间。两个半时的比赛休息时间为

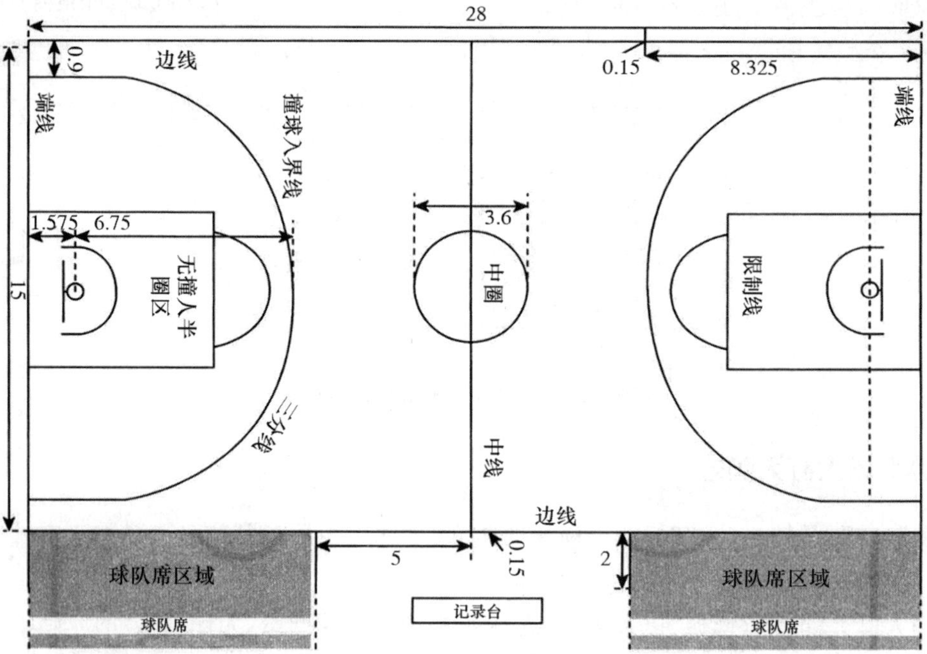

图 5-2-16　比赛场地(单位:米)

15 分钟,以全场得分多者为胜。

(4)如果在第 4 节比赛时间终了时比分相等,需要一个或多个 5 分钟的决胜期来继续比赛,直至决出胜负。

(5)比赛中每队的换人次数不限。但是,在第一个半时的任何时间每队可准予 2 次要登记的暂停。

(6)整个比赛过程中由裁判员(包括主裁判员和副裁判员)、记录台人员(包括记录员、助理记录员、计时员和 24 秒钟计时员)和技术代表管理。

(7)违例,即违反规则。罚则是将球权判给对方队在靠近发生违例的地点掷球入界。

①带球走:当持活球的队员用同一脚向任何方向踏出一次或多次,其另一脚(称为中枢脚)不得离开与地面的接触点,如果中枢脚离开了这个接触点,就构成带球走违例。

②非法运球:队员在运球后,用双手同时触及球或允许球在一手或双手中停留时运球即完毕,运球结束后,除非失去控球权后又重新控制球,否则不得再次运球,如果再次运球,则为非法运球违例。

③拳击球或脚踢球:比赛中队员不得故意用拳头击球或用腿的任何部位去阻挡球,两者均判违例。如果球偶然地接触到腿的任何部位,或者腿的任何部位无意碰到球,则不算违例。

④球回后场:在比赛中,前场控制球的队,不得使球再回到后场,否则为球回后场违例。具体判定球回后场有以下 3 个条件,且这 3 个条件必须一次连续发生:a. 该队必须控制球;b. 球进入前场后,在球又回到后场前该队队员(或裁判员)最后触及球;c. 球回后场后,该队队员在后场最先触及球。

⑤干涉得分和干扰投篮:投篮(罚球)的球在飞行下落并完全在篮圈水平面之上时,双方队

员不可触及球。当投篮的球触及篮圈时，双方队员都不得触及球篮或篮板，不得从下方伸手穿过球篮并触及球，不得使篮板和篮圈摇动。如果进攻队员违反这一规定，不论是否投中，均判为投篮（罚球）队员得分，得分标准同球已进入球篮的得分标准。

⑥3 秒违例：当某队在前场控制活球并且比赛计时钟正在运行时，该队队员在对方限制区内持续停留的时间不得超过 3 秒钟，否则违例。

⑦5 秒违例：进攻球员必须在 5 秒钟之内掷出界外球；在被严密防守时，必须在 5 秒钟之内传、投或运球；当裁判员将球递给罚球队员时，该队员必须在 5 秒钟内出手，否则违例。

⑧8 秒违例：一个球队从后场控制活球开始，必须在 8 秒钟内使球进入前场（对方的半场），否则违例。

⑨24 秒违例：每当一方队员在场上获得控制活球的资格时，该队必须在 24 秒钟尝试投篮，否则违例。

（8）犯规是对规则的违犯，包含与对方队员的非法身体接触和违犯体育道德的举止。对违犯规则者登记犯规并按规则予以处罚。

①侵人犯规：是队员与对方的接触犯规。无论球是活球还是死球，队员均不应通过伸展其手、臂、肘、肩、髋、腿、膝或脚来拉、阻挡、推、撞、绊、阻止对方队员行进，以及不应将其身体弯曲成"反常的"姿势（超出其圆柱体），也不应该出现任何粗野或猛烈的动作。在所有情况下都要给犯规队员登记 1 次侵人犯规。如果对未做投篮动作的队员犯规，由非犯规队在靠近犯规地点的界外掷球入界重新开始比赛。如果犯规队处于全队犯规处罚状态，则应判给未做投篮动作的队员 2 次罚球，代替掷球入界。如果对正在做投篮动作的队员犯规，若投篮成功，则应计得分并判 1 次追加罚球；若未投中，则要根据投篮的地点，判 2 次或 3 次罚球。

②技术犯规：是包含双方队员和球队席人员行为性质的队员的非接触犯规。如不顾裁判员警告；没有礼貌地触犯裁判员、技术代表、记录台人员或球队席人员；有冒犯或煽动观众的语言举止；戏弄对方队员或在对方队员的眼睛附近摇手妨碍其视线；在球过球篮后，故意触及球以延误比赛；阻碍迅速地执行掷球入界以延误比赛；假摔以伪造 1 次犯规等。

队员的技术犯规，应给其登记 1 次技术犯规，作为全队犯规之一计数。教练员、替补队员和随队人员的计数犯规，对每一起犯规行为都要登记教练员 1 次技术犯规，但不作为全队犯规之一计数。

对技术犯规的处罚，如果判罚队员技术犯规，应作为队员的犯规登记在该队员名下，并计入全队犯规中。判罚球队席人员，应登记在主教练名下，并不计入全队犯规次数中。同时，应判给对方队员 1 次罚球。

③违反体育道德的犯规：根据裁判员的判断，一名队员不是在规则规定的范围内合法地试图直接去抢球。发生接触犯规是违反体育道德的犯规，应给犯规队员登记 1 次违反体育道德的犯规，判给对方罚球，以及随后在记录台对面的中线延长部分掷球入界或在中圈跳球开始第一节（如犯规发生在第一节比赛前）。

④罚球的次数按如下规定：对没有做投篮动作队员的犯规应判给 2 次罚球；对正在做投篮的队员发生的犯规，如中篮，应计得分并加判给 1 次罚球；如未中篮，应判给 2 次或 3 次罚球。

第三节　排球运动

排球运动是两队各 6 名队员在规定的场地内，运用发球、垫球、传球、扣球、拦网等技术，进行攻防对抗，不使球落在本场地内的一种球类运动。

排球运动由美国人威廉·摩根于 1895 年创造，1905 年传入我国。排球运动几经演变，先后从 16 人制、12 人制、9 人制到现在的 6 人制。

1947 年，在法国巴黎成立了国际排球联合会，该会目前拥有 218 个会员国。世界排球锦标赛、奥运会排球赛、世界杯排球赛和世界青年排球锦标赛，是世界排球运动最高级别的比赛。比赛每 4 年举行一次。

排球运动对场地要求不高，主要规则容易掌握，运动量可大可小，不同年龄、性别和不同训练水平的人均可参加，深受人们喜爱，也是大、中专院校学生喜爱的运动项目之一。

排球运动作为竞赛项目，它的对抗性、技巧性、集体性很强。经常参加排球运动，可以促进人体各器官的正常发育和机能的改善，使人的动作灵活、反应迅速、弹跳力增强，并能培养人的沉着、冷静、机智、果断的品质和集体主义精神。

一、排球运动基本技术

（一）准备姿势和移动

1. 准备姿势

准备姿势按身体重心的高低分为半蹲、稍蹲和低蹲 3 种。其中半蹲准备姿势运用较多。

半蹲准备姿势：两脚左右开立稍比肩宽，一脚稍在前，两脚尖适当内收，脚跟稍提起，膝关节保持一定的弯曲程度。上体前倾，重心前移。两臂放松，自然弯曲，两手置于腹前，两眼注视来球，两脚始终保持微动，神经系统处于适宜的兴奋状态。

稍蹲准备姿势：稍蹲准备姿势比半蹲姿势的身体重心稍高，动作方法相同。一般用于扣球助跑前或在对方正在组织进攻时，不需要快速起动的场合。

低蹲准备姿势：身体重心比半蹲姿势更低，主要用于防守和接拦回球等。低蹲时，两脚左右、前后的距离要更宽一些，膝部的弯曲程度大于半蹲姿势。身体重心更要靠前，肩部垂线过膝，膝部垂线超脚尖，手臂置于胸腹之间。

口诀：两脚自然开立，双腿适当屈膝，收腹重心前移，放松微动身体。

2. 移动

移动的主要目的是及时接近球，保持好人与球的位置关系以便击球，同时也为了迅速占据场上合理位置，适宜于比赛的需要。

(1)一步移动：当来球离身体较近时(一般在1米左右)，可用1步移动。向前移动时前脚向前迈出一步，后脚蹬地迅速跟上成准备姿势。若向左右移动，可用并步。如向左移动时，就用右脚蹬地，同时左脚向左跨出一步，右脚再过来。向右移动时，动作方向相反(图5-3-1)。

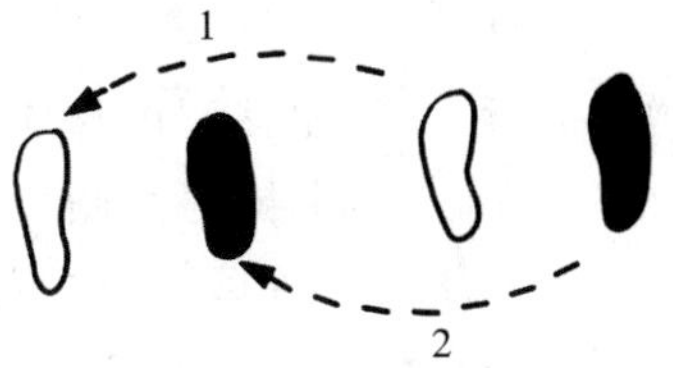

图5-3-1　一步移动

(2)两步移动：当来球距身体较远，移动一步不能接球时，可用两步移动。向前移动时，后脚先向前跨一步，接着另一脚再向前跨一步，站成准备姿势。若向左右移动，可用交叉步。如向左移动时，左脚用力外转，身体稍前左转，右脚接着向左侧迈出一步，然后左脚再向左跨出一步，同时身体转向来球方向，保持准备姿势(图5-3-2)。向右移动时动作方向相反。

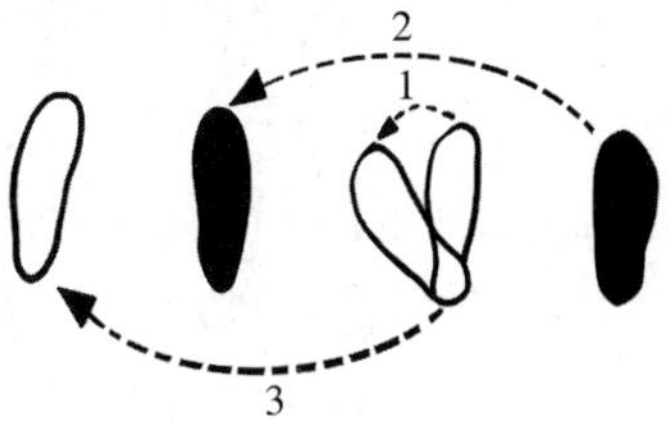

图5-3-2　两步移动

口诀：*判断及时快反应，抬腿弯腰重心倾，关键快跨第一步，制动身体步法灵。*

3. 准备姿势和移动的练习方法

(1)站成2～4列横队，听到跑的信号做原地跑步，再发信号做出半蹲姿势，反复进行。

(2)队形同上，做半蹲准备姿势，在2～3米的距离摸地移动练习，反复进行。

(3)队形同上，原地纵跳2～3次后，迅速做好半蹲准备姿势，看手势做向前、后、左、右一步或两步练习，反复进行。

(4)队形同上，列队在排球场一端，面向另一端，先做向前冲刺跑6米，接着慢跑过中线，转体180度后退移动至另一端。其他队列依次进行。每队跑完后立即返回原队形的后面。

(二)排球发球技术

排球比赛时，有攻击性的发球，可以直接得分或破坏对方进攻的组织，为防守和反攻创造有利条件。相反，如果发球不好，就可能处于被动。

1. 正面下手发球(以右手发球为例)

发球时面对球网，两脚前后开立，左脚在前，两膝微屈，上体前倾。左手持球置于腹前，右臂自然下垂，两眼注视球。左手将球在体前右侧抛起，高约25厘米。在抛球的同时右臂后摆，待球下落到适当部位时，右臂以肩为轴迅速向前挥臂，在腰部右侧前下方用全手掌或虎口、拳对准球的后下部把球击出，同时身体重心顺势前移。球击出后，发球员要迅速入场准备防守(图5-3-3)。

图5-3-3　正面下手发球

2. 侧面下手发球(以右手发球为例)

这种发球能够利用身体的转动,便于用力。发球时,左肩对网站立,两脚左右分开与肩同宽,两膝微屈,上体稍前倾,左手持球置于胸前。发球者,将球在身体的正前方抛起,高约 25 厘米,离身体约一臂远。在抛球的同时,右臂摆至右侧下方,利用右脚蹬地和向左转体的力量,带动右臂向前摆动(手臂伸直),用全手掌、拳或虎口对准球的后下部把球击出。身体重心协同击球前移。击球后,迅速入场准备防守(图 5-3-4)。

图 5-3-4　侧面下手发球

3. 正面上手发球(以右手发球为例)

这种发球便于观察对方,易控制球的落点。可以用屈体动作,加大发球力量,速度快,弧度平,有攻击性。

发球时,面对球网,两脚前后开立,左脚在前,两膝微屈,重心落在右脚上。左手将球持于胸前。发球时,左手将球平稳地向右肩前上方抛起,抛球的同时,右臂屈肘上抬,肘与肩平,上体略向右侧转动,挺胸展腹。击球时,利用收腹动作带动右臂向前上方快速挥动,接着身体重心前移,用全手掌对准球的中下部,带有适当推压动作把球击出(图 5-3-5)。

图 5-3-5　正面上手发球

4. 勾手发球(以右手发球为例)

这种发球速度快、力量大,有攻击性。发球时,左肩对网,两脚左右开立稍比肩宽,重心稍偏于右脚上,左手持球置于腹前。发球时,将球垂直、平稳地向左侧前上方抛起,在抛球的同时,身体重心下降并迅速向右脚移动,以带动放松的右臂向侧后方摆动,同时作挺胸动作。击球时,右脚用力蹬地,重心移至左脚上,并利用向左转体的协调力量迅速挥臂于最高点,用全手掌对准球的中、下部将球击出。在击球的一刹那,迅速收腹屈体,并继续加大击球力量。击球后顺势迅速入场准备防守(图 5-3-6)。

口诀:抛球 1 米左上方,蹬地转体发力量,带动手臂弧形摆,勾手上旋加力量。

图 5-3-6 勾手发球

(三)传球技术

双手上手传球,易协调配合,传球的准确性和稳定性较高,主要用于二传进攻。传球前迅速移动到传球位置,当球将要到达脸的前上方时,两手要主动迎球。两手在脸前呈半圆形,手腕后仰,两拇指相对呈"一"字形并与球的后下部接触。拇指、食指、中指承担球的压力,无名指和小指帮助控制球(图 5-3-7)。手指与球接触的一瞬间,手指和手腕应较紧张地控制着球,利用手指、手腕的弹力,伸臂和身体协调用力将球传出(图 5-3-8)。

口诀:额前传球较适当,触球手形半球状,蹬地伸臂指腕弹,指腕缓冲控方向。

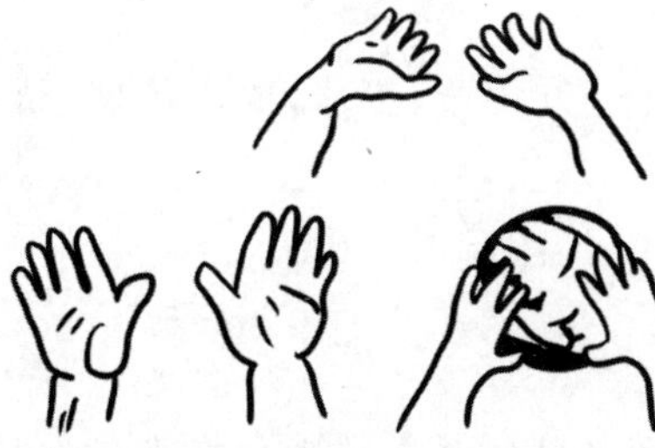

图 5-3-7 传球手形

图 5-3-8 双手上手传球

(四)垫球技术

垫球是用手臂,利用球的反弹力向前上方击球的技术动作。垫球主要用于接发球,接扣球,接拦回球,有时也用来组织进攻。

1. 正面垫球

看清来球的方向后,迅速移动到落点上,正对来球,成半蹲姿势站立。当球接近腹前时,两手掌根紧靠,两手指重叠合掌互握,两拇指平行,腕部紧靠,两手放松,手腕下压,两臂外翻形成一个平面。在球飞行到腹前一臂距离时,两臂夹紧前伸插到球下,向前上方蹬地抬臂用前臂腕关节以上 10 厘米左右桡骨内侧平面(图 5-3-9)垫击球的后下部,身体重心随击球的动作前移将球击出(图 5-3-10)。

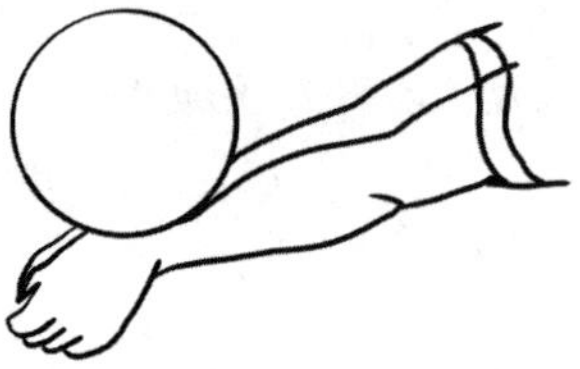

图 5-3-9 正面垫球(一)

图 5-3-10 正面垫球(二)

2. 体侧垫球

来球飞向体侧,队员来不及移动对正来球,可用双手臂在体侧进行垫球。如球飞向体侧一步左右,因速度快或部位较低,队员应迅速向前或向侧跨出一步,屈膝制动,重心落在跨出腿上。同时上体前倾,臂部下降,两臂前伸插入球下,用前臂击球的后下部。将球击出之后迅速还原。

总之,根据垫球技术的特点,垫球时要求做到"一插,二夹,三抬臂"。插——对准来球的方向,降低重心,双臂插在球下方。夹——两臂夹成一个平面,肘关节伸直,以前臂垫球。抬——利用蹬地、抬臂的协调力量,把球准确地垫起。

3. 发球、传球、垫球的练习方法

(1)全班站成 2~4 列横队,集体做发球、传球、垫球的模仿动作练习。要求发球、传球手形正确,注意垫球靠掌、提肩、夹臂和送臂等动作。

(2)队形同上,做发球、垫球练习。

(3)全班分成若干组,各组每人轮流做自传、自垫练习或对墙传、垫球练习。

(4)全班分成若干组,每组 2~4 人,1 人抛球,其余几人轮流做移动传球、垫球练习。要求把球再传、垫给抛球者。在一定时间里互换抛球。

(5)2~4 人 1 组,对面站成两排,相隔 3~5 米,一方发球,一方传球、垫球,要求传球、垫球到指定的位置。

(6)结合教学比赛进行发球、传球、垫球练习。

(五)扣球技术

扣球的有效发挥,是得分和夺得发球权的重要手段。正面扣球的基本技术包括准备姿势、助跑起跳、空中击球和落地等几个互相衔接的部分(图 5-3-11)。

图 5-3-11 扣球

1. 准备姿势

一般站在离球网 3 米左右,两臂自然下垂,稍蹲,脚步不要站死,注视二传队员的动作。

2. 助跑起跳

助跑根据二传球的高度为例，左脚先向前迈一小步，接着右脚再迅速跨出一大步，以脚跟先着地，再过渡到全脚掌着地。左脚及时并上来稍落在右脚之前。起跳时，两腿屈膝、蹬地，两臂自然向后画弧，然后向上摆动，以增加弹跳高度。

3. 空中击球

起跳后，挺胸展腹，上体稍向右转，右臂向后上方抬起，整个身体形成一个反弓形。挥臂时迅速转体，收腹，带动肩、肘、腕各部关节成鞭甩动作向前上方挥动。击球时，五指微张呈勺形，并保持紧张，以全手掌包满球，击中球的后上部，用力屈腕屈指向前推压，使扣出的球加速上旋。击球点应保持在跳起最高时，手臂伸得最直的前上方。

4. 落地

应尽量争取双脚同时落地，顺势屈膝收腹，以缓冲下落力量。

口诀：助跑节奏慢到快，一步定向二步迈，后腿并上猛蹬地，两臂协调向上摆。腰腹发力要领先，协调挥臂如挥鞭，击球保持最高点，满掌击球要上旋。

(六)拦网技术

拦网是得分和夺取发球权之手段，当前世界排球技术日趋熟练，战术日益复杂，网上争夺是排球比赛的焦点。因此，拦网的作用已不是消极的拦阻和被动的防御，而是具有极强的进攻性。拦网技术分为单人、集体拦网两种。

它包括准备姿势、移动起跳、空中拦击球、落地 4 个相互衔接部分(图 5-3-12)。

1. 准备姿势

队员面对球网，两脚平行开立，约与肩同宽，距离网 30～40 厘米。两膝稍屈，两臂在胸前自然屈肘。

图 5-3-12 拦网

2. 移动起跳

根据对方二传球高低、远近、球速及个人习惯，可采用并步、交叉步、跑步等方法，重心降低，两膝弯曲，用力蹬地，两臂加速向前上方挥动抬起，使身体垂直起跳。

3. 空中拦网

起跳时，两手贴近额前并平行球网向网上沿的前上方伸出，两臂伸直，两肩尽量上提，两臂保持平行。拦网时，两臂尽力过网伸向对方上空，两臂间隔以左右拇指间不漏球为宜。两手接近球时自然张开，屈指屈腕呈勺形。当手触球时，两手要突然紧张，手腕用力下压盖住球的前上方。

4. 落地

如已将球拦回，则可面对对方，两腿屈膝缓冲，双脚落地。如未拦到球，则在下落时就要随球转头，并以转头方向相反的一只脚先横过来落地，随即转身面向后场。

口诀：拦网判断是关键，及时起跳莫提前，提肩压腕张手捂，看清动作的路线。

二、排球运动基本战术

(一)阵容配备与换位

1. 阵容配备

它是合理地使用本队队员力量的组织手段，目的在于把本队力量有效地组织起来，最大限度地发挥每个队员的作用和特长。阵容配备一般有“四二”“五一”两种组织形式(图 5-3-13)。

“四二”配备：安排 4 个进攻队员和两个二传队员，4 个进攻队员又分两个主攻和两个副攻队员[图 5-3-13(1)(3)]。

“五一”配备：安排 5 个进攻队员和 1 个二传队员，特点是加强拦网和进攻，并使二传队员能够更好地控制比赛进程[图 5-3-13(2)]。

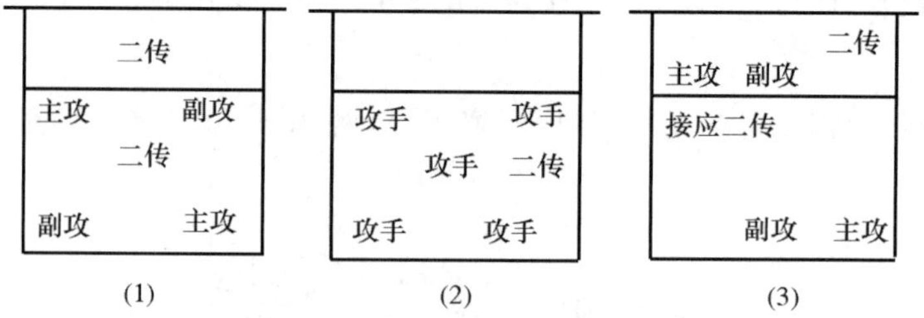

图 5-3-13 阵容配备

2. 换位

换位即发球队员发球后，双方队员可以在本方场内任意交换位置。如将主攻手换到 4 号位，副攻手换到 2 号位，二传手换到 3 号位，也可换成其他任何进攻阵型。

(二)进攻战术

1. 发球进攻

尽量准确地发出弧度平、速度快、力量大、攻击性强的球，以破坏对方的一传并争取直接得分。也可将球准确地发到对方两个队员之间或前、后区，三角地带空当，也可将球发给一传差、信心不足、连续失误、情绪急躁、精力分散或刚换上场的队员和换位或插上队员。如在室外场地比赛时，发高吊球或与阳光射线同向的球；傍晚光线不好时，发弧线较低的平快球，使对方看不清来球，造成接球失误，以达到发球进攻的目的。

2. 接发球站位及进攻

一般根据对方发球情况、本方采用的战术配合等因素来安排接发球站位阵型，最常用的站位阵型有“一三二”站位[图 5-3-14(1)]和“一二一二”站位[图 5-3-14(2)]。

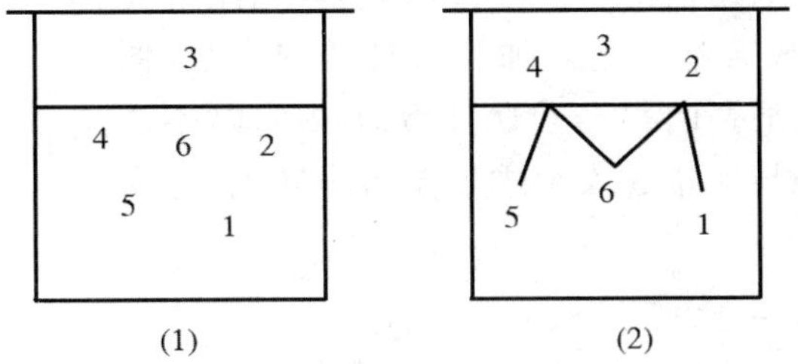

图 5-3-14 接发球站位

进攻时，常用两种形式，一是“中一二”进攻，二是“边一二”进攻，也可在这两种进攻形式的基础上加以变化。

(1)“中一二”进攻阵型：采用“中一二”进攻战术时，接发球的站位形式，以“一三二”站位的分布为宜。但应根据对方发球情况加以适当变化。如发球的落点比较分散，则可以形成“一二一二”的站位形式。“中一二”进攻是由二传队员站在 3 号位传球，组织 2、4 号位队员扣球进攻的战术形式(图 5-3-15)。

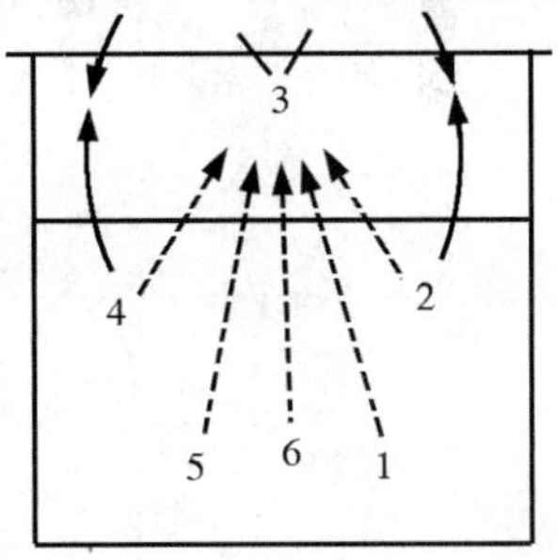

图 5-3-15 “中一二”进攻

当二传队员轮到 2 号位或 4 号位时，为了组织“中一二”战术，二传队员可在发球击球后，及时换到 3 号位去(图 5-3-16)。

(2)“边一二”进攻阵型：它是由二传队员站在 2 号位传球，组织 3、4 号位队员扣球进攻的战术形式。它的落位可站成“边一三二”形式(图 5-3-17)。也可根据对方发球情况适当集中、分散、靠前或靠后站位。

当二传队员轮到 3、4 号位时，为了组织“边一二”战术，二传队员可在发球击球后迅速换到 2 号位去。

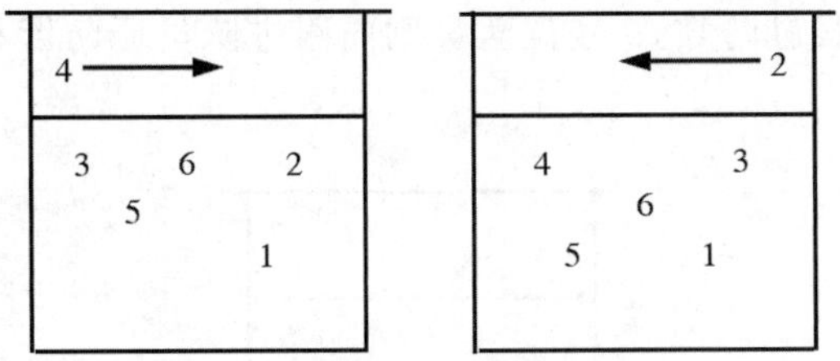

图 5-3-16 换位

图 5-3-17 “边一二”进攻

(三)防守战术

1. 无人拦网防守阵型

初学排球还不会运用扣球和拦网时，为了通过比赛去掌握发球、传球、垫球技术，常采用

"一二一二"分散的防守阵型，或根据对方的发球情况做适当的变化（图 5-3-18）。

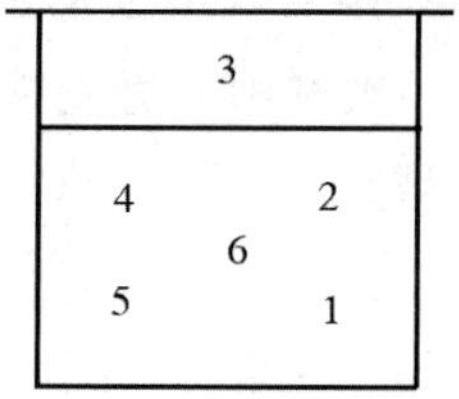

图 5-3-18 防守

2. 单人拦网时的防守阵型

一般在水平较低的队采用。由于对方扣球力量小，路线变化少，用单人拦网防守比较合适。它增加了后排防守人数，便于组织进攻。如 2 号位队员拦网，3 号位队员后撤防吊球，不拦网的 4 号位队员后撤防守与后排 3 人组成半弧形防守圈，每人防守一个区域（图 5-3-19）。

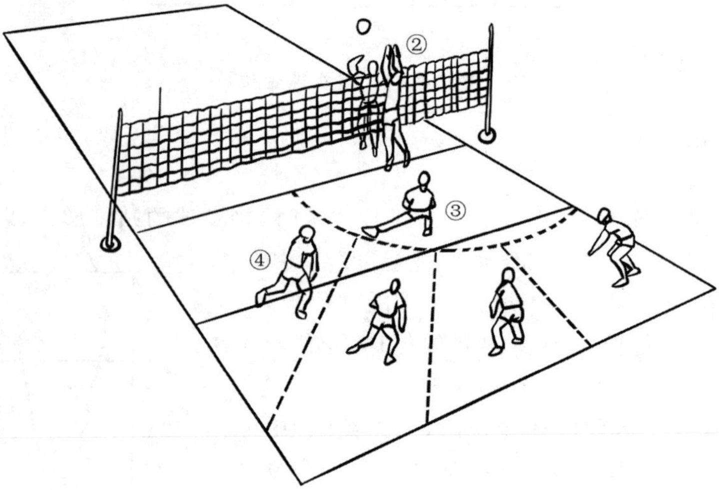

图 5-3-19 单人拦网

3. 双人拦网"心跟进"防守阵型

指前排保持双人拦网，不拦网的前排队员后撤至 3 米线的附近防守。后排 6 号位队员在拦网队员身后跟进防吊球和保护拦网弹起的球，1 号、5 号位队员在后场防守（图 5-3-20）。

4. 双人拦网"边跟进"防守阵型

当对方进攻时，由前排组成双人拦网，另一个不拦网的前排队员后撤，协同后排 3 人组织防守。如遇到对方吊球，由后排 1 号、5 号位队员跟进防守，6 号位队员则向跟进队员原防区移动补位（图 5-3-21）。

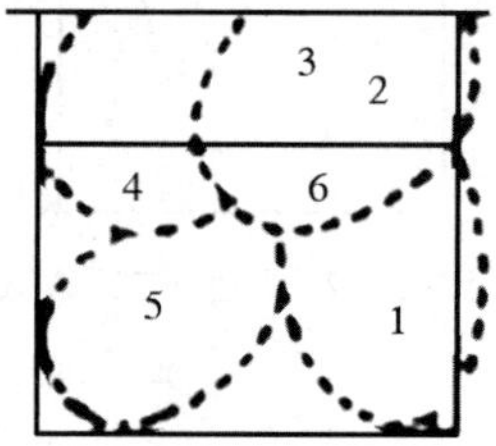

图 5-3-20 双人拦网（一）

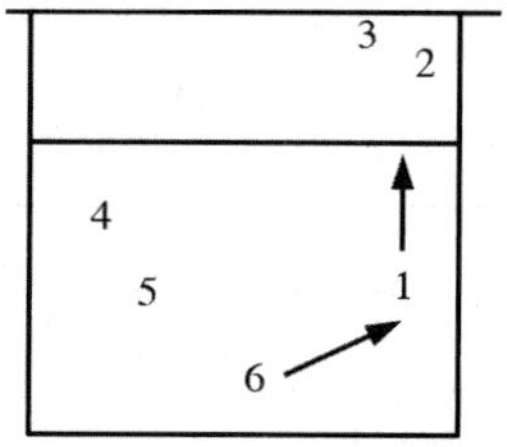

图 5-3-21 双人拦网（二）

三、排球竞赛规则简介

(一)胜一球、胜一局和胜一场

比赛采用每球得分制,胜一球即得 1 分。

比赛采用 5 局 3 胜制。比赛的前 4 局以先得 25 分,并同时超出对方 2 分的队为胜,比分为 24∶24 时,继续比赛至某队领先 2 分为胜一局。决胜局以先得 15 分,并同时超出对方 2 分的队获胜,当比分为 14∶14 时,继续比赛至某队领先 2 分为止。

(二)关于"自由防守队员"的规定

自由防守队员即"自由人"。

(1)每队可选择 1 人为"自由人"。

(2)"自由人"必须穿着与其他队员不同颜色的上衣。

(3)"自由人"可以在比赛中断和裁判鸣哨发球之前,从进攻线与端线之间的边线处自由进出,换下任意后排球员,不计换人次数,其上下次数也不限,但其上下两次之间必须经过一次发球的过程。

(4)"自由人"不能发球和拦网。

(5)"自由人"在任何区域都不得将高于球网上沿的球直接击入对方场内。

(6)"自由人"在前场区及前场区外无障碍区上手传出高于球网上沿的球时,其他队员不得进行进攻性击球;当其在后场区外无障碍区上手传出高于球网上沿的球时,其他队员可以进行进攻性击球。

(7)如果"自由人"受伤,经裁判允许可由该队任一队员替换,但替换下来的"自由人"本场不能再次参加比赛,替换者也只能按"自由人"的规定参加比赛。

(三)发球犯规

1. 发球击球时的犯规

(1)发球次序错误:取得发球权队的 6 名场上队员必须按顺时针方向轮转位置,由轮到后排右侧的队员发球,未按次序发球则为犯规。

(2)发球区外发球:发球队员在发球时不受位置错误的限制。在发球击球时或起跳发球时,踏及场内或在发球区外为犯规。跳发球队员击球前允许在发球区外助跑,但起跳时必须在发球区,击球后可以踏及场内或发球区外。

(3)发球时球应被抛起,或持球手撤离后,在球落地前,用一只手或手臂的任何部位将球击出。如在发球击球时,球未清楚地离手,则判发球时球未抛起犯规。

(4)发球开始计时 8 秒钟仍未将球发出,判失 1 分。

2. 发球击球后的犯规

(1)发出的球触及发球队一方的球员、球网或未通过球网垂直平面,判失 1 分。

(2)界外球:球接触地面的部分完全在界线以外;球触及场外物体、天花板或非场上比赛的成员等;球触及标志杆、网绳、网柱或球网标志带以外部分;球的整体或部分从过网区以外过网;球的整体从网下穿过,以上情况均视为界外球。而球触及比赛场区的地面包括界线为界内球。

(3)发球掩护:任何一名发球队的队员,以挥臂、跳跃或左右晃动等动作妨碍对方接发球,并且发出的球从他们的上空飞过,则构成个人掩护。发球队有2名或更多队员密集站立遮挡发球队员,并且发出的球在其上空飞过,则构成集体掩护,均应判发球方失1分,并换对方发球。

(四)位置错误

发球击球瞬间,双方任何一名队员不在规则规定的位置上,则构成位置错误犯规。位置错误有同排队友,如前排的②、③、④号位队友的位置不能站错,即同排左边或右边队员的一只脚的某部分必须比同排中间队员的双脚距离同侧边线更近(允许部分重叠)。再如同列队员中,前排队员一只脚的某部分必须比同列后排队员的双脚距离中线更近。同时,前后排队友的位置也不能发生错误,即后排队员不能超越前排队员,或前排队员不能站在后排队员的后面。

如出现以上犯规,则判失1分。

(五)击球时的犯规

1. 击球

一个队连续击球4次(拦网1次除外)为4次击球犯规。

2. 持球

球必须击出,而不是接住或抛出,使球有停滞感。

3. 连击

1名队员连续击球2次或球连续接触身体的不同部位即为连击犯规(拦网1次和第1次击球不算连击)。

(六)在球网附近的犯规

1. 过网击球

当对方进攻性击球前或击球时,在对方空间触及球或触及对方球员均为过网击球犯规。如果击球点尚在本方场区上空,击球后随手过网则不判犯规。

2. 过中线

比赛进行中,队员整个脚、整个手或身体其他部位完全越过中线触及对方场区时,即为过中线犯规。但是如果队员一只脚或两只脚,一只手或双手越过中线触及对方场区的同时,其余部分还接触或置于中线上空是允许的,不判为犯规。比赛中断后队员可以进入对方场区,因此必须清楚判断是先成死球还是先过中线。

3. 网下穿越

网下穿越进入对方空间的队员是否妨碍对方比赛,关键是看网下穿越进入对方空间的队员是否妨碍对方比赛,只要妨碍就是犯规。

4. 触网

比赛进行中,任何队员触及9.50米以内的球网、标志杆均为触网犯规。但如果队员未进行击球时偶尔触网，不判犯规。另外，由于球被击入球网造成网触及队员，属被动触网，不算犯规。

5. 进入对方无障碍区的球

球的整体部分从过网区以外进入对方无障碍区，队员不进入对方场区的前提下将球从同侧过网区以外击回是允许的。击球时，对方球员不得阻碍干扰。

（七）拦网犯规

1. 过网拦网

在对方进行攻击性击球（包括扣球、吊球、第 3 次击球以及本队有过网趋势的传球）前或击球时，在对方空间拦网触球。

2. 后排队员拦网

后排队员靠近球网，将手伸向高于球网处阻拦对方来球，并触及球。

3. 拦发球

拦对方发过来的球即为犯规。

（八）进攻性击球犯规

1. 后排队员进攻性击球

后排队员在前场区内，或踏及进攻线，击整体高于球网上沿水平面上的球，并使球的整体由过网区通过球网垂直面或触及对方拦网球员，即为犯规。

2. 在前场区击发球

在前场区对对方发过来的高于球网的球，完成进攻性击球（如扣球、吊发球）为犯规。但在后场区起跳，击球后仍在后场区落地不犯规。

第四节　乒乓球运动

乒乓球运动起源于 19 世纪末的英国，一开始叫台球、桌上网球，后因为用木拍击球时发出“乒乓”之声音，故又称乒乓球。目前仍有叫桌球或桌上网球的。

乒乓球比赛项目有：男子单打、女子单打、男子双打、女子双打、男女混合双打和男子团体、女子团体 7 个比赛项目。1988 年第 24 届奥运会，乒乓球被列为正式比赛项目，设有男子单打、男子双打、女子单打、女子双打 4 项。

我国 1952 年加入国际乒联，1959 年在第 25 届世乒赛上，容国团获得了男子单打世界冠军。此后，我国乒乓球运动员屡创辉煌。中国被世界公认为“乒乓球王国”。

乒乓球运动趣味性强，球小，速度快，变化多，它不受年龄、性别和身体条件的限制，便于开展，锻炼价值较高。经常参加乒乓球运动，不仅可以发展身体的灵活性和协调性，提高动作的速度和上下肢的活动能力，改善心血管系统的机能、增强体质，而且有助于培养机智果断、沉着冷静、敢于胜利等优秀品质。

一、乒乓球运动基本技术

(一)乒乓球拍的握法

目前世界上有两种握拍法：直拍握法和横拍握法。

1. 直拍握法

拇指与食指自然平均用力钳住拍柄，并把拍柄压在虎口上，拇指的第一关节压住拍子的左肩，食指第2指节压住拍的右肩，在拍的反面，中指自然弯曲，无名指和小指自然重叠于中指上(图5-4-1)。

2. 横拍握法

虎口正对球拍侧面，用中指、无名指和小指紧握拍柄，拇指自然弯曲贴在拍颈上，食指自然伸出斜贴在拍面上。正手攻球，食指向上移动，反手攻球时，拇指向上移动(图5-4-2)。

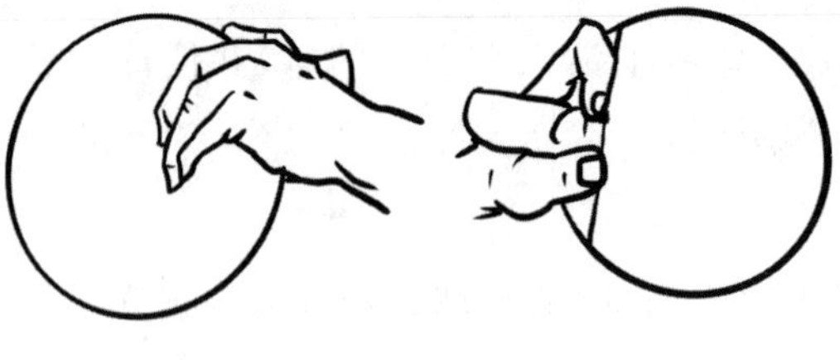

图5-4-1　直拍握法

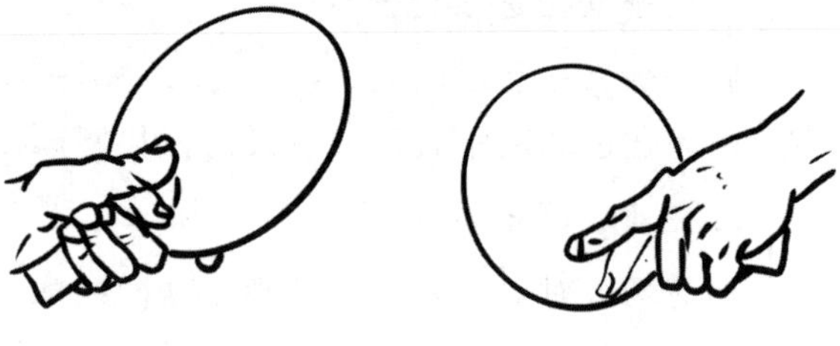

图5-4-2　横拍握法

(二)站位姿势

选择站位应根据来球的球路，结合不同类型的打法及个人特点而定，一般的站位姿势应该两脚平行站立，左右略比肩宽，提踵，两膝稍向内扣，身体略前倾，持拍于胸腹前(图5-4-3)。

图5-4-3　一般站位姿势

(三)基本步法

为了适应比赛的需要，步法训练越来越受到重视。没有灵活的步法，就不能及时地抢占有利的击球位置。

快攻型运动员的步法，常采用单步、换步、跳步、跨步、侧身步和交叉步等。

(1)在来球角度不大的情况下，击球时采用“单步”，即一脚前掌为轴，另一脚向前后或左右移动一步(图5-4-4)。

(2)两面攻运动员。从基本站位向左右移时多采用“换步”,即一脚向来球方向移动,另一脚随即跟上移动一步(图 5-4-5)。

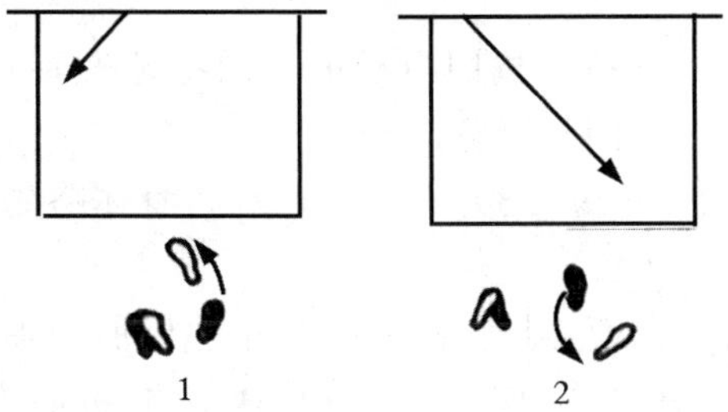

图 5-4-4　单步

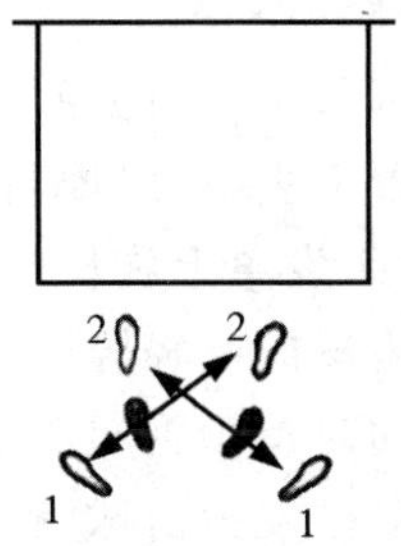

图 5-4-5　换步

(3)在来球较快、角度较大的情况下击球时,多采用“跳步”,使两脚几乎同时地向左右前后跳动(图 5-4-6)。

(4)在来球急、角度大的情况下,多采用“跨步”,即先以来球同方向的脚向侧跨出一大步,另一脚再跟着移动(图 5-4-7)。

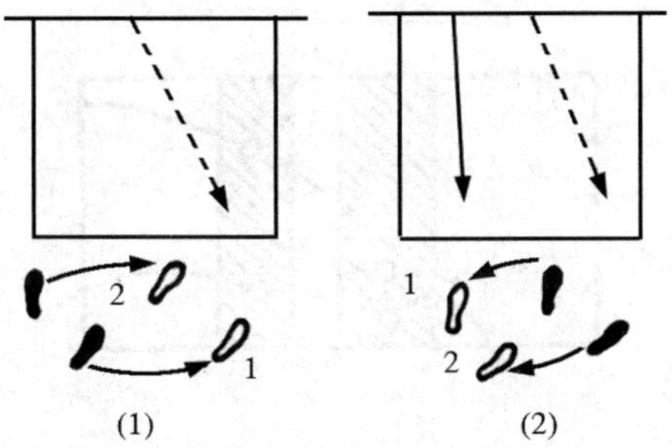

图 5-4-6　跳步

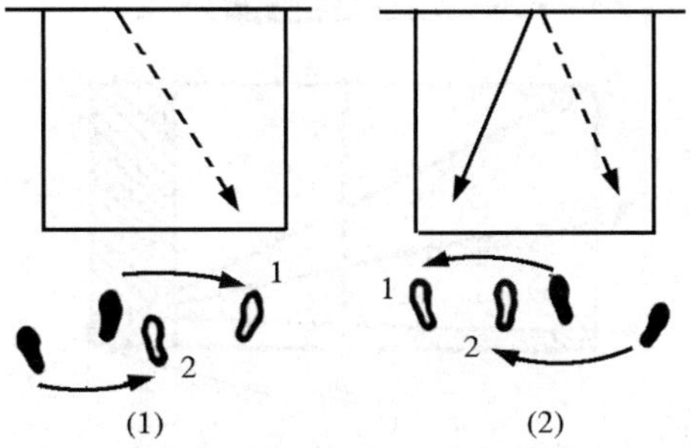

图 5-4-7　跨步

(5)在来球逼近身体的情况下,击球多采用“侧身步”。侧身步共有 3 种:①单步侧身;②换步侧身;③跳步侧身。方法同上。

(6)在来球离身体较远的情况下,击球时多采用“交叉步”,先以来球反方向的脚向来球方向交叉移动,并超过另一脚,然后另一脚随即向来球方向移动(图 5-4-8)。

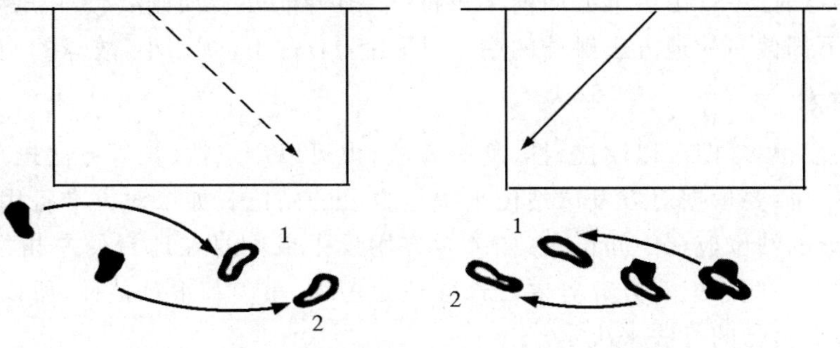

图 5-4-8　交叉步

(四)发球与接发球技术(以下均以右手为例)

1. 发球技术

发球可以不受对方的制约,选择自己最适合的站位。按照自己的意图把球发到对方球台的任何位置上去,用以控制对方,为自己的进攻创造有利条件。

(1)反手发急上旋长球:站位一般在左半台的1/3处,脚开立,右脚稍前,身体略向左转,发时持球手将球向上轻轻抛起。

与此同时持拍手向左后引拍,当球下落到高于台面,低于球网时,持拍手以肘为轴心,前臂向右前方横摆发力击球,触球时拍面稍向前倾,摩擦球的中上部,使球快速前进,并具有一定的上旋,第1跳要落在球台端线附近(图5-4-9)。

(2)反手发轻短球:准备动作与发急长球相似,不同点是手臂先向后上方引拍,击球时前臂向前下方轻微用力送出,拍面后仰,触球中下部并向底部摩擦,第1跳要在本台面中区弹起,才能越网落到对方近网的地方(图5-4-10)。

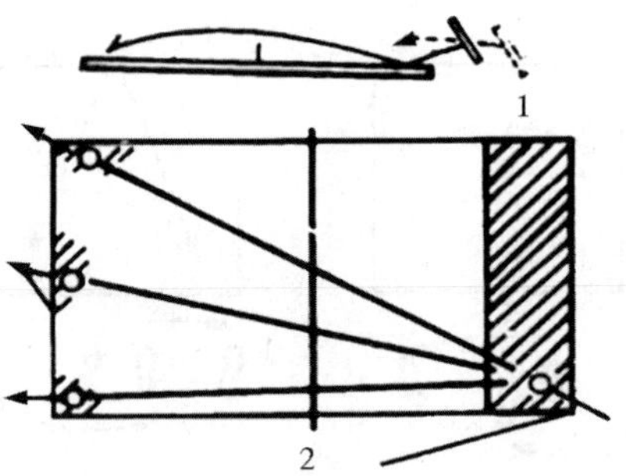

图5-4-9 反手发急上旋长球

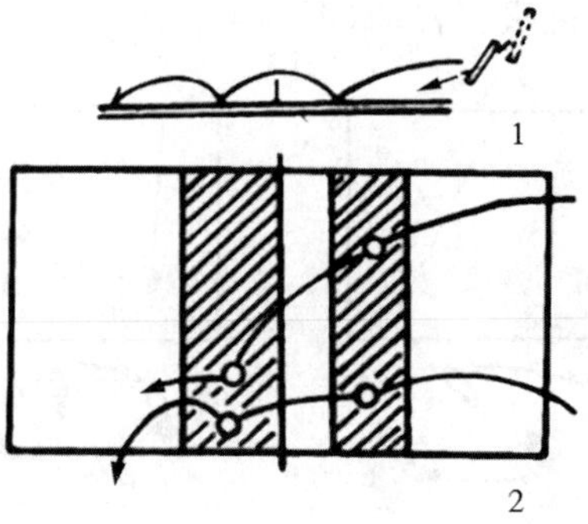

图5-4-10 反手发轻短球

(3)正手发右侧上旋急长球:左脚在前,右脚在后,身体略向右转,两膝微屈,上体稍前倾,持球手自然放在身前,持拍手放置于持球手的后面,当持球手向上抛起后,持拍手随后向右上方引拍,手腕放松,拍面较垂直。在拍面触球的瞬间,球拍沿球的中上部摩擦球。

(4)正手发下旋加转球与不转球:站位同上,持球手将球抛起后,持拍手向后上方引拍。①发加转球时要用球拍下部靠左的地方去摩擦球的底部。由于力臂大,摩擦大,故球的旋转也就强。②发不转球时,手臂由后上方向前下方挥摆,前臂向外转动则要慢些,使球拍后仰的角度小些,用球拍下部偏右的地方去触球的中下部,由于力臂小,摩擦小,故球的旋转也就弱。

2. 接发球技术

接发球的手段很多,即可以用搓、推、削等方法,也可以用点拨、拉等方法抢攻。

(1)接发球站位:要根据对方发球站位来决定自己的站位。如果对方准备用正手在球台的右角发球,接发球的站位应在中间偏右;如果对方用反手或侧身在球台的左角发球,则接发球站位应在中间偏左一些。但对方究竟要发长球还是短球,事前却很难估计,所以接发球站位离台的远近只能根据自己的打法来决定。

(2)接发球判断:为了识别对方采用哪一种发球,必须注意他在发球时的挥臂动作和球拍移动方向,要根据对方发球时摆臂振幅大小和手腕用力的不同程度来判断来球落点的远近和旋转的强弱。还要根据来球的飞行弧线和速度来判断球的旋转性能，如果来球飞行弧度较高，球速快，落台后有一定的冲力，一般属上旋或不转球；反之，则为下旋球。此外，还要全力注意来球落点的变化，迅速移动步法去接球。

(3)接发球的方法：根据来球的旋转性能，可采用不同的技术接球：①接急球：当对方发来上旋急球时，如在正手位置可快攻或正手推挡；如在反手位置，一般用推挡回接，对方发下旋急球也可用推挡，但必须使拍面稍后仰。② 接短球：当对方发来近网短球时，可用“以短加短”把球回到对方近网处；遇对方发来下旋短球，可用搓球接回；当对方发来左侧下旋球时，可用搓球或削球接回，但拍面应稍向左倾斜。③ 接右上、下旋球：当对方发来右上旋球时，可用推挡接回；与对方发来右下旋球时，可用搓或削球接回，但拍面应稍向右侧倾斜。

(五)平挡球与推挡球技术(以下均以右手为例)

1. 平挡球

站位同上。击球不用撤臂引拍，可稍屈前臂球拍略微抬高，拍面稍向前倾，当球在台面弹起时，手臂向前移动，同时身体重心略升高。上升期触球，在触球的刹那间，手臂和手腕稍向后收。

2. 反手推挡球

击球前，上臂、前臂适当后撤引拍，击球时手臂迅速迎前，在来球的上升期或高点期触球的一刹那前臂稍外旋，配合手腕外展动作，使拍面触球的中上部，并用中指顶住拍背面向前用力(图 5-4-11)。

3. 正手推挡

正手推挡前身体迎前，在来球上升期击球，球拍盖住球的右侧中上部。

(1) (2) (3) (4)

图 5-4-11　反手推挡球

(六)攻球技术

攻球技术是乒乓球运动员快攻型打法的主要技术，分为正手攻、反手攻和侧身攻三大类。

1. 正手攻球技术

(1)正手快点：站位近、动作小、速度快、路线活，是一项用以进攻近网短球的重要技术，在快点时，上体、右脚和前臂同时到达球台右前方上身贴近球台，前臂伸入台内，以利于在高点期以前臂内转和手腕发力为主，触球中下部，将球击出。

(2)正手快攻：快攻时站位近台，前臂与地面略平行，以前臂发力为主，拍面略前倾，触球中上部以向前上方发力为主将球击出。注意前臂挥动要快，落点必须多变，而落点的变化主要依赖手腕调节拍面方向，改变击球部位。

(3)正手扣杀：站位远近要看来球的长短而定，短的来球站位近台，长的来球站位中近台，整个手臂要随腰部的转动而向后引拍，借以拉大球拍与来球的距离，以便获得更大的挥拍加速度，并应充分利用腰和脚蹬地转体动作，增大扣杀力量，手腕只起控制落点的作用，同时与整个手臂一起直接向前向下用力，球拍触球中上部将球击出(图 5-4-12)。

(1)　　(2)　　(3)　　(4)

图 5-4-12　正手扣杀

2. 反手攻球技术

反手进攻技术也很多，介绍以下一种。

反手快攻是直、横拍两面攻运动员常用的一项重要技术。要求站位中近台，以前臂发力为主，手腕控制拍面角度，触球中上部，前臂和手腕向右前上方挥动，要快速有力并力求放松，用60%～80%的力量将球击出(图 5-4-13)。

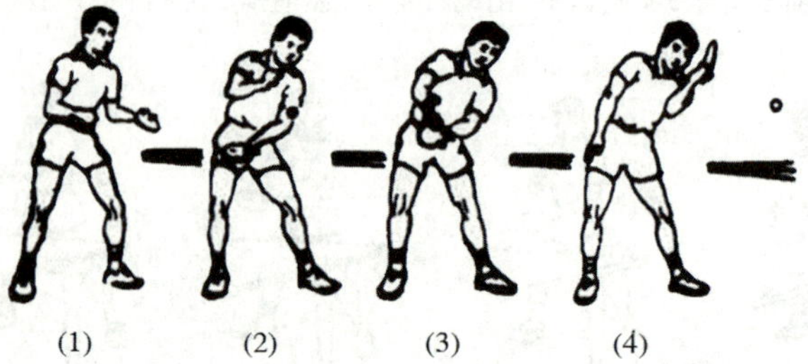

(1)　　(2)　　(3)　　(4)

图 5-4-13　反手快攻

3. 侧身正手攻球技术

首先要移动步法，选好位置，根据来球不同落点，可用换步、跳步或后退交叉步，有时也可以用单步上前或后退来做侧身正手攻球动作。

(七)搓球技术

搓球是近台还击下旋球的一种基本技术，包括快搓与慢搓。

1. 快搓

站位近台，击球前拍面稍后仰，手臂要迅速前伸迎球。在上升期击球，并根据来球的旋转调节拍面的角度和用力方向。如来球下旋强，拍触球底部，向前用力要大些，来球下旋弱，拍触球的中下部，向下用力大些。

2. 慢搓

慢搓还击速度慢，一般在高点或下降期击球，回球时间较长，因而有利于增大搓球的旋转，击球时拍面稍后仰，提臂引拍向前下方用力（图 5-4-14）。

(1)　(2)　(3)　(4)

图 5-4-14　慢搓

（八）削球技术

1. 正手远台削球

两脚自然开立，两膝微屈，身体正对球台，两眼注视对方，右侧来球时，向右侧身让位，持拍手向右后方引拍，重心在右脚上，准备削球时，左脚向前半步，两腿半蹲，身体前屈，目视球的降落。当球降落到适当位置挥拍与球接触，球触拍下端偏内侧处，重心偏于身体右侧，左肩比右肩高，球拍运行路线是从后上向前下走，拍面由侧竖位，至逐渐躺平，击球后，球拍与身体随惯性继续前移，同时向左转体，重心移至左脚，右脚上半步还原（图 5-4-15）。

(1)　(2)　(3)　(4)

图 5-4-15　正手远台削球

2. 正手近削

来球向右侧身站位的动作和拍形与远削相似，唯重心稍高，稍近，离台 60 厘米左右，手臂引拍幅度小，击球点在身体的后侧面，削完后身体已靠近球台，还原站位。

3. 反手削球

有远台和中近台削球两种。

（1）反手远台削球：站位姿势与正手大致相同。球来自左方时，上体前倾左转，成半蹲姿势，击球时，向右转体挥臂削球，球拍由身体的左侧后上方，向右侧前下方挥动，触球的左侧中下部，拍面由稍内倾至逐渐躺平。球已脱拍，持拍手继续向右侧上方挥动，同时上体重心升高，成还原姿势（图 5-4-16 ）。

图 5-4-16　反手远台削球

(2)反手近台削球:站位较近,两脚开立较大。击球前迅速向左转身让位,同时向左侧后上方引拍,拍端朝上,拍面向前与远削比较身体保持了较高的站位,触球点高。击球时由左侧后上方向右侧斜前下方削击。

二、乒乓球运动基本战术

(一)发球抢攻

发球抢攻是快攻型打法利用发球力争主动、先发制人的一项主要战术,是比赛的主要得分手段。

(1)反手发右侧上下旋球至对方中间偏右近网处,配合发大角长球伺机抢攻。

(2)反手发急上下球至对方左角,配合短球伺机抢攻或抢推。

(3)正手发转与不转短球至对方右方或中路为主,配合长球至对方左方,伺机进行抢攻。

(二)左推右攻

(1)用推挡压对方的反手或中路,有准备地等候对方推直线,用正手快抽猛击其右角空当。

(2)在连推左角后突然变推直线袭击对方空当,伺机用正手猛攻。

三、乒乓球比赛规则简介

(一)选择方位和球权

每场比赛开始前,由双方运动员以抽签的方法选择方位和发球权,中签者有选择方位和发球、接受发球权,也可要求对方先做选择。

(二)合法发球

(1)发球时,球应放在不执拍手的手掌上,手掌应静止、张开、伸平,四指并拢,拇指自然张开。

(2)发球过程中,抛球手及球应始终高于台面。

(3)抛球时只能平行上抛,不可以使球旋转,至少应使球在离开抛球手手掌之后上升 16 厘米。

(4)当球从高点降落时，发球者才能击球，并使球首先击中发球方台区，然后直接越过或者绕过球网，落至接发球者台区。双打时，发球方必须将球发至本方台面的“右半区”，球弹起过网后落至对方台面的“右半区”。

(5)发球者击球时，球必须处在发球者端线或其假设延长线之内，但不得远于发球者身体离球网最远的部分。

(6)运动员发球时，有责任让裁判能够看清楚他是否按照合法发球规则发球。在一场比赛中，裁判员如果第一次对运动员的发球产生怀疑时，可以中断比赛，出示蓝牌警告发球者，不判失误。

(7)因身体损伤而不能严格遵守合法发球的某些规定时，必须在赛前向裁判声明。

(三)合法还击

对方合法发球或合法还击以后，本方运动员必须击球，使球直接越过或绕过球网，再触及对方台区。

(四)重发球

比赛时出现下列情况应判重发球：

(1)如果发球者发出的球，正越过或者绕过球网装置时，触及球网装置，接触对方合法台区。

(2)球已经发出，但接发球者或其同伴未准备好，而且没有企图击球。

(3)由于发生了运动员无法控制的干扰，而使运动员未能合法发球，合法还击或遵守规则。

(五)暂停比赛

裁判员可以在下列情况下暂停比赛：

(1)要纠正发球、接发球次序或方位错误。

(2)要实行转换发球法。

(3)警告或者处罚运动员。

(4)比赛环境受到干扰，以致回合结果可能受到影响。

(六)失分

除非一个回合被判重发球，否则出现下列情况则判失1分：

(1)未能发出合法球。

(2)未能合法还击。

(3)拦击或者阻挠。

(4)连续两次击球。

(5)球连续两次触及本方台区。

(6)用不符合规则的拍面击球。

(7)在球处于比赛状态时，运动员及其穿戴的任何物品触及球网或球柱。

(8)在球处于比赛状态时，不执拍手触及台面。

(9)发球时，运动员或其同伴跺脚。

(10)在双打中,运动员没按发球者和接球者确定的顺序击球。

(七)轮换发球法

(1)如果一局比赛进行到10分钟仍未有结果(双方均已获得至少9分除外,或者在此之前任何时间应双方运动员要求),实行轮换发球法,有如下两种情况:

①当限制时,球仍处于比赛状态,裁判员应立即暂停比赛,被停回合的发球者发球,继续比赛。

②当限制时,球未处于比赛状态,应该由前一回合的接发球者发球,继续比赛。

(2)此后,每个运动员都轮发一次球,直至该局结束。如果接发球方进行了13次合法还击,则判发球方失1分。

(3)轮换发球法一经实行,该场比赛的剩余部分必须一直实行,直至该局结束。

(八)胜负评定

在一局比赛中先得11分的一方为胜方,但打到10平以后,先多得2分者为胜方。一场比赛可以实行三局两胜制或者五局三胜制。

第五节　羽毛球运动

现代羽毛球运动在19世纪70年代初起源于英国。1873年,英国公爵鲍弗特在格拉斯哥郡伯明顿庄园里进行了一次羽毛球游戏表演,从此,羽毛球运动便逐渐开展起来,"伯明顿"即成了现代羽毛球的代称。羽毛球运动传入我国的时间在1920年前后,1949年以后才开展起来,并逐步形成了自己的技术风格和战术特点。我国已成为羽毛球运动强国,运动员多次捧得汤姆斯杯、尤伯杯以及苏迪曼杯。

羽毛球运动是一项在室内外均可进行的小型球类运动。它既是一项大众性的体育活动,也是一项竞技性很强的比赛项目,已成为高职学校学生开展体育活动的主要项目之一。

一、羽毛球比赛场地与设施

(一)羽毛球比赛场地

羽毛球场地是一个长方形,场地线的颜色最好是白色、黄色或其他容易辨别的颜色。场地上的画线的宽度均为4厘米,所有场地线都是它所确定区域的组成部分。球场四周2米以内、上空9米以内不得有任何障碍物。球场中央网高1.524米,双打边线处网高1.55米,网上下宽760毫米,从球场地面起,网柱高1.55米。网柱必须稳固地同地面垂直,并使其保持紧拉状态，网柱应放置在双打的边线上（图 5-5-1）。

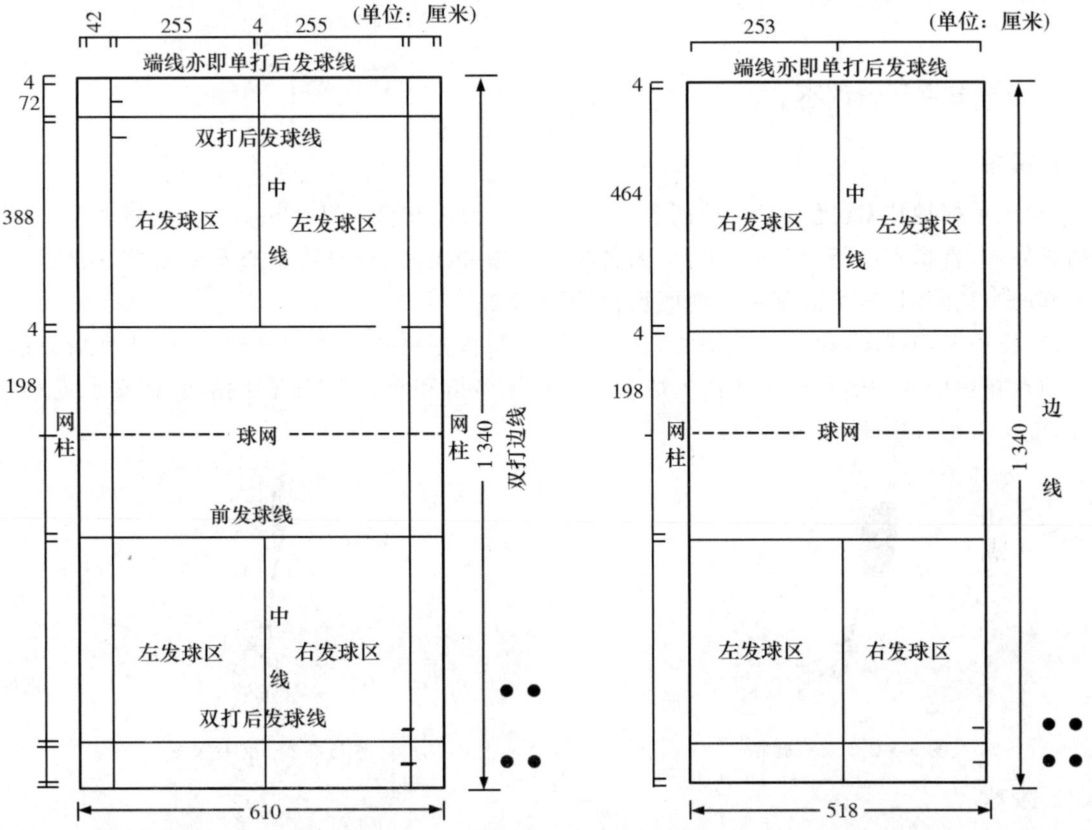

注：(1)此场可用于单、双打比赛；
(2)整个场地对角线长 = 14.723 米。

注：(1)此场仅用于单打比赛；
(2)单打场地对角线长 = 14.366 米。

图 5-5-1　羽毛球场地

(二)羽毛球运动设施

1. 羽毛球

羽毛球可由天然材料、人造材料或它们的混合材料制成，只要球的飞翔性能与用天然羽毛和包裹羊皮的软木球托制成的球的性能相似即可。羽毛球应有 16 根羽毛固定在球托部，羽毛长 64～70 毫米，但每一个球的羽毛从托面到羽毛尖的长度应一致。羽毛球重 4.74～5.50 克。验球时，站在端线外，用低手向前上方全力击球，球的飞行方向须与边线平行，应落在离对方端线 530～990 毫米之间的区域内。

2. 球拍

拍弦面应是平的，用拍弦穿过拍框十字交叉或其他形式编织而成。编织的式样保持一致，尤其是拍面中央的编织密度不得小于其他部分。球拍总长度不超过 680 毫米，拍弦面长不超过 280 毫米，宽不超过 220 毫米。

二、羽毛球主要技术战术

(一)羽毛球主要技术

1. 握拍

(1)正手握拍技术:虎口对着拍柄窄面的小棱边,拇指和食指贴在拍柄的两上宽面上,食指比拇指靠前,食指和中指稍分开,中指、无名指和小指并拢握住拍柄,掌心不要紧贴,拍柄端与近腕部的小鱼际肌平,拍面基本与地面垂直(图 5-5-2)。

(2)反手握拍技术:在正手握拍的基础上,拇指和食指将拍柄稍向外转,拇指比食指靠前,拇指顶点在拍柄内侧的宽面上或内侧棱上,中指、无名指和小指并拢握住拍柄,柄端靠近小指根部,使掌心留有空隙(图 5-5-3)。

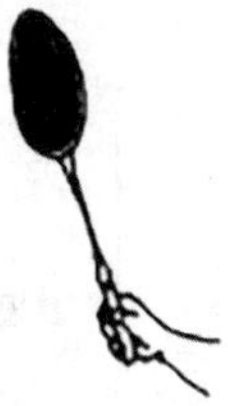

图 5-5-2　正手握拍

图 5-5-3　反手握拍

2. 发球

(1)正手发球:包括正手发高远球、正手发平高球、正手发平快球和正手发网前球。

正手发高远球:是初学者必学的一项发球技术,在左手放开球使之自由下落时,右手转拍由上臂带动前臂,自右后方沿身体向前上方挥拍。当球落到右臂向前下方伸直能够接触到球的刹那,紧握球拍(关键),并利用手腕屈收的力量向前上方发力击球。然后顺势向左上方挥动缓冲(图 5-5-4)。

图 5-5-4　正手发高远球

(2)反手发球:包括反手发平高球、反手发平快球和反手发网前球。

反手发网前球:是双打中的基本发球技术,左手放球的同时,球拍由后向前推送击球,靠手指和手腕的协调用力,使球运行的弧线最高点略高于网顶,球拍触球时,拍面呈切削式击球,使球落到对方场区的前发球线附近(图 5-5-5)。

图 5-5-5　反手发网前球

3. 击球

击球包括高远球(正手、反手、头顶)、平高球(正手、反手、头顶)、扣杀球(正手、反手、头顶)、劈杀球(正手、头顶)、突击杀球(正手、头顶)、半蹲快打(正手、头顶)、接杀球、抽球(正手、反手)、放网前球(正手、反手)、搓球(正手、反手)、挑球(正手、反手)、扑球(正手、反手)、推球(正手、反手)、钩球(正手、反手)、吊球。

(1)正手击高远球:击出高弧线飞行的、几乎垂直落到对方端线附近场区内的球。正手高远球技术动作要领:首先要判断好来球的方向和落点,侧身后退(关键),使球处在自己的右肩稍前上方的位置。左肩对网,左脚在前,右脚在后,重心在右脚上。左臂屈肘,左手自然高举,右手持拍,手臂自然弯曲,将球拍举在右肩上方,两眼注视来球。击球时,右上臂后引,随之肘关节上提明显高于肩部,将球拍后引至头部,自然伸腕(拳心朝上)。然后在后脚蹬地、转体收腹的协调用力下,以肩为轴,上臂带动前臂快速向上方甩腕,在手臂伸直的最高点击球(重点)。击球后,持拍手臂顺惯性往前左下方挥动并收拍至体前,与此同时,左脚后撤,右脚向前迈出,身体重心由后脚移到前脚上。正手高球也可起跳击球,按上述要求做好准备动作,然后右脚起跳,随即在空中转体,并完成引拍击球动作。击球动作是在球将从空中最高点落下的瞬间完成(图 5-5-6)。

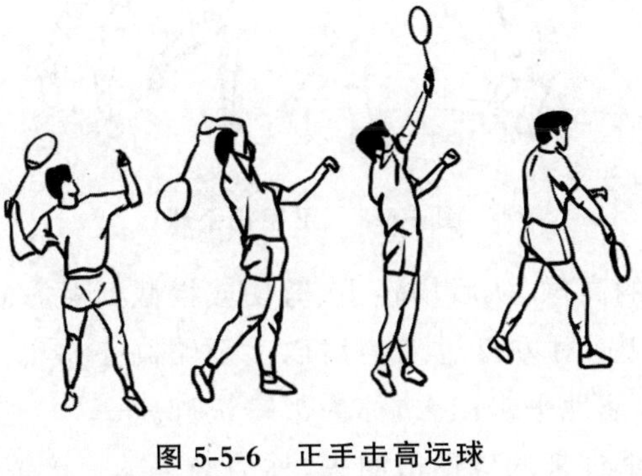

图 5-5-6　正手击高远球

(2)反手击高远球:反手击高远球技术动作,当判断来球是在后场区左上空,决定采用反手击球回高远球时,应立即起动,再转身向球的降落点位置移动。与此同时,必须将原来的正手握拍法变为反手握拍法,右肘关节稍往左移,上臂与前臂约呈 90 度,手臂与握拍要放松,举拍于左胸前。当右脚向左后场区跨出最后一步时,重心移到右脚上,膝关节微屈,左脚在后,脚跟提起,脚掌内侧点地,背向球网,微收腹,头上仰,眼盯球,击球点选择在右肩上方。当球降落到适当高度时，右脚蹬地，上体往后伸展以带动右肘关节往上提，形成肘关节先行之势以带动前臂加速往上挥拍击球。击球时，手腕由原来的屈的姿势经前臂内旋至加速伸腕闪击，握紧拍柄(关键)，上臂相对固定，拇指顶压，将球击出。击完球之后，随着挥拍的惯性和右脚向右蹬转的力量，身体随即转成面对网，向中心位置回动(图 5-5-7)。

图 5-5-7　反手击高远球

(3)平高球：击出飞行弧线比高远球低，但对方举拍又拦截不到，落点在对方端线附近场区的球。

(4)正手扣杀球：把对方击来的球在尽量高的击球点上，用正手大力挥击下压到对方场区内的球。击球前准备姿势和击球动作与正手高远球相同，不同点是最后用力的方向朝下，并要充分利用蹬地、转体、收腹以及手臂和手腕的爆发力全力将球向下击出(关键)(图 5-5-8)。

图 5-5-8　正手扣杀球

(5)吊球：把对方击来的高球，从后场轻击、劈切或拦截到对方的近网附近的球。

(6)半蹲快打：在中场内，对方打过来约肩以上至略高于头部之间的平快球，采用半蹲姿势，争取在较高的部位上快速地平击回去，称为半蹲快打。

(7)接杀球：把对方扣杀过来的球还击回去，称为接杀球。接杀球一般较多采用挡球、抽球和推球的技术。

(8)正手抽球：当对方击来右后场低球时，快步向右后移动到适当位置上，最后一步以右脚向球下落的方向跨去，侧身对网，上身向右后倾，重心在右脚上。用正手握拍法，右臂屈肘举拍于肩上方，当右臂跨步着地的同时(先到位再击球)，主要靠前臂带动腕部做“抽鞭式”的闪动挥拍，将球抽向对方。抽球后，即从右脚蹬地，向中心位置回动(图 5-5-9)。

(1)　(2)　(3)　(4)

图 5-5-9　正手抽球

(9)放网前球：当球向右场区飞来时，侧身向球的方向移动，最后一步用左脚后蹬，右脚向前跨的同时，上体前倾，向前伸臂伸拍(这时左臂也张开)，当脚跨步着地的时候，也是球拍击到球的时候。触球时，正拍面朝上垫在球托的底部，主要靠手腕控制球拍向前上方轻轻一托，使球越网而过，如图 5-5-10 所示。当球向左场区飞来时，用反手放网前球，其方法与正手放网前球相似，不同点是，应先向左前场转体，向球的方向跨步，并及时转换成反手握拍，用反手击球。

(1)　(2)　(3)　(4)

图 5-5-10　放网前球

(10)搓球：在网前用球拍切击球托，使球旋转翻滚越过网顶的击球技术，称为搓球。

(11)挑球：把对方击来的网前球，挑高回击到对方后场去，称为挑高球。

(12)推球：在网前较高的击球点上，用推击的方法往对方底线击出弧度较平，速度较快的球，称为推球。

(13)钩球：在网前，用屈腕(或伸腕)的动作调整球拍角度，轻巧地将球回击到对方斜对角的网前区内，称为钩球。

(14)扑球：对方击来的网前球刚过网，高度仍在网沿上面时，即迅速上网挥击下压过去，称为扑球。

4. 接发球

(1)接发球的站位姿势：单打站位一般距前发球线 1.5 米处，站在右发球区靠近中线的位置；在左发球区则站在中间的位置。这样站主要是防备对方直接进攻反手部位。一般左脚在前，右脚在后，双脚微屈，收腹含胸，身体重心放置前脚上，后脚脚跟稍抬起。身体半侧向球网，球拍举在身前，双眼注视对方。

双打站位由于双打发球区比单打发球区短 0.76 米，发高远球易被对方扣杀，所以双打发球以发网前球为主。接发球时要站在靠近前发球线的地方。双打接发球准备姿势和单打姿势相同。只是身体前倾较大,身体重心可前可后,球拍举得高些,在球飞行到网上最高点击球,争取主动。但是注意对方在右场区发平快球突袭反手部位。

(2)接、发各种来球:对方发高远球或平高球时,可用平高球、吊球或杀球还击。对方发来网前球时,可用平高球、高远球、放网前球、平推还击;如对方发球质量不好,也可用扑球还击。当对方连续发球抢攻时,接发球一定要冷静、沉着,对方发来平快球时,可用平推球、平高球还击,以快制快。由于接球方还击的击球点比发球方高(关键),下压得狠些可以夺取主动。其次亦可以高远球还击,以逸待劳。不能仓促还击网前球,因为击球质量稍差,就有可能遭受对方的进攻。

5. 基本步法

(1)上网步法:可分为跨步上网、垫步上网和蹬步上网等上网步法。通常以垫步上网应用较多,先出一小步,再垫一步,最后跨出一大步;前脚尖外展,后脚有拖带动作,重心落在前脚上。

(2)后退步法:可分为正手后退、反手后退和交叉步后退等移动步法。以正手后退步法为例,先后撤一小步转体,再垫一步,最后跨出一大步,重心落在后脚上。

(3)中场左右移动步法:当接右边近边线球时,左脚向右垫一步,再向右跨出一大步,重心落在右脚上,当接近身体时,则只跨一步就行了;接左边线的球时,则蹬转跨出一大步接球即可。

(4)杀上网步法:从后场杀球开始,以右手持拍为例,杀球换右脚在前,上一并步,左脚向前交叉,最后跨出右脚,右脚尖外展。右脚回收并步左脚退一步,右脚后撤并右转身,左脚并步后退一步双脚或单脚起跳杀球,循环练习。

(5)起跳腾空步法:可原地或移动后用单脚或双脚起跳,腾空后在最高点用力杀球。技术水平差者建议少用,避免受伤。

(二)羽毛球主要战术

羽毛球战术是指运动员在比赛过程中,根据比赛规则、双方技术、体力及心理状况,合理运用个人技术,组织配合,以取得比赛胜利的方法。

(1)单打战术:发球抢攻、攻后场、攻前场、打四方球、杀吊结合上网、打对角线、防守反击战术。

(2)双打战术:攻人、攻中路、攻两腰(对付前后站位)、攻后场、后攻前封、防守反攻战术。

三、羽毛球比赛规则简介

(一)羽毛球基本规则

(1)球场所有线的宽度标记均包括在所画的尺寸内,所有场地都是它所确定区域的组成部分。比赛中,球被打在球场的端线或边线上,落在线上的球应判为界内球。

(2)双打比赛以 2 名运动员为一方,单打比赛以 1 名运动员为一方。

(3)在羽毛球比赛中,有发球权的一方叫发球方,接发球的一方叫接球方。

(4)比赛前,双方队员选择发球权、接发球权或场区,采用掷挑边器的方法。比赛前,裁判员给双方运动员掷挑边器,选对边的一方将在发球或接发球、一个场区或另一个场区中做出选择，另一方在余下的一项中做出选择。

(二)羽毛球比赛计分方法

1. 单打比赛计分方法

(1)每场比赛均采取三局两胜制。

(2)率先得到 21 分的一方赢得当局比赛。

(3)如果双方比分打成 20∶20，获胜一方需超过对手 2 分才算取胜。

(4)如果双方比分打成 29∶29，则率先得到第 30 分的一方取胜。

(5)首局获胜一方在接下来的一局比赛中率先发球。

(6)当一方在比赛中得到 11 分后，双方队员将休息 1 分钟。

(7)两局比赛之间的休息时间为 2 分钟。

2. 21 分制双打比赛的规则

A 和 B 对 C 和 D 的双打比赛见图 5-5-11。A 和 B 赢了挑边权并选择了发球。A 发球 C 接发球。A 为首先发球员，而 C 则为首先接发球员。

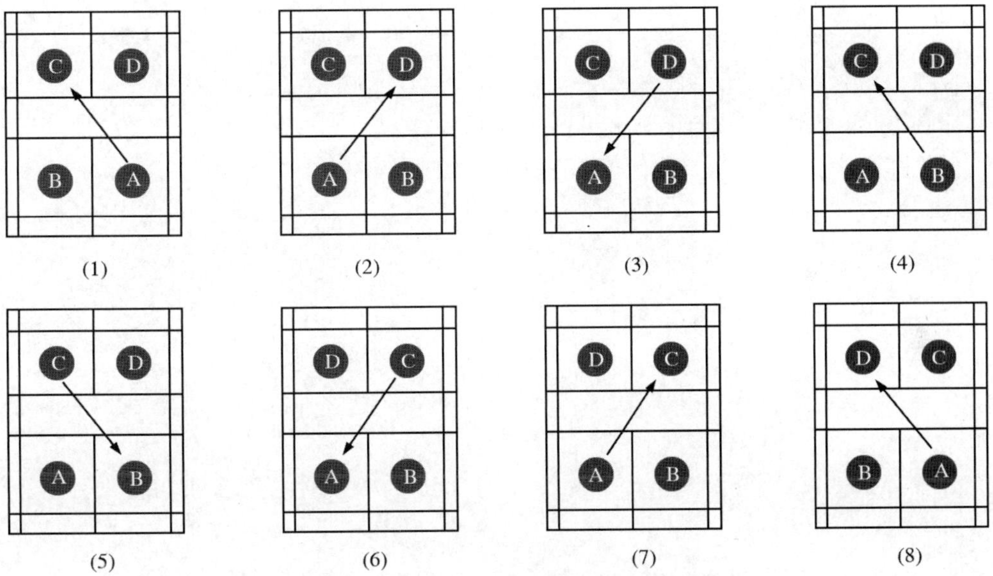

图 5-5-11　21 分制双打比赛新规则

(1)比分为 0∶0，A 从右发球区发球，C 接发球。

(2)A 和 B 得 1 分。A 和 B 交换发球区。A 从左发球区再次发球。C 和 D 在原发球区接发球。比分为 1∶0，A 从左发球区发球，D 接发球。

(3)C 和 D 得 1 分，并获得发球权。两人均不改变各自原发球区。比分为 1∶1，D 从左发球区发球，A 接发球。

(4)A 和 B 得 1 分，并获得发球权。两人均不改变各自原发球区。比分为 2∶1，B 从右发球区发球，C 接球。

(5)C 和 D 得 1 分，并获得发球权。两人均不改变各自原发球区。比分为 2∶2，C 从右发球区发球，B 接发球。

(6)C 和 D 得 1 分。C 和 D 交换发球区。C 从左发球区发球。A 和 B 不改变其各自原发球区。比分为 2∶3，C 从左发球区发球，A 接发球。

(7)A 和 B 得 1 分，并获得发球权。两人均不改变各自原发球区。比分为 3∶3，A 从左发球区发球，C 接发球。

(8)A 和 B 得 1 分。A 和 B 交换发球区。A 从左发球区再次发球。C 和 D 不改变各自原发球区。比分为 4∶3，A 从右发球区发球，D 接发球。

第六章

游泳运动

游泳(swimming)是一种锻炼价值很高的休闲、消暑、健身运动，在我国有广泛的群众基础。坚持游泳锻炼，既可以增强内脏器官的功能，也可以使肌肉健美发达，身体素质得到明显提高。游泳还能增强人体对外界环境的适应能力，帮助我们抵御寒冷，预防疾病。此外，游泳还可以培养游泳者不畏风险、勇敢顽强的意志品质，对劳动生产和国防建设也有很强的实用意义。

游泳，是人在水的浮力作用下产生向上漂浮，凭借浮力通过肢体有规律地运动，使身体在水中有规律运动的技能。

根据现有史料的考证，国内外较一致的看法是古代游泳开始于居住在江、河、湖、海一带的古代人。他们为了生存，必然要在水中捕捉水鸟和鱼类作食物，通过观察和模仿鱼类、青蛙等动物在水中游动的动作，逐渐学会了游泳。

中国历史悠久，水域辽阔。据史书记载，游泳始于五千年前。但游泳作为一个体育项目得以发展还是近一两百年的事。17 世纪 60 年代，英国不少地区的游泳活动就已开展得相当活跃。1828 年英国在利物浦乔治码头修造了第一个室内游泳池，这种游泳池到 19 世纪 30 年代，在英国各大城市相继出现。1837 年，在英国伦敦成立了第一个游泳组织，同时举办了英国最早的游泳比赛。1896 年，游泳被列为奥运会竞赛项目。

游泳运动的最高组织机构是国际游泳联合会，总部设在瑞士洛桑。1908 年由比利时、丹麦、芬兰、法国、德国、英国、匈牙利和瑞典游泳协会倡议成立。

第一节　游泳锻炼的意义

一、改善心血管系统

日常生活中通过游泳可改善心血管系统。冷水对身体的刺激，能促进人体新陈代谢与血液循环。

此外，游泳时水的压力和阻力还对心脏和血液的循环起到特殊的作用。在水面游泳时，身体所承受的水压就已达到每平方厘米 0.05 千克，潜水时随着深度的增加，物理条件的变化，压力还会增大，游泳速度的加快也会加大压力负荷，心房和心室的肌肉组织能得到加强，心腔的容量也能逐渐有所加大，心脏的跳动次数减少，这样心脏的活动就能节省化，整个血液循环系统却能得到改善，静止状态下舒张压有所上升，收缩压有所下降，因此血压值变得更为有利；血管的弹性也有所提高。根据有关专家统计，一般人在安静状态下每分钟心脏跳动 66～72 次，每搏输出量为 60～80 毫升，而长期参加游泳锻炼的人，在同样情况下只需 50 次左右，每搏输出量却达到 120 毫升。

二、增强肺脏功能

在游泳时，新陈代谢过程和心血管系统工作的节省化，都离不开大量的供氧，然而由于水压迫着胸腔和腹部，给吸气增加了困难，曾有人做过专门的试验，游泳时人的胸廓要受到12～15千克水的压力，那么要想使身体获得足够的氧气，呼吸肌就必须不断地克服这种压力；另外，游泳时呼气一般都是在水下完成，而水的密度比空气的密度要大得多，因此要想呼气就必须用力，这样，不管是吸气还是呼气都能增加呼吸肌的收缩力，从而能增强呼吸系统的功能，加大肺活量。一般健康男子的肺活量为3 000～4 000毫升，而经常从事游泳者，可以达到6 000毫升。

三、强身健体

水中的压力和阻力，能锻炼肢体力量，强健体格，在不断进行肢体行为运动的过程中，能增强大脑灵敏度和行为反应能力。

四、增强抵抗力

游泳池的水温常为26～28℃，在水中浸泡散热快，耗能大。为尽快补充身体散发的热量，以供冷热平衡的需要，神经系统便会快速做出反应，使人体新陈代谢加快，增强人体对外界的适应能力，抵御寒冷。经常参加冬泳的人，由于体温调节功能改善，就不容易伤风感冒，提高对疾病的抵抗力和免疫力。

五、改善肌肤

在游泳过程中，由于水温的刺激，机体为了保证足够的温度。皮肤血管参与了重要的调节作用，冷水的刺激能使皮肤血管收缩，以防热量扩散到体外。同时身体又加紧产生热量，使皮肤血管扩张，改善对皮肤血管的供血，这样长期坚持锻炼能使皮肤的血液循环得到加强。

另外，水是十分柔软的液体，而由于水波浪的作用，不断对人体表皮、汗腺、脂肪腺进行摩擦，起到按摩作用，从而使皮肤得到更好的放松和休息，所以经常参加游泳锻炼的人，皮肤会光滑白皙，富有弹性。

六、减肥塑形

水中阻力大，导热性能好，游泳使人耗热快、散热快、能量消耗大、脂肪燃烧活跃性强，体能负荷大，容易疲劳。实验证明：人在标准游泳池中20分钟所消耗的热量，相当于以同样速度在陆地上跑步1小时所消耗的热量；在14℃的水中停留1分钟所消耗的热量高达100千卡，相当于处于同温度空气中1小时所散发的热量。由此可见，经常游泳，能够加强四肢和腰部以及脊椎的锻炼，排减体内多余脂肪，取得事半功倍的减肥效果，所以，游泳是保持身材最有效的运动之一。

七、健美形体

人在游泳时，通常会利用水的浮力俯卧或仰卧于水中，全身松弛而舒展，使身体得到全面、匀称、协调的发展，使肌肉线条流畅。在水中运动由于减少了地面运动时地对骨骼的冲击性，降低了骨骼的劳损概率，使骨关节不易变形。水的阻力可增加人的运动强度，但这种强度，又有别于陆地上的器械训练，是很柔和的，训练的强度又很容易控制在有氧域之内，不会长出很生硬的肌肉块，可以使全身的线条流畅、优美。

八、其他作用

众所周知，我们生活在一个 3/4 充满水域的球体，因此在生活中就难免要和水打交道，这就使游泳不只是一项体育项目，更重要的是，它还是我们生活中不可或缺的技能。它渗入我们生活中的很多领域，如水上资源开发、科学考察、防洪抢险、救护打捞等，都必须有熟练的游泳技术作为后盾。

第二节　游泳场地与器材

一、场地设施

游泳对场地要求不高，池塘、河溪、湖泊、大海、游泳池等均可，但要注意卫生和安全。

国际标准游泳池长 50 米，宽至少 25 米，深 1.80 米以上。设 8～9 条泳道，每条泳道宽 2.50 米，分道线由直径 5～10 厘米的单个浮标连接而成。图 6-2-1 为某室内游泳馆。

运动员比赛必须站在出发台上出发（仰泳除外），出发台高出水面 50～75 厘米，台面积为 50 厘米×50 厘米。

图 6-2-1　室内游泳馆

二、游泳器材

1. 游泳衣裤

男性通常穿着泳裤，上身赤裸；女性通常穿泳衣。游泳衣裤必须合身。如果太大，在游泳时容易兜水，加大身体负重和阻力，影响游泳动作。因此游泳衣裤要以穿在身上感到舒适为宜。

2. 泳帽

游泳时应戴游泳帽，特别是女性，可以防止头发散乱。有时水质不好还可以防止头发变黄。游泳帽应选带有松紧的尼龙制品或橡胶制品，不能太大，否则容易脱落。

3. 泳镜

如果水质不干净，游泳时细菌很容易进入眼内，引起红眼病等。为了预防眼病，需要戴游泳眼镜进行游泳。对于初学游泳的人来说，戴游泳眼镜还可以纠正在水中睁不开眼睛的毛病，减少对水的恐惧感。

4. 耳塞

在游泳时水流入耳朵是难以避免的。耳朵进水后很不舒服，有时会引起疼痛以致影响听力。为了防止水进入耳朵，应备有耳塞。

5. 浮体物品

初学游泳者，最好自备一些浮体物品，例如救生圈（衣）、泡沫塑料、浮标、打水板、浮袖等。但自备这些物品时，要时时检查救生衣、救生圈有无漏气，以防发生事故。

6. 浴巾、拖鞋

浴巾和拖鞋是游泳者必备的用品。在游泳的间歇或游完后上岸，用毛巾擦干身体，披上浴巾，穿上拖鞋，既可以保暖，防止感冒，又比较卫生。在冬泳时，更是不可缺少。

7. 鼻夹

游泳时，由于水波常会把水冲入鼻孔，产生呛水、咳嗽，尤其是初学游泳者，为了防止水进入鼻孔，最好准备一个鼻夹，它可强制用嘴吸气，而不用鼻吸气，可以避免呛水。

第三节 游泳基本技术

一、游泳的种类

目前，游泳没有一个统一的种类划分标准，但常见的有以下几种游泳类型。

（1）根据游泳目的分为竞技游泳和实用游泳。有特定技术要求，按游泳竞赛规则规定进行竞赛的游泳项目，均为竞技游泳。实用游泳是指在军事上、生产上、生存技能上、生活服务上实用价值较大的游泳。如武装泅渡、水上救援、打捞等。

（2）根据场地设施分为室内游泳和室外游泳。在室内各种游泳馆、跳水馆等专门场地进行的游泳，都是室内游泳。在河流、水库、大海、湖泊等场地开展的游泳，都是室外游泳。

(3)根据气温、水温条件分为冬泳和正常游泳。冬泳是指冬季在室外水域(包括江、河、湖、海等自然水域与水库等人工水域)自然水温下的游泳。气温以 17 ℃作为冬泳的起点;水温以 8 ℃作为冬泳的冷度标志。17 ℃以下的水温给人以冷感,低于 8 ℃以下则有冷、麻、强冷刺激的感觉。

(4)根据泳姿可分为蛙泳、自由泳、仰泳、蝶泳、立泳、侧泳、潜泳等。

二、游泳基本技术练习

熟悉水性是学游泳的第一步,此阶段需要解决两个问题,一是消除恐惧水的心理障碍;二是水感、呼吸和滑行。

(1)水中行走练习:这是初学者下水后的第一个练习,目的是体会水的阻力、压力和浮力,并初步学会在水中维持身体平衡的方法。

第一步:两手扶住池(岸)边或同伴的手,在水中行走。

第二步:一手扶住池(岸)边或同伴的手,一手在体前侧做向外、向后划水,同时在水中行走。

第三步:不借助任何支撑物,两臂在胸前向外、向后对称划水,双脚在水里做向前、向侧、向后的行走。

在熟悉水性的同时,针对小孩还可以采取一些游戏性的项目,如跳水、水下钻杆等。

(2)呼吸练习:不会呼吸的游泳不能叫作游泳,只能是“憋气”。正确的游泳呼吸是用嘴吸气、用嘴或嘴鼻呼气。

站在齐肩深的水里,两手抓住池(岸)边(图 6-3-1)或者抓住同伴的手(图 6-3-2),用嘴深吸一口气,然后把头埋入水中,慢慢地用鼻呼气,直至将体内的废气呼尽,迅速抬头用嘴吸气。训练水中憋气最好一次可以达到 30 秒。

图 6-3-1　单人呼吸练习

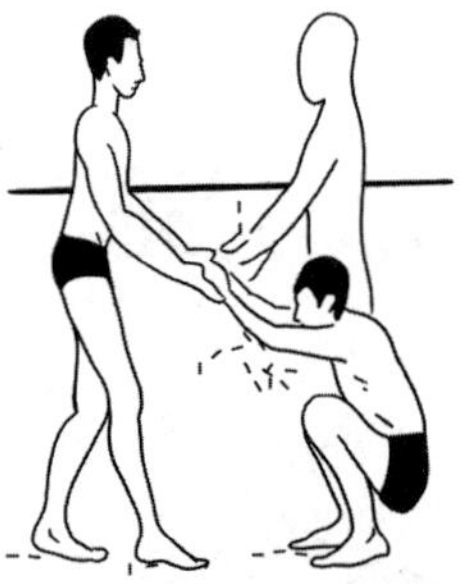

图 6-3-2　双人呼吸练习

熟练以上技术,能做到连续、连贯、自然地完成多个呼气、吸气的技术,并且要求自己独立完成慢呼快吸的动作技术(图 6-3-3)。

(3)水中漂浮练习:学习水中的漂浮技术,主要是体会水对人体的浮力,并初步掌握人体在水中的平衡能力,排除对水的恐惧心理。

①抱膝漂浮练习。两脚站立水底,深吸气后,下蹲低头抱膝,两膝尽量靠近胸部,前脚掌蹬离水底,成低头抱膝团身姿势。身体要尽量放松,自然地漂浮于水中(图 6-3-4)。

图 6-3-3 独立完成多个呼气、吸气技术

图 6-3-4 抱膝漂浮练习

站立时，两臂前伸，向下压水并抬头，同时两腿伸直，以脚触水底站立，两臂自然放于体侧。

②展体漂浮练习。两脚开立，两臂放松向前伸直，深吸气后身体前倒并低头，两脚轻轻蹬离水底，成俯卧姿势漂浮于水面，两臂、两腿自然分开，要求全身放松，身体充分展开。

站立时，收腹、收腿，两臂向下压水，然后抬头，两腿伸直，脚触水底站立。

③滑行漂浮练习。

蹬边滑行漂浮练习：背向池（岸）边，一手扶住池（岸）边缘，一臂前伸，同时，一脚站立，一脚贴近池（岸）边。深吸气后低头，上体在水中前倾成俯卧姿势，大小腿尽量收紧臀部靠近池（岸）边，两脚掌贴住池（岸）边。与此同时，扶池（岸）边的手臂向前摆出与前臂并拢，头夹于两臂之间，这是两脚用力蹬出，成流线形向前滑行（图 6-3-5）。

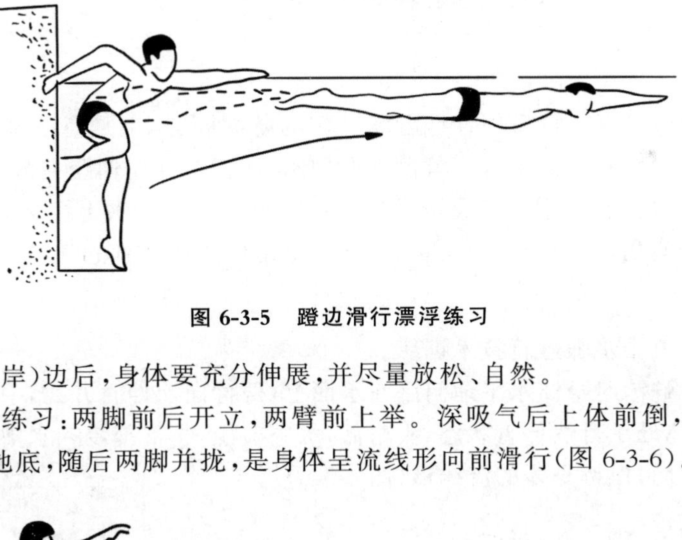

图 6-3-5 蹬边滑行漂浮练习

要求：蹬离池（岸）边后，身体要充分伸展，并尽量放松、自然。

蹬底滑行漂浮练习：两脚前后开立，两臂前上举。深吸气后上体前倒，当头、肩侵入水中时，前脚掌用力蹬池底，随后两脚并拢，是身体呈流线形向前滑行（图 6-3-6）。

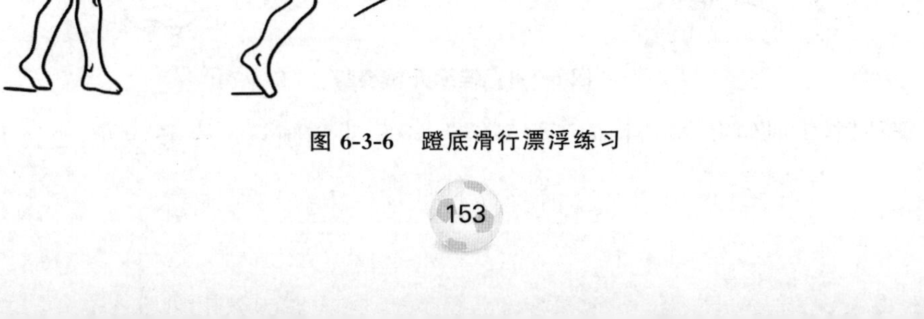

图 6-3-6 蹬底滑行漂浮练习

(4)打腿练习:扶壁打腿,双手伸直,扶住池壁,肩膀放松,在漂浮闷气的动作基础上加上腿的动作(图 6-3-7)。

图 6-3-7　扶壁打腿

徒手打腿,双手伸直夹住头,手掌漂在水面上,在漂浮的基础上加上打腿的动作。

(5)划臂练习:在徒手打腿的基础上模仿陆上划手的动作,划手时适当用力,手指并紧,推水时掌心向后,身体平衡,做单臂划水(左两次,右两次),逐渐过渡到两臂交叉配合划水。

三、常见的泳姿练习

在常见的泳姿练习中,蛙泳、自由泳、仰泳、蝶泳和侧泳是最受广大游泳爱好者青睐的泳姿,习练者也最多,下面就重点讲述这五种泳姿练习。

(一)蛙泳

蛙泳(breaststroke)是一种模仿青蛙游泳动作的游泳姿势,也是竞技游泳姿势之一。蛙泳时,人体俯卧水面,两臂在胸前对称直臂侧下屈划水,两腿对称屈伸蹬夹水,似青蛙游水。

蛙泳较省力,易持久,实用价值大,常用于渔猎、泅渡、救护、水上搬运等,游泳者可以方便观察前方是否有障碍物,避免撞上障碍物。同时,也是游泳初学者的学习项目。

1. 技术方法

蛙泳可以分为五个步骤进行技术训练。

(1)开始姿势:蛙泳时身体水平地俯卧在水面上,两臂向前伸直并拢,手掌张开,掌心向下,与水平面平行,身体处于自然伸直状态,头略低,水齐前额,脸下部浸入水中。稍收腹、微塌腰,身体纵轴于前进方向,保持身体的流线形(图 6-3-8)。

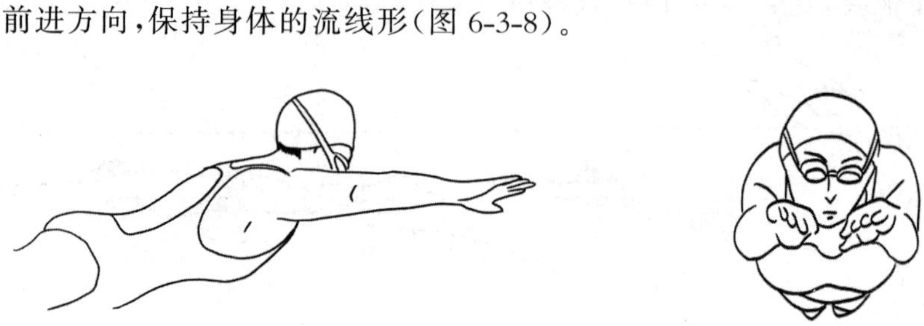

图 6-3-8　蛙泳开始姿势

(2)手臂外划:手肘伸直,掌心由向下慢慢转为向外,手掌倾斜大约 45 度角,边转手掌边将全臂向外斜下方推开，这时是没有向前的推进作用的，不需要太用力，以免浪费体力(图 6-3-9)。

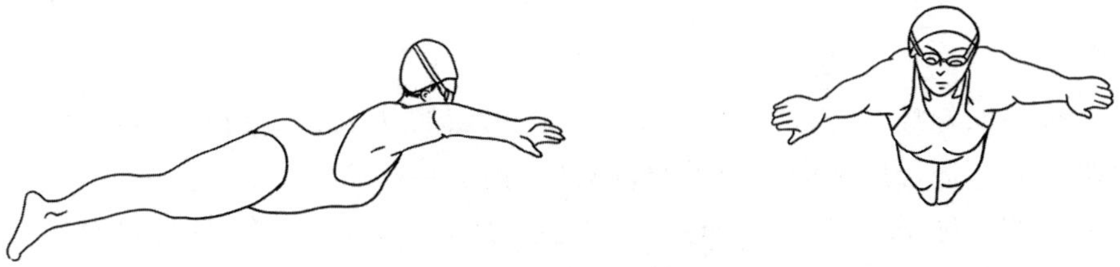

图 6-3-9 蛙泳手臂外划

提示：手臂外划要放松，不需用力。做侧面手臂外划动作时，手掌倾斜 45 度角向外斜下方推水。

(3)高肘抓水：当手掌和手臂感觉到有压力时，开始抓水，这是抓水推进力最为关键的一步，过早抓水，会导致内划距离缩短，影响速度。

提示：抓水速度根据个人水平高低而定，水平高者，抓水速度快，否则则慢。

(4)内划收手：当手臂张开大概 45 度角时，手腕开始弯曲，掌心由外向内，手臂带动手肘加速向内划水，将水推向身体内侧，这时由于水的推力上半身可以处于一个较高的位置；该动作完成时，手肘将收置于腋下，双臂贴紧身体以减少水阻力掌心也同时由外向上(朝向胸部)，置于头部前下方位置(图 6-3-10)。

图 6-3-10 蛙泳内划收手

提示：在整个内划收手的过程中，手的速度要快、要圆滑、要用力，收手结束时，肘关节必须低于手。侧面内划收手动作：抓水后头部缓慢出水换气，手臂 45 度角，掌心由外向内划水，双臂贴紧身体时，双腿后收至臀部。正面内划收手动作：手臂 45 度角，掌心由外向内抱水。

(5)手臂前伸：掌心由向上转为相对，再到合并，在手掌转向的同时慢慢伸直手肘，用暗力往前伸，尽量伸到缩紧肩宽，减少阻力，创造更好的流水线，提高滑行速度，在最后动作结束前掌心慢慢转为向下，这时口中的气在出水前全部吐净，为下一个向外划水仰头换气做好准备(图 6-3-11)。

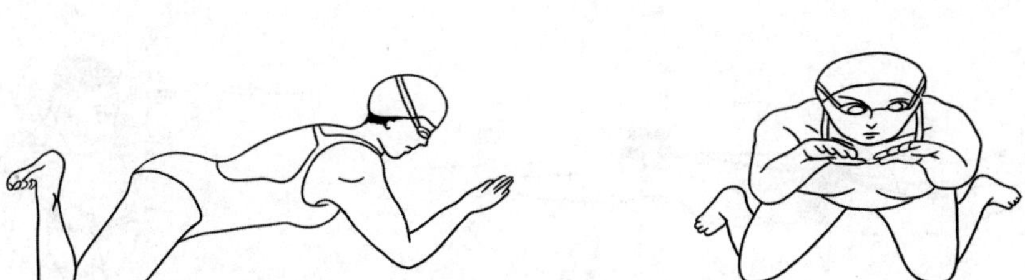

图 6-3-11 蛙泳手臂前伸

提示：在整个前伸的过程当中，手掌到手指要伸直，尽量减少水的阻力。手臂前伸动作：掌心由向上转为相对、合并，伸直手肘，蛙泳腿也同时打开伸直。

2. 技术要领

（1）蛙泳蹬腿像青蛙，向后蹬夹向前滑。收腿脚跟臀边靠，两膝相距似肩宽。边收边分慢收腿，翻脚脚尖向两边。用力向后蹬夹水，两脚并拢漂一会儿。

（2）蛙泳手臂对称划，桃形划水向侧下。两手屈腕来抓水，屈臂高肘向后划。划到肩下快收手，两肘用力向里夹。双手平行向前伸，伸直放松往前进。

（3）蛙泳配合须注意，腿臂呼吸要适宜。两臂划水腿放松，收手同时又收腿。两臂前伸腿蹬水，臂腿伸直滑一会儿。划水头部慢抬起，伸手滑行慢呼气。

（4）两臂同时一划水，抬头吸气紧相随。收腿翻脚蹬夹水，吐气水中用鼻嘴。收手同时慢收腿，两臂前伸再蹬腿。此种配合要牢记，协调配合要学会。

（二）自由泳

自由泳是在各种竞技游泳技术中最快的一种。自由泳时，身体俯卧在水中几乎与水面平行，两腿交替上下做鞭状打水动作，两臂轮流经由空中前移，在肩前入水，经腹下向后划水。主体随着两臂划水动作而围绕身体纵轴自然转动，同时向侧转头呼吸，两腿打水配合臂的动作，以保持身体的平衡。动作配合一般是两臂各划水一次、两腿打水六次、呼吸一次。

1. 技术方法

（1）右臂屈臂（肘高于手），五指自然并拢，在肩前延长线处斜插入水。左臂屈臂于肩下向后划水（图 6-3-12）。

图 6-3-12　自由泳技术方法（一）

（2）右臂入水后自然向前下方伸直，肩部向前拉开，掌心朝下。左臂以掌心朝后往大腿侧推水（图 6-3-13）。

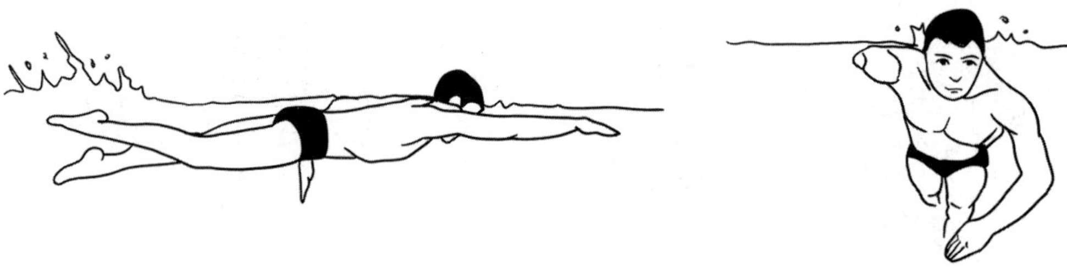

图 6-3-13　自由泳技术方法（二）

(3)右臂继续向前下方伸，至手距水面 30～40 厘米时开始屈臂，形成“抱水”的动作，使手掌与前臂向后对准划水方向，整个臂右前向后加速划水。左臂推水结束并提出水面(图 6-3-14)。

图 6-3-14 自由泳技术方法(三)

(4)右臂划水至肩下，屈肘呈 120～140 度角，使臂划水形成最好的对水面，用力加速向后划水。左臂前移准备入水(图 6-3-15)。

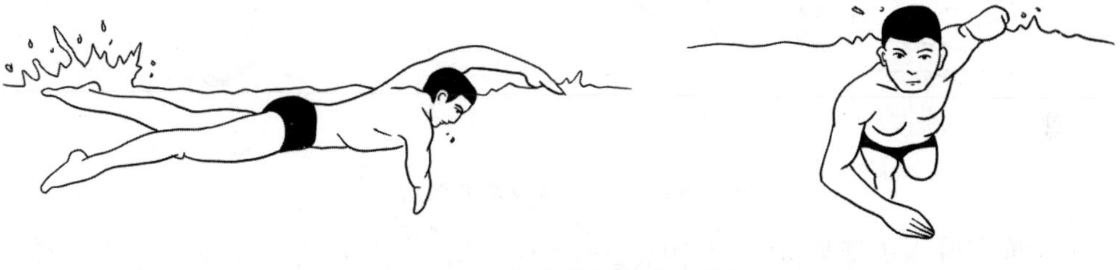

图 6-3-15 自由泳技术方法(四)

(5)当右手划水接近腹下方时，随着同侧肩围绕身体纵轴转动，开始向侧转头，此时左臂入水前伸(图 6-3-16)。

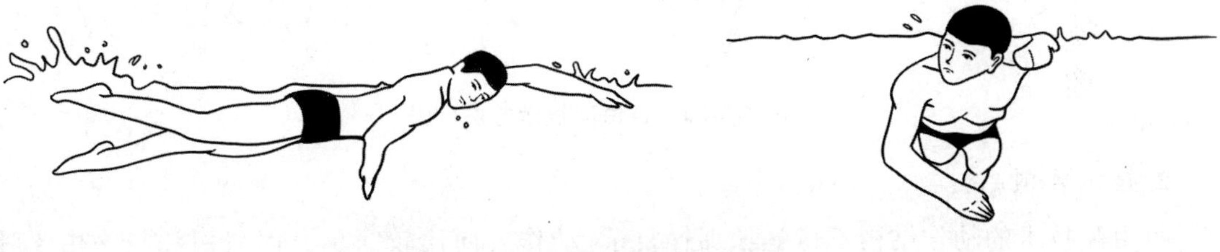

图 6-3-16 自由泳技术方法(五)

(6)随着手臂用力加速向后划水，右臂由原来的屈臂逐渐伸直，并以掌心对准后方推水。当推至大腿旁时手向外转。左臂继续向前方伸。此时呼气结束并开始吸气(图 6-3-17)。

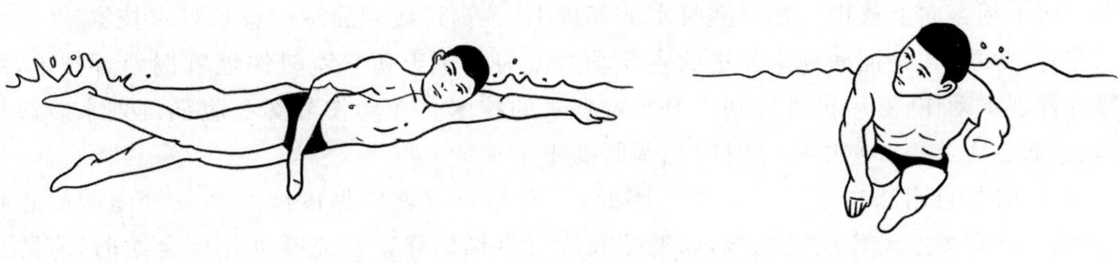

图 6-3-17 自由泳技术方法(六)

(7)右臂结束推水后，在上臂带动下，前臂、肘关节向上做屈臂上提的动作，轻轻提出水面。

左臂开始屈臂对水。此时继续吸气(图 6-3-18)。

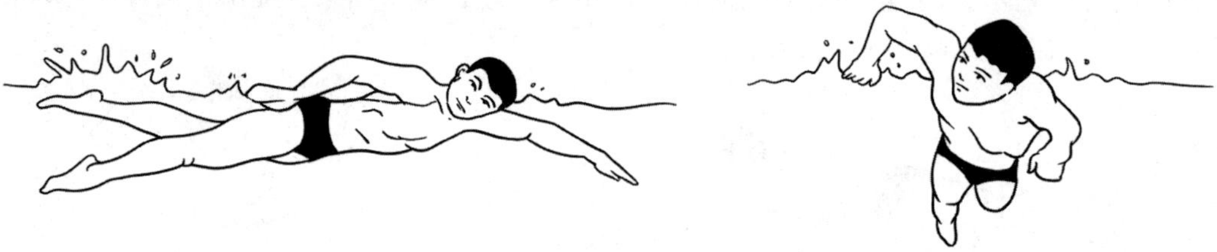

图 6-3-18　自由泳技术方法(七)

(8)出水臂在空中屈臂侧摆前伸。左臂加速向后划水。此时吸气结束,头部准备还原(图 6-3-19)。

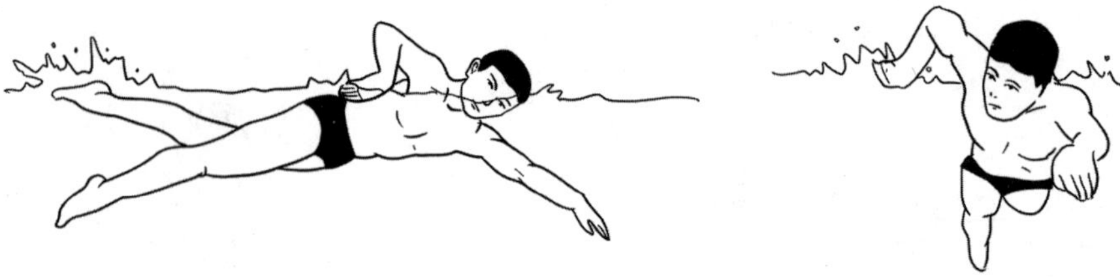

图 6-3-19　自由泳技术方法(八)

(9)还原成右臂入水姿势(图 6-3-20)。

图 6-3-20　自由泳技术方法(九)

2. 技术要领

自由泳技术的动作结构不像蛙泳那样复杂,动作方向比较简单。但自由泳技术由于呼吸的方式以及初学者过分紧张,因而不易加长游距。

(1)自由泳两腿正确的鞭状打水是掌握爬泳技术的基础。初学者一般易犯髋关节没伸展的毛病,屈髋打水或大腿不动的屈膝打水。对此,可采用直腿打水的方法,打水幅度不要太大,并强调向下用力向上放松。在直腿打水的基础上,逐渐过渡到屈腿的鞭状打水技术。

(2)两臂划水,是推动身体前进的主要动力。为了便于初学者较快地掌握两臂技术,可先学习直臂划水动作,然后再过渡到学习屈臂划水的技术。在动作节奏上应强调划水阶段用力外,其他部分应放松。空中移臂时应强调肘高于手。

(3)呼吸是自由泳技术一个难点。因此,一开始练习就应做围绕身体纵轴向侧的呼吸动作,并结合两臂划水动作反复练习,以把呼吸练习贯彻始终。在完整动作配合游时,应防止吸气时向上抬头,造成下肢下沉。

(4)水中划臂练习。练习方法及步骤同陆上。但要求练习时,肩部浸入水,划水时要以手臂对准划水方向，划水时要用力，移臂时放松（图 6-3-21）。

按技术图做臂的连贯动作：蹬壁或蹬底滑行后，在两腿打水的基础上，做两臂交替轮流划水。不强调入水后的肩前伸动作，要求连接紧凑，不要停顿。本练习可先采用划四次或六次臂、呼吸一次的配合方式，然后逐步过渡到划两次臂、呼吸一次的完整配合。

图 6-3-21 自由泳水中划臂练习

（三）仰泳

仰泳顾名思义是身体仰卧在水中游泳。仰泳有一个很明显的优势，那就是动作省力，速度均匀。

仰泳时，身体几乎水平地仰卧在水中，髋关节自然伸展，头、肩稍高于臀，两腿交替向上踢水和向下压水，两臂轮流经空中前移，在肩前方入水，再经体侧向后划水。动作配合一般是：两臂各划水一次、两腿打水六次、呼吸一次。

仰泳有一定的实用价值，如水中救人或托运物体经常采用蛙式仰泳。但仰泳的缺点在于游进时不易掌握方向。这里介绍的是爬式仰泳技术。

1. 技术方法

（1）左臂伸直，上臂紧靠耳侧，手腕微屈，五指自然并拢，小指朝下，在肩前的延长线处入水。右臂先后下方做推水动作（图 6-3-22）。

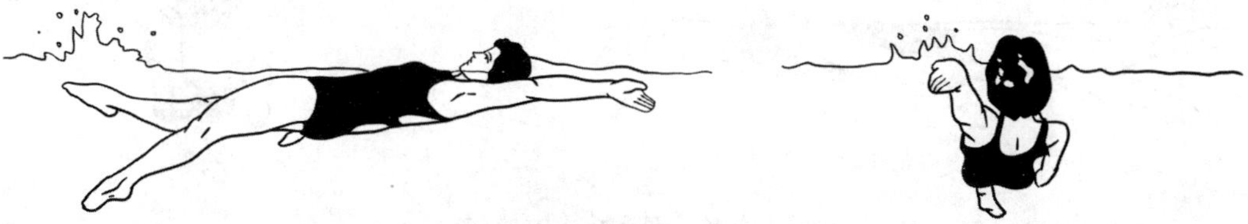

图 6-3-22 仰泳技术方法（一）

（2）左臂入水后，向前下方滑下，随着手向后划水的同时，肘关节逐渐弯曲，使前臂内侧及手掌更好地向后对准划水方向，与此同时，右臂提出水面（图 6-3-23）。

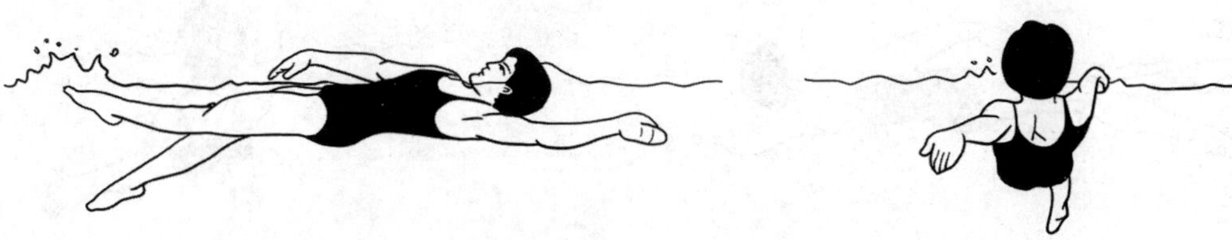

图 6-3-23 仰泳技术方法（二）

（3）左臂随着肘关节的逐渐弯曲，使其向上移动而接近水面，而肘关节朝下，这时肘关节弯曲的角度约为 130 度，从而使整个手臂处于最有利对准划水方向的位置，与此同时，右臂经由空中上移(图 6-3-24)。

图 6-3-24　仰泳技术方法(三)

(4)当左手划至肩侧延长线处而使整个手臂形成最有利的对准划水方向位置后,手用力加速向后下方做强有力的推水动作,与此同时,右臂继续经由空中以直臂前移(图 6-3-25)。

图 6-3-25　仰泳技术方法(四)

(5)随着左手向后下方的推水动作,肘和上臂逐渐靠近体侧,手在大腿旁结束推水时,手掌自然下压,并立即放松准备做提臂出水动作,与此同时,右臂在肩前延长线处入水(图 6-3-26)。

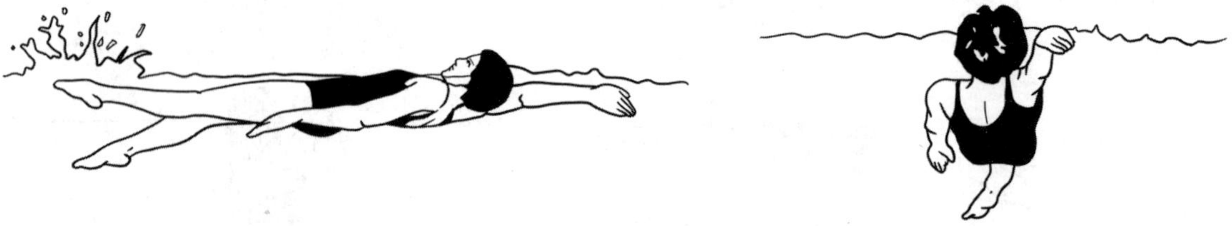

图 6-3-26　仰泳技术方法(五)

(6)左臂划水结束后,手腕自然弯曲放松,在肩和大臂带动下,以手背朝上立即提出水面。与此同时,右臂入水后做向前滑下动作(图 6-3-27)。

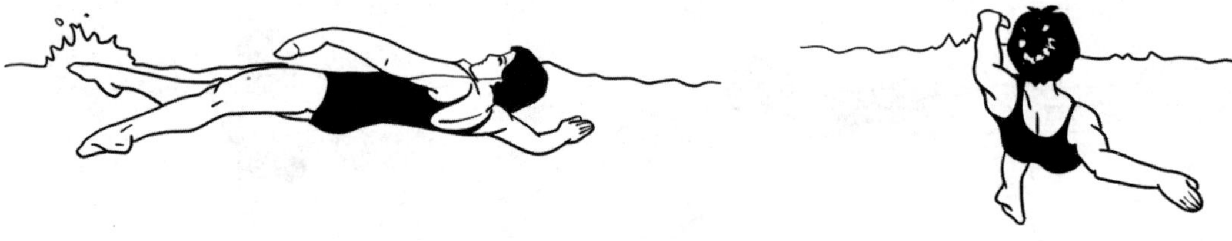

图 6-3-27　仰泳技术方法(六)

(7)左臂出水后,成直臂放松,沿着与水平面约呈 45 度角迅速前摆,与此同时,右臂用力加速向后划水(图 6-3-28)。

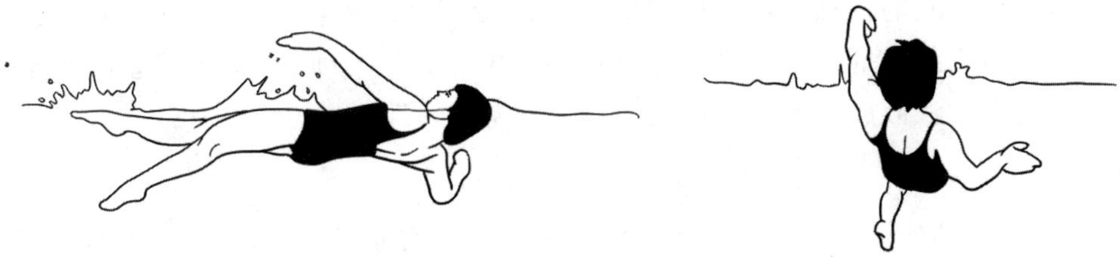

图 6-3-28　仰泳技术方法(七)

(8)随着左臂经空中的迅速前移,上臂逐渐内旋,使手掌朝外、小指朝前,同时肩带充分伸展,以使手掌做好入水的准备,与此同时,右臂推水结束(图 6-3-29)。

图 6-3-29　仰泳技术方法(八)

(9)左臂在肩前延长线处以小指切入水中(图 6-3-30)。

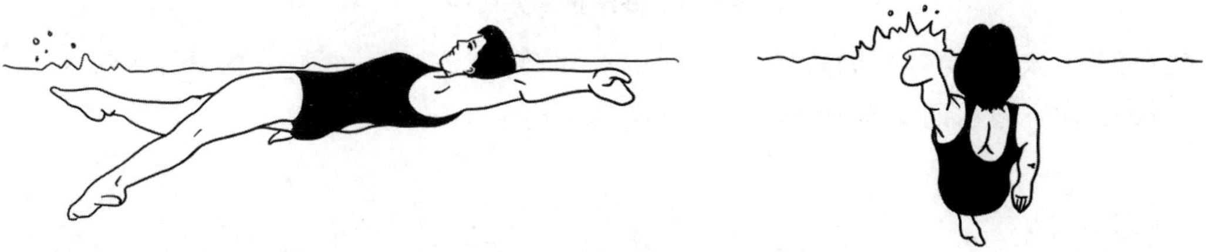

图 6-3-30　仰泳技术方法(九)

2. 技术要领

仰泳呼吸简单,易为初学者所接受。但初学者往往易犯低头屈髋收腹的错误动作,因此,一开始练习就应掌握正确的身体仰卧姿势。

(1)仰泳腿打水时膝关节的弯曲程度比爬泳稍大,而腿打水的幅度约为 45 厘米。教学中除强调屈腿上踢外,不应忽略直腿下压的动作,因为屈腿上踢是建立在直腿下压的基础上进行的。

(2)仰泳的臂部动作是推动身体前进的主要动力。两臂是同时在不同的方向和部位划水和空中移臂动作,因此在练习中应注意防止两臂划水时产生分解配合。为了便于初学者掌握两臂技术,在练习的开始阶段可先不采用屈臂划水而采用直臂划水的方法,然后逐渐过渡到掌握屈臂划水的技术。

(3)要领口诀:肩延线上手入水,展肩伸臂抱住水。掌心对水屈臂划,划水路线要牢记。手掌前臂后推水,推后拇指先出水。转肩提臂带动手,空中移臂要放松。

(四)蝶泳

蝶泳技术是在蛙泳技术动作基础上演变而来的,从外形看,好像蝴蝶展翅飞舞,所以人们称它为“蝶泳”，由于它的腿部动作酷似海豚，所以又称为“海豚泳”。蝶泳的打腿速度是竞技游泳中最快的一种，它的双臂划水力量也是竞技游泳中最大的一种，如果它的运动成绩再迅速提高，就可能取代自由泳而成为世界上最快的游泳姿势。

1. 技术方法

蝶泳的技术与其他姿态的区别在于游泳时躯干参与打水动作。蝶泳时，身体俯卧水中，两腿并拢，躯干和腿做上下波浪状打水动作，两臂在水中由前向后做对称的划水动作，然后经由空中同时向前移臂(蝶泳两臂的划水动作是推动身体前进的主要力量)。当两臂向后划水及移臂开始阶段，头抬出水面吸气。动作配合一般是划臂一次，打水两次，呼吸一次。

(1)两臂微屈前移，在头前方肩前侧斜插入水，两腿由屈腿用力向后下方做第一次打水，与上述动作的同时，躯干做挺胸提臀的动作，这时低头憋气(图 6-3-31)。

图 6-3-31　蝶泳技术方法(一)

(2)两臂入水后，两臂积极前伸，手向两侧分开，与上述动作的同时，两腿继续向下做打水动作，随着腿向下打水的动作，使臀部上升(图 6-3-32)。

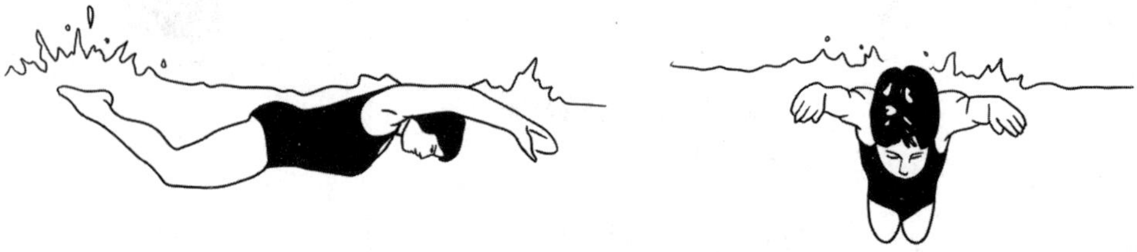

图 6-3-32　蝶泳技术方法(二)

(3)两臂继续前伸，手向两侧分开的同时逐渐内旋，这时两手处于高于头、肩的位置，与此同时，完成第一次打水动作，两腿伸直，使两脚处于最低点、臀处于最高点，这时低头呼气(图 6-3-33)。

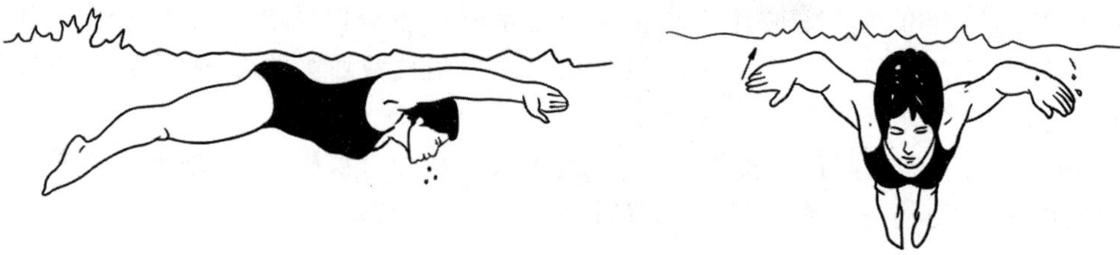

图 6-3-33　蝶泳技术方法(三)

(4)两臂逐渐弯曲，以手掌及前臂内侧抱水，开始用力向里向后做划水动作，与此同时，随着挺胸和逐渐抬头，两腿也可以直腿向上还原，臀部开始下降，这时继续呼气(图 6-3-34)。

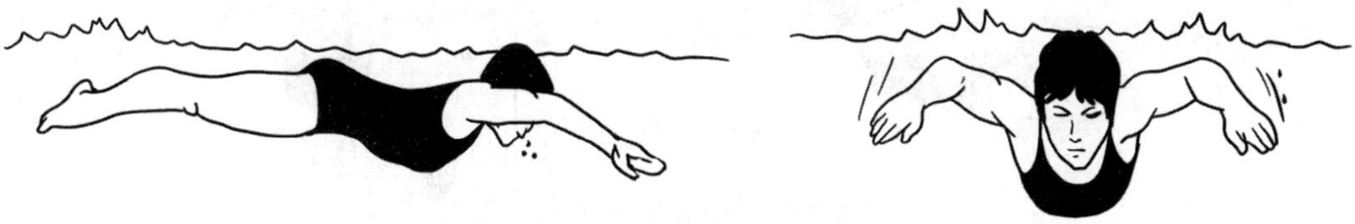

图 6-3-34　蝶泳技术方法(四)

(5)两臂继续弯曲，以掌心及前臂内侧对准划水方向，用力加速向后做划水动作，与此同时，大腿下压，小腿继续向上弯曲还原，这时开始抬头准备吸气(图 6-3-35)。

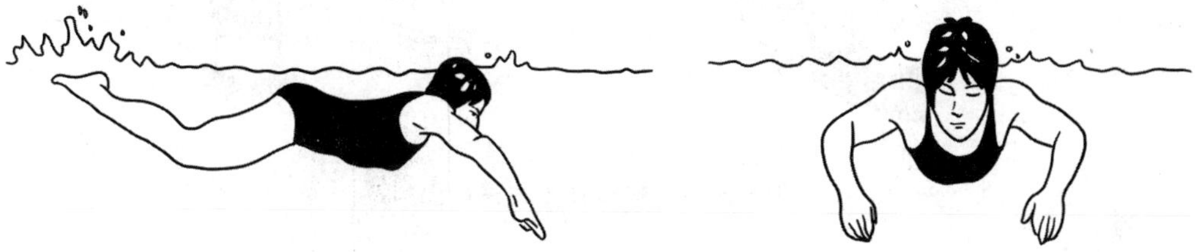

图 6-3-35　蝶泳技术方法(五)

(6)当两臂划至肩下方时，屈肘约为 120 度角。两手加速沿腹下方用力继续向后做划水动作，与此同时，完成屈膝动作，并用力向后下方做第二次打水，这时抬头用力吸气(图 6-3-36)。

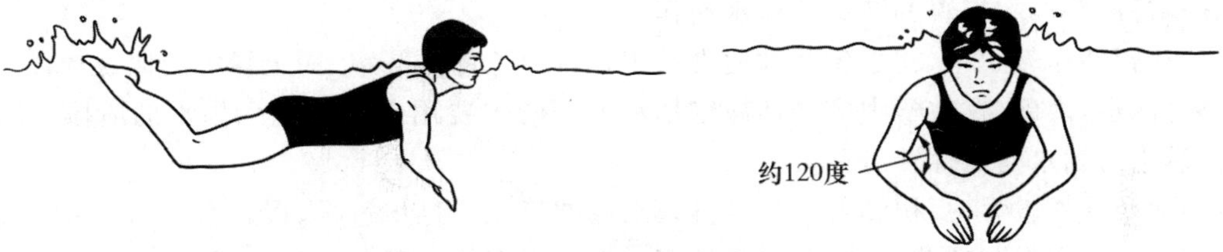

图 6-3-36　蝶泳技术方法(六)

(7)随着两臂用力加速向后划水，臂由原来的屈臂最后伸直，并以手掌结束推水，与此同时，腿向下结束第二次打水动作，这时继续抬头吸气(图 6-3-37)。

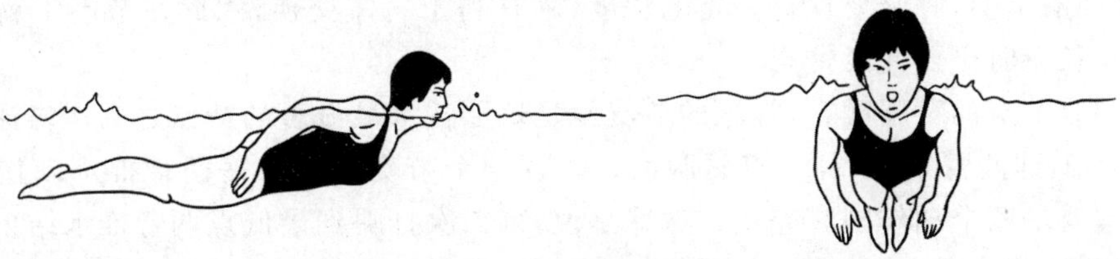

图 6-3-37　蝶泳技术方法(七)

(8)两臂划水结束后，借着划水的惯性，以肩为轴，提肩带动两臂出水面，与此同时，小腿又开始向上还原，这时继续抬头吸气(图 6-3-38)。

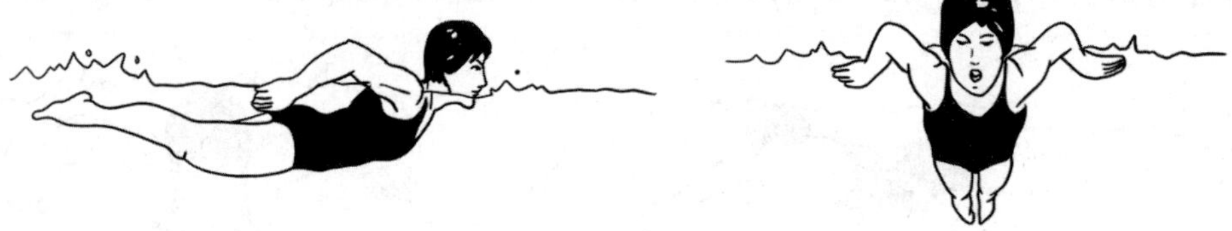

图 6-3-38　蝶泳技术方法(八)

(9)利用移臂的惯性,两臂放松经由空中加速前移,然后两手在头前方肩延长线处准备入水,与此同时,腿继续向上还原,这时结束吸气并开始低头(图 6-3-39)。

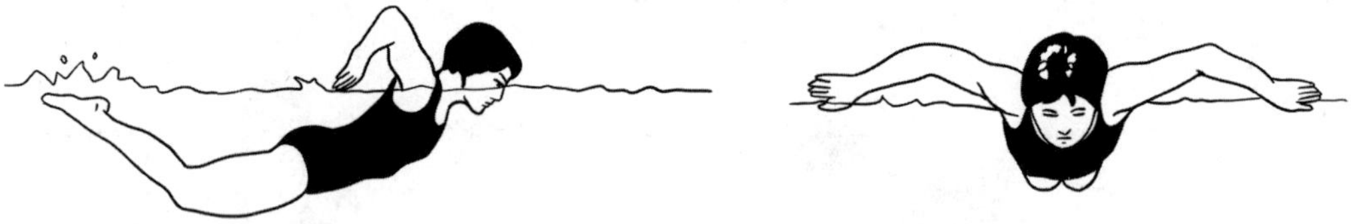

图 6-3-39　蝶泳技术方法(九)

2. 技术要领

蝶泳技术协调性要求较高,教学顺序一般安排在学习蛙泳后进行。

(1)在躯干和腿动作的练习中,初学者通常易犯仅做了膝关节屈伸打水或收腹提臀直腿打水,以及挺胸低臀直腿向上移的错误打水动作。因此,教学中应强调先躯干不动做屈腿打水,然后逐步过渡到挺胸提臀的波浪状打水动作。

(2)在臂动作教学中,初学者两臂通常易犯直臂向下用力按水、向上捞水的错误动作,因而造成移臂困难,因此,在教学中应强调屈臂划水方向的主要用力是在向后推水的阶段,并强调利用向后用力划水的惯性转肩移臂。

(3)配合动作教学中,初学者易犯两臂入水后的第二次打水过早,以致造成腿臂配合脱节。因此,在教学中应强调有节奏的打水,要求第二次打水应与两臂向后划水同时进行。

(4)蝶泳呼吸动作近似于蛙泳,在两臂向后推水时,嘴前伸吸气,切忌挺胸抬头,尽量减少身体上、下起伏。蝶泳要做到自然的呼吸,首先是与两臂动作协调配合,即推水伸颌抬头吸气,移臂低头呼气。在长游中,蝶泳呼吸与手臂动作的配合是 1∶1,即一次划臂一次呼吸。其次是呼吸充分而有节奏,呼吸要保持一定的深度,才有利于气体交换,因此在节奏上就应该相对稳定,特别是长游时更要注意这点。

(5)协调有节奏的臂腿配合,蝶泳的节奏性是蝶泳技术最显著的特点之一。蝶泳臂腿的配合形式是 1∶2,即两臂划水一次,打腿两次。体现这个节奏的核心是两臂推水动作与第二次打腿的配合,要求两个动作同时完成。这就是说,第二次打腿到最低点两臂推水结束并开始移臂。初学者往往在这一点上失去正确的节奏。躯干摆动要与臂腿动作协调,不能以打小腿代替腰的摆动,造成臂腿动作僵硬不协调。

(五)侧泳

侧泳是身体侧卧在水中,用两臂交替划水,两腿做剪水的一种游泳姿势。它是一种实用的游泳,实用价值最大,如救护溺水者、持物游渡江河、武装泅渡、军事侦察、通过急流以及长距离游泳等，采用侧泳比其他泳姿省力和方便。

1. 技术方法

(1)身体姿势：身体侧卧水中，稍向胸侧倾斜，头的侧下部浸入水中(近似于自由泳的吸气动作)，下面的臂前伸，上面的臂置于体侧，两腿并拢伸直，游进时身体绕纵轴转动(图 6-3-40)。

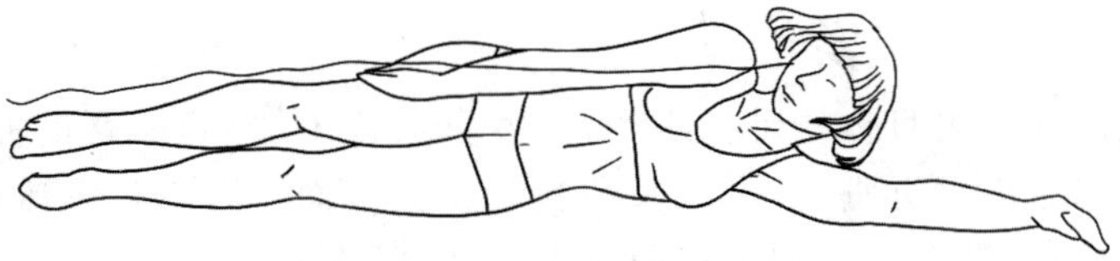

图 6-3-40　侧泳技术方法(一)

(2)腿部运动：腿部动作分为收腿、翻脚和蹬剪腿三部分。

①收腿：上腿向前收，下腿向后收，注意尽量少收大腿，特别是下面的腿，大腿几乎不动(图 6-3-41①)。

②翻脚：收腿后，上腿勾脚尖以脚掌向后对准水；下腿将脚尖绷直，以脚背和小腿前面向后对准水(图 6-3-41②)。

③蹬剪腿：上腿用大腿带动小腿稍向前伸，以脚掌对准前侧后加速蹬夹水；下腿以脚背和小腿对准侧后方伸膝踢水，与上腿形成剪水的动作(图 6-3-41③)。

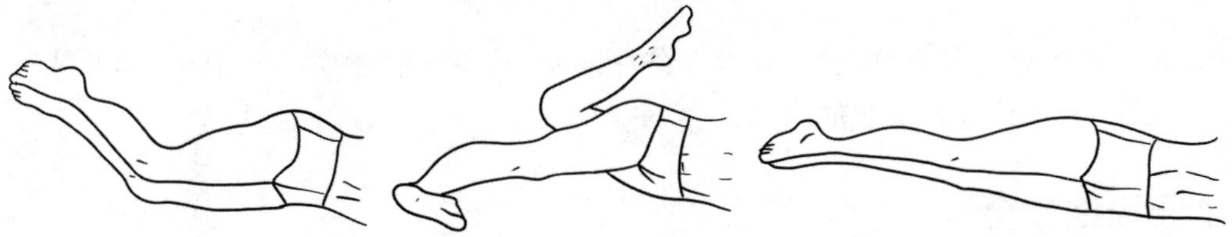

①　②　③

图 6-3-41　侧泳技术方法(二)

(3)臂部动作

①上臂动作：上臂经空中(或在水中接近水面)往前移至头的前方入水，入水后前伸下滑高肘抱水，是手和前臂对准水，然后沿着身体去臂加速用力向后划水至大腿外侧，其动作基本与爬泳臂划水相似(图 6-3-42①)。

②下臂动作：下臂在身体下部前伸抱水，屈臂划水至腹部下方，掌心向上，以小臂带动大臂，沿身体向前做边伸边外旋的动作，伸直时掌心向下(图 6-3-42②)。

③两臂配合动作：下臂开始划水，上臂前移；上臂开始划水时，下臂开始做前伸动作，并稍做短暂的滑行，两臂在胸前夹叉。

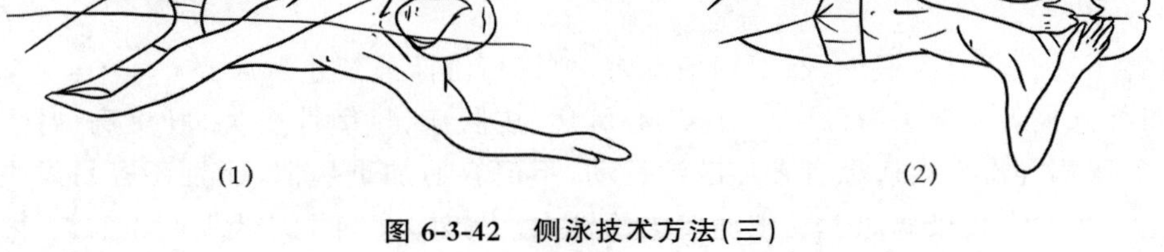

(1)　(2)

图 6-3-42　侧泳技术方法(三)

(4)完整配合

①臂和腿:上臂入水下臂前伸时,收腿;当划至腹下时,腿用力向后蹬剪水。

②臂、腿和呼吸:侧泳的呼吸和爬泳的呼吸基本相似,只是无须把头埋入水中呼气。上臂推水和出水时吸气,并且头部也稍有转动,移臂时还原,做憋气和呼气。为了保证呼吸舒畅,一般是一次腿、两臂各做一次划水、呼吸一次。

2. 技术要领

(1)身体位置:游侧泳时身体侧卧在水中,上臂自然置于体侧,下臂前伸,整个身体展成一条直线。胸腹面与水平面接近垂直,半面头和脸部露出水面。游进过程中,上臂入水时,上体和脸部稍稍转成侧俯卧,随着上臂划水再回转成侧卧姿势。

(2)腿的动作:侧泳腿的动作类似蛙泳,腿是产生推动身体前进的重要力量。但由于身体成侧卧姿势,动作不对称,同蛙泳腿的动作有许多不同的特点,可分上腿和下腿进行分析。

第四节　游泳安全与卫生

游泳锻炼虽然好处甚多,但也不是没有条件限制,如果不注意安全与卫生,那游泳不仅会导致意外发生,甚至还会有生命危险。

一、游泳场地安全

游泳场地的卫生与安全,是游泳运动的基础。游泳前,一定要对游泳场地做到心中有数。

(1)游泳水域要无污染。特别是室外游泳,一定要注意所要游泳的河水、湖水、水库等的水质要清澈、无浑浊、无污染。

(2)游泳的水域要没有有害生物侵袭。如海中游泳要防止牡蛎等能分泌毒素的生物侵袭。

(3)不在不熟悉的水域游泳。急流处、两条河流的交汇处以及有落差的河流湖泊,均不宜游泳。一般来说,凡是水况不明的江河湖泊都不宜游泳。恶劣天气如雷雨、刮风、天气突变等情况下,也不宜游泳。

(4)在室内游泳池游泳时上岸、下岸要注意防止滑倒、摔倒。

(5)冬泳注意事项。要防止被冰碴划伤,更严禁在冰下游泳。更换衣服要有避风场所。

二、个人体质安全

游泳并不适合所有人锻炼,有下列情况者,要谨慎游泳或禁止游泳。

(1)身体患病者不要去游泳。中耳炎、心脏病、皮肤病、过敏性皮炎、肝疾病、肾疾病、高血压、癫痫、红眼病等慢性疾病患者参加游泳运动,不但容易加重病情,而且还容易发生抽筋、意外昏迷,危及生命。传染病患者易把病传染给别人。另外,女同学月经期间不宜游泳。

(2)身体不适不要去游泳。感冒、发热、精神疲倦、身体无力不适或虚弱、饭后、空腹、饮酒者不宜游泳。

(3)参加强体力劳动或剧烈运动后不能立即跳进水中游泳,尤其是在满身大汗、浑身发热的情况下,不可以立即下水,否则易引起抽筋、感冒等。

(4)有潜在不适者不适合游泳。有腿抽筋、头晕、头痛、恶心、呕吐、胸闷、耳痛、耳鸣、腹痛、腹胀、眼睛痒痛等情况的人员,不适合游泳。

三、泳前充分准备

(1)结伴游泳:单身一人去游泳一旦出险情时,很难保证能够得到妥善的救助,因此,无论是室内游泳还是室外游泳,一定要结伴去游泳,尤其是室外游泳更应如此。

(2)下水前要先在岸上做准备活动:热身10分钟左右,活动关节以及各部位肌肉。否则突然进行较剧烈的活动,容易使肌肉受伤或发生其他意外。可采用高抬腿、蹲下起立等四肢运动。

若是冬泳,下水前应脱衣服晾1~2分钟,散去体表过高的体温后,再下水。

(3)下水前,要把泳衣、泳帽、泳镜以及鼻夹、耳塞戴好:初学游泳的人,在入水之前最好先体验一下水温,如果有过冷或者过热的水温时尽量不要急于下水。不要跳水,避免腹部和睾丸直接受到水面的强烈打击。

(4)下水前适当补充食物:游泳者要在游泳之前,适当地补充一些水果、牛奶、糖果之类的食物,再下水游泳,以防止在游泳中发生头昏乏力等意外情况,但是,饱腹游泳亦会影响消化功能,还会产生胃痉挛,甚至呕吐、腹痛现象,因此,应忌讳饭后立即下水游泳。

(5)处于月经期的女生:应避免此时下水游泳,因为来月经期间,病菌容易通过水进入子宫、输卵管等处,引起感染,导致月经不调、经量过多或者经期延长。

四、泳后健康防护

(1)游泳后,要用干净水把全身再冲洗一遍,然后擦干穿好衣服,以免传染疾病。

(2)游泳后要注意恢复体力:可以通过补充运动饮料、放松训练、调试呼吸等手段恢复体力。

冬泳结束后,要迅速擦干,穿好衣服,并进行适当跑步、下蹲、做俯卧撑等运动来使体温恢复。

(3)游泳后忌马上进食:游泳后宜休息片刻再进食,否则会突然增加胃肠的负担,久而久之,容易引起胃肠道疾病。

第七章

其他运动

第一节 健美操

一、健美操的起源

新时代，随着物质生活水平的不断提高，人们的自我价值观念不断增强，追求美的心理趋向日益强烈。形体美是“美”的重要内容，“形体”分为姿态和体型。姿态就是我们平时的一举一动表现出来的行为习惯，而体型则是我们身体的外形。形体美主要指人体外形的匀称、和谐、健美，作为新时代的青年学生，尤其希望自己能拥有一个让人羡慕的美的身体形态。美的体态无时不存在于你的举手投足之间，优雅的体态是人有教养、充满自信的完美表达。美好的体态，使你气质高雅，更显年轻。运用优美得体的形体语言与别人交流，会取得好的交际效果。塑造形体美有多种方式和途径，而健美操是近年来培养人体健康美的一种新兴体育项目。

健美操源于英文原名“aerobics”，意为有氧运动、健身健美操。健美操运动源于20世纪70年代末。80年代初，美国影视、健身明星简·方达，根据自己的健身经验和体会，于1981年编写出版了《简·方达健美术》引起了世界的轰动，她从“节食”“药物”等减肥法的失败中吸取了教训，走上以体育锻炼，特别是用健美操来保持身体健美的道路。她以自己的名声和现身说法，对健美操在世界范围内的推广做出了贡献，这对健美操运动在全世界的发展起到了积极的作用。1979年以来，世界性健美操热传到我国，并迅速流行起来，健美操渐渐成为女性保持身体健美苗条的一个代名词。

近年来，随着人们健康观念的更新，参与锻炼的人越来越多，喜爱健美操的人也越来越多，健美操成为人们日常培养人体健康美的一种重要形式。虽然健美操运动发展历史不长，但是健美操运动以其生动活泼、轻松自如的运动形式早已被大众所接受。健美操不仅展现动作的“健”与“力”，而且更强调“美”，将人体语言艺术和体育美学融为一体。健美操可以增强体质，促进青少年身体发育日臻完美，追求健康美，使人积极向上、朝气蓬勃，自觉抵制消极颓废思潮对校园文化的侵蚀。目前，健美操以自我锻炼、自我塑造、追求健与美的全面协调统一的发展而为广大同学所接受，给校园注入了新的活力。

二、健美操的概念

健美操是在音乐的伴奏下，以身体练习为基本手段，以有氧运动为基础，达到增进健康、塑造形体和娱乐目的的一项运动。

健美操是一项融合体操、舞蹈、音乐、健身、娱乐于一体的体育项目。它大量吸收了迪斯科舞、爵士舞、霹雳舞中的上下肢、躯干、头颈和足踩动作，特别是它的髋部动作，经过再创造按照全面协调发展身体的要求组编成操，在音乐的伴奏下能够增进健康，培养正确体态，塑造美的形体，陶冶美的情操。健美操是深受广大群众喜爱的、普及性极强的一项体育项目。

三、健美操的特点

（一）高度的艺术性

健美操是融体操、舞蹈、音乐、健身、娱乐于一体的追求人体健与美的运动项目，因此，健美操属于健美体育的范畴，具有高度的艺术性。健美操的艺术性主要体现在其“健、力、美”的项目特征上。“健康、力量、美丽”是有史以来人类所追求的身体状况的最高境界，而健美操运动中，无论是健身健美操，还是竞技健美操，无不处处表现出“健、力、美”的特征，包含着高度的艺术性，这也正是人们热爱健美操运动的原因之一。健美操运动协调、流畅、有弹性，练习者不仅锻炼了身体、增强了体质，而且从中得到了“美”的享受，提高了艺术修养。健美操运动员在比赛中所表现出的健美的体魄、高超的技术、流畅的编排和充沛的体力等，无不给观众留下深刻的印象，充分体现出健美操运动的魅力。

（二）强烈的节奏性

健美操动作具有强烈的节奏性，并通过音乐充分地表现出来，因此音乐是健美操运动不可缺少的组成部分。健美操音乐的特点是节奏强劲有力、旋律优美，具有烘托气氛、激发人们情绪的效应。健美操运动之所以深受人们喜爱，除练习本身的功效性、动作的时代感外，重要的因素之一是现代音乐给健美操带来的活力。健美操运动与音乐的强烈的节奏性使健美操练习更具有感染力，使健美操比赛和表演更具有观赏性。

（三）广泛的适应性

健美操练习形式多样，节奏有快有慢，套路有长有短，运动量和运动强度大小可以任意调节，容易控制，对场地器材的要求也不高，因此，对不同年龄层次、不同性别、不同身体素质、不同技术水平的人都适宜，各种人群都能从健美操练习中找到适合自己的方式，从中得到乐趣。另外，健美操运动生动活泼、轻松自如的运动形式极易被大众所接受。例如，中老年人可选择低强度的有氧练习，达到锻炼身体、娱乐身心、保持健康的目的；而具有较好身体素质、有意进一步提高的年轻人，可选择难度较高、运动量较大的竞技健美操作为练习的手段，通过竞技健美操练习，不仅锻炼了身体，而且可提高技术水平，满足进取心要求。因此，健美操运动具有广泛的适应性。

四、健美操的分类

健美操可分健身健美操、表演健美操和竞技健美操三大类。健身健美操是普及性的，没有统一要求，适合所有年龄段的人。表演性健美操的主要练习目的是“表演”，它是事先编排好的、专为表演而设计的成套健美操，以达到烘托气氛、感染观众、增强表演效果的目的。竞技健美操根据竞技健美操规则的要求进行编制、训练、比赛。健美操分类见表 7-1-1。

表 7-1-1 健美操分类

健身健美操			表演健美操	竞技健美操
徒手健美操	轻器械健美操	特殊场地健美操		
一般健美操	健身球操	水中健美操	拉丁健美操	男子单人
搏击健美操	踏板操	固定器械健美操	街舞	女子单人
瑜伽健身术	哑铃操	功率自行车操	搏击健美操	混合双人
拉丁健美操	橡皮筋操			三人
街舞				混合六人

(一)竞技健美操

竞技健美操是在健身性健美操的基础上发展起来的,以成套动作为表现形式,在音乐的伴奏下,展示完成连续复杂的高强度动作的能力。竞技健美操是以竞技比赛为目的的比赛项目,比赛严格按照规则进行,动作设计上更加多样化,强调艺术性。

成套动作必须通过所有动作、音乐和表现的完美融合体现创造性。作为竞技运动,它的比赛由以下几项目组成:男子单人、女子单人、混合双人、三人(三名运动员性别任选)、集体操(五人性别不限)、有氧舞蹈、有氧踏板。

竞技健美操在练习场地的大小、练习人数的多少、特定动作、动作节奏快慢等方面有严格统一的标准,必须按规则进行,不得擅自更改。单人比赛时间限制在 1 分 30 秒,上下浮动 5 秒。混双、三人、集体比赛时间限制在 1 分 45 秒,上下浮动 5 秒。单人比赛场地为 7 米×7 米(混双、三人、集体操场地为 10 米×10 米)。比赛服装也有专门的规定,一般为紧身的专业健美操服装,比赛有专门的竞赛规则,对每一具体细节都做出详细的说明。

动作的特殊要求包括以下内容:

(1)艺术性。成套动作艺术性的要求是充满活力,有创造性,以健美操方式表现动作设计和流畅的过渡动作。成套动作必须显示身体双侧的力量和柔韧性而不重复同一动作。

(2)完成。任何未按竞技健美操定义完成的动作都将被扣分。混双和三人(六人)成套中最多允许 3 次托举或支撑配合动作,包括开始和结束。

(3)难度。至少每类难度动作各一个,难度分别是 10 个最高难度动作的总分。

(二)健身健美操

健身健美操以“锻炼身体、保持健康”为主要练习目的。其特点是动作简单,实用性强,音乐速度较为缓慢,为保证一定的运动负荷和锻炼的全面性,动作多有重复,并多以对称形式出现。

健身健美操的目的在于增进健康,可为社会不同年龄层次的人所采用。它根据练习对象的需求进行创编,动作简单易学,节奏稍慢,时间长短不等,可编排 5 分钟到 1 小时。例如,美国著名健美操明星简·方达所编的初级健美操,一套有 27 分钟。在日本,一般的健美操时长约为 1 小时。目前,我国健身健美操运动开展非常广泛,各种成套健美操动作的练习时间、场地、人数、内容、动作名称、节奏快慢等没有统一的标准，可以根据练习者的需要进行编排。大众健美操按一定的特征，还可归为以下几类：

(1)根据练习的主要目的和任务，可分为大众健美操和竞技健美操。

(2)根据练习形式，可分为徒手健美操、轻器械健美操。

(3)根据练习者的性别特征，可分为女子健美操和男子健美操。

(4)根据练习者不同年龄阶段的特征，可分为幼儿健美操、儿童健美操、少年健美操、青年健美操、中年健美操和老年人健美操。

(5)根据人体解剖结构特征，按身体部位常可分为颈部健美操、肩部健美操、臂部健美操、胸部健美操、腰腹健美操、髋部健美操、腿部健美操和足踝健美操。

(6)根据动作的内容特征，可分为形体健美操、姿态健美操、跑跳健美操和垫面健美操等。

(三)表演健美操

表演健美操的主要练习目的是“表演”，它是事先编排好的、专为表演而设计的成套健美操，时间一般为 2～5 分钟。表演性健美操的动作较健身性健美操动作复杂，音乐速度可快可慢，并为了保证一定的表演效果，动作较少重复，也不一定是对称性的。在参与的人数上可是单人，也可是多人，并可在成套中加入队形变化和集体配合的动作。表演者可以利用轻器械，如花环、旗子等；还可采用一些风格化的舞蹈动作，如爵士舞等，以达到烘托气氛，感染观众，增加表演效果的目的。因为表演健美操的动作比健身健美操的动作复杂多变，所以对参与者的身体素质要求较高，不仅要具备较好的协调性，还要有一定的表演意识和集体配合的意识。

1. 拉丁健身操

拉丁健身操来源于国标中的拉丁舞，但绝对不强调基本步伐，更确切地说，它是健身操的一种，强调能量消耗，对动作的细节要求不高，注重运动量和对髋、腰、胸、肩部关节的活动。

拉丁操自由随意，热情奔放，节奏明显。它的锻炼侧重点在于腰和髋部，同时可使大腿内侧得到充分锻炼。拉丁健身操的另一个特点是在热烈奔放的拉丁音乐中感受南美风情，同时在健身操中增加舞蹈元素，在锻炼之外更可自我享受。拉丁健身操要求参与者须百分之百的情绪投入，越是淋漓尽致地把拉丁的感觉发挥出来，就越能在音乐中释放情绪，燃烧激情的同时，也让你的脂肪一起燃烧。

适合人群：运动量少而腰围、臀围过大的白领一族。

注意事项：最好选择鞋底柔软的运动鞋；全情投入，跟随音乐扭动髋部和腰部，正常呼吸。

2. 街舞

所用音乐一般为“Hip Hop”或“Punk”，由黑人街头即兴舞蹈演变而来。现在融入了有氧舞蹈，有更多的趣味性，一样可以达到减肥瘦身的效果。如可以增进协调性、心肺功能，甚至肌力等，所以有的专业有氧教练也将 Disco、Jazz 等各类型的舞蹈加以整合，让你在一堂课里不断吸收新奇好玩的舞步，又可达到减肥塑身的目的。

适合人群：喜爱欧美流行音乐、有一定健美操基础的人群。

注意事项：运动强度可根据对动作的掌握、对音乐的理解自行调节，可作为提高协调性的减脂运动，最重要的是调节心情、缓解压力、追求与众不同的感觉。

3. 搏击操

搏击操最早是由欧洲的搏击选手与职业健身操运动员推出的。而其具体形式都是将拳击、空手道、跆拳道、功夫，甚至一些舞蹈动作混合在一起，并配合强劲的音乐，成为一类风格独特的有氧健身操。一节完整的搏击操会消耗大量的热量，由于搏击操动作多变，包括如直拳、勾拳、摆拳、正踢、侧踢、侧蹬等搏击动作，而且在做每个动作时要求迅猛，有爆发力，所以在锻炼全身每一块肌肉的同时，我们身体的弹性、柔韧性及反应速度也将得到前所未有的提高。尤其是搏击操中的所有动作几乎都要求腰腹保持平衡并发力，所以一节课下来对腰腹部的锻炼超过了任何其他健身方式。

适合人群：脂肪堆积过多的年轻人。

注意事项：搏击操运动强度较大，如出现低血糖，请先休息片刻后再决定是否继续。若发生腿部疲劳、人体局部疼痛不适、眩晕、心率过快等情况，请停止练习。

五、健美操的锻炼价值

健美操属于有氧运动、一般采用徒手或手持轻器械进行练习，其运动特征是在氧供应充足的情况下持续一定时间、中低强度的全身性练习，主要锻炼练习者的心肺功能，是项很有实用锻炼价值的运动项目。

（一）祛病强身，增进健康

经常参加健美操锻炼，可以提高人体心肺功能，增加肺活量，减少心肺系统呼吸疾病；可以增强肌肉力量，塑造强健体魄；可以消耗大量能量，刺激肠胃蠕动，增强消化机能，有助于营养物质的吸收和利用，从而提高对疾病的抵抗能力；还可以发展身体的柔韧性、协调性和灵敏性，增强肌肉与关节的活动能力，延缓肌肉与附着组织的退化和衰老的过程，使身体动作更加灵活、富有朝气。

（二）缓解压力，娱乐身心

随着时代的发展和社会的进步，人们会受到来自各方面的精神压力，长期的精神压力会引发很多生理疾病，如高血压、心脏病、癌症等。而健美操以其优美的动作、强烈的音乐、锻炼的全面性帮助练习者忘却烦恼，忘掉失意，尽情享受健美操带来的欢乐，获得内心的平静，从而缓解精神压力，养成良好的心态。

（三）塑造形体，培养气质

长期进行健美操锻炼有利于肌肉、关节、骨骼的匀称和均衡发展，有利于消除体内多余的脂肪，降低体重；还有利于改善不良的身体姿态，弥补先天的体型缺陷，形成优美的体姿，从而表现出一种良好的气质和修养，给人以朝气蓬勃、健康靓丽的感觉。

六、健美操的基本步法

基本步法是健美操动作中的最小单位，是组成组合动作、成套动作的基础。通过基本步法的练习，可以提高练习者的协调性、节奏感和韵律感。

健美操基本步法分为无冲击、低冲击和高冲击三类动作。

(一)无冲击类动作——两脚始终接触地面(图 7-1-1)

图 7-1-1　无冲击类动作

(二)低冲击类动作——有一只脚始终接触地面

1. 踏步动作(图 7-1-2)

图 7-1-2　低冲击类动作

2. 点地动作(图 7-1-3)

脚尖点地

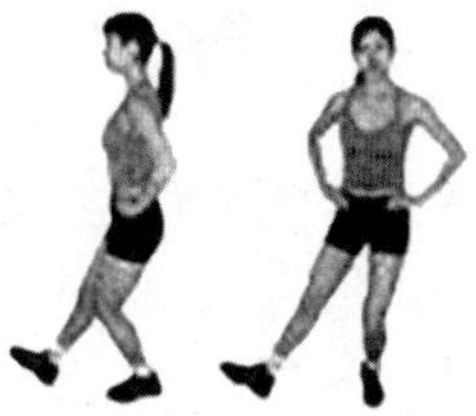

脚跟点地

图 7-1-3　点地动作

3. 迈步动作(图 7-1-4)

开步

迈步点地

迈步后屈腿

迈步吸腿

侧交叉步

图 7-1-4　迈步动作

4. 单脚抬起动作(图 7-1-5)

吸腿 踢腿 摆腿 弹腿

图 7-1-5 单脚抬起动作

(三)高冲击类动作——双脚同时离地,有腾空动作

1. 迈步跳动作(图 7-1-6)

并步跳 迈步吸腿跳 迈步后屈腿跳

图 7-1-6 高冲击类动作

2. 双脚起跳动作(图 7-1-7)

并步跳 开合跳 弓步

图 7-1-7 双脚起跳动作

3. 单脚起跳动作(图 7-1-8)

吸腿跳 屈腿跳

弹踢腿跳　　　　摆腿跳

图 7-1-8　单脚起跳动作

4. 后踢腿跑动作(图 7-1-9)

图 7-1-9　后踢腿跑

七、上肢基本动作及手形

(一)上肢基本动作(图 7-1-10)

(1)自然摆动:屈肘前后摆动,可以同时或依次摆动(图 7-1-10①)。
(2)臂屈伸:上臂固定,肘屈伸。臂屈时肱二头肌收缩,臂伸时肱三头肌收缩(图 7-1-10②)。
(3)直臂上摆:臂由下摆至前平举或侧平举(图 7-1-10③)。
(4)冲拳:握拳至腰间冲至某位置。
(5)屈臂提拉:臂由下举至胸前平屈。
(6)推:手掌由肩推至某位置。

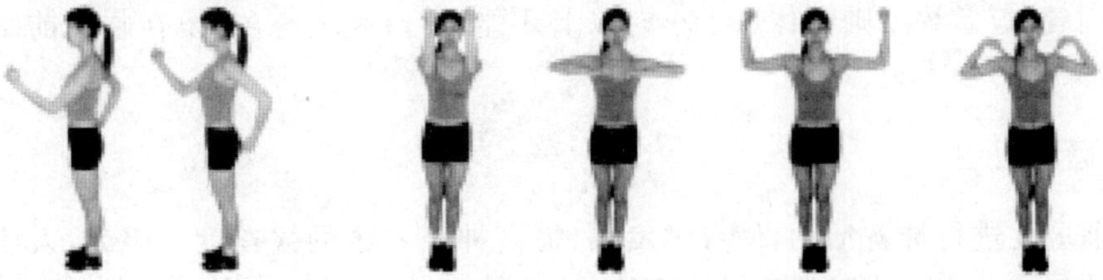

胸前上屈　胸前平屈　肩侧上屈　肩侧屈

①　　　　②

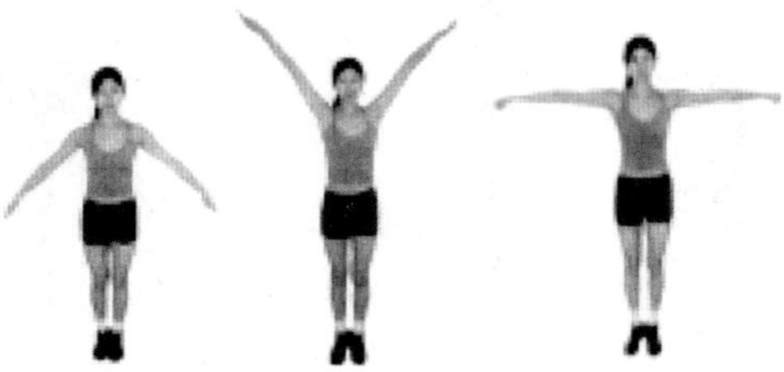

图 7-1-10　上肢基本动作

(二)健美操的手形(图 7-1-11)

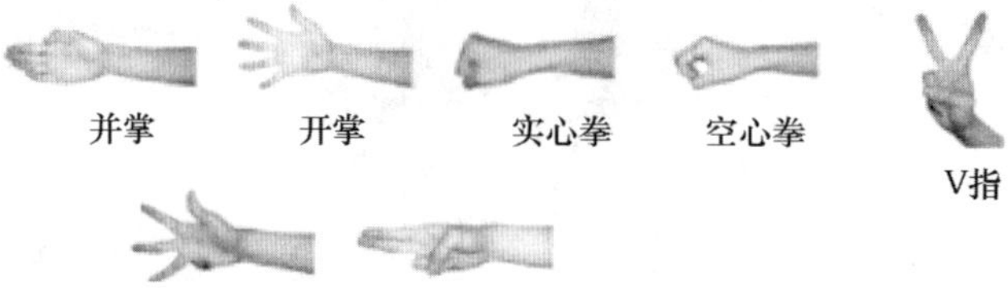

图 7-1-11　手形

八、健美操练习常识

跳健美操要想取得理想的锻炼效果,必须科学地安排练习时间与次数,并注意运动卫生。

(一)合理安排练习时间与次数

进行健美操练习,可根据自己的工作、学习情况及生活习惯,安排在早上、白天或晚上。其中以下午 3 时至晚上 8 时这段时间为最好,因为在这段时间内,体力比较旺盛,另外工作之后进行锻炼也可以起到消除疲劳的作用。每周安排 2～3 次,每次 1～2 小时,如在饭前练习要休息半小时才能用餐,饭后练习则要休息 1 小时以上才能进行;晚上练习,要在临睡前 2 小时结束,以免因过度兴奋影响入睡。

(二)注意运动卫生

跳健美操前应先进行准备活动,使身体发热,提高神经系统的兴奋度。因为,人体从安静状态进入运动状态需要克服内脏器官的生理惰性,开始运动应逐渐加强,这样,血液循环和气体交换才能逐渐得到改善;新陈代谢才能逐渐旺盛,使关节、肌肉、韧带的柔韧性和灵活性增强,既可以防止损伤,又可以使肌体做好机能上的准备。练习完毕,要做整理活动,使运动时流入肌肉中的血液慢慢流回心脏,机体逐渐恢复平静状态,紧张的肌肉得到舒展和放松。运动后洗热水澡,能使全身感到舒适、精神焕发,精力更加充沛。

九、健美操锻炼相关细节

健美操融体操、舞蹈、音乐为一体，以有氧练习为基础，为广大青少年所青睐，但是跳健美操要想取得良好的效果，一些细节不能忽视。

(一)着装

从着装上讲，参加健美操锻炼应根据季节的变化和练习环境的温度适当变化着装。一般穿弹性好的服装，特别强调运动时一定穿弹性好的、柔软性强的运动鞋，穿运动袜子。运动鞋不仅要大小合适，而且要有衬垫，并具备一定的弹性和弯曲性，因为健美操对下肢关节及足弓具有一定冲击力，穿舒适的鞋袜可以起到保护作用，避免受伤。切忌穿高跟鞋和厚底鞋。

(二)热身

跳健美操前必须做热身运动。充分的准备活动能使关节、韧带、肌肉温度升高，增加身体灵活性，提高神经系统兴奋程度和心血管活动水平，从而防止运动伤害的发生。天气较暖时，身体容易活动开，热身运动的时间可短一些；天凉时，活动时间要稍长些。通常情况下，热身运动的时间应控制在总锻炼时间的20%左右，做到身体感觉发热为宜。

(三)时长

在健美操锻炼时，要根据自身的体质和运动负荷的承受能力，适当安排运动时间、强度。勉强锻炼不仅不利于健身，反而会给身体带来不良影响。

(四)放松

放松运动是健美操锻炼时一个不可忽视的环节，通过放松运动可使心脏较快地恢复到正常工作状态，可促进整个机体较快地得到恢复，还能加速乳酸的消除，可避免肌肉充血、僵硬。

(五)饮食

饮食也会对跳健美操效果产生重要影响。一般进食后需间隔1.5～2.5小时才可进行健美操锻炼，若饭后休息时间短，则食量可少一些。原则上应是运动前的一餐食量不宜过多，并且应吃一些易于消化，且含有较多糖、维生素和磷的食物，同时应尽量少吃含脂肪、纤维素及具有刺激性、易致过敏的食物。运动后，应休息30分钟以后再进食，可多进食些高能量、低脂肪、含蛋白质多的食物。在锻炼过程中应注意及时补充水分，以保证身体健康和正常机体的需要。补充水分的方法最好是少量多饮，随时保持体内水的平衡。空腹锻炼不可取，如果长期空腹锻炼，会导致体重急剧下降，脏器功能受损，产生疾患，影响健康。

(六)动作

1. 动作的规范性

动作的规范性建立在动作的标准性上，因此，练习时肢体的位置、方向及运动的路线一定要准确。注意动作的速度、肌肉力度和动作幅度，使肌肉充分拉长与收缩，这样才能达到动作的整体效果。

2. 动作的弹性

动作富有弹性是健美操特点之一，动作的弹性所涉及的身体部位很多，因此练习时要注意肌肉的收缩与放松，使动作富有弹性，节奏均匀，避免动作过分僵硬和关节的过度伸展。

3. 动作的节奏感

掌握好动作节奏对健美操练习非常重要。练习者要想表演出较好的动作，必须具有一定的肌肉控制能力、音乐节奏感以及动作的完成能力。因此在练习时，要重视开发、训练动作的节奏感，在听懂音乐节奏的基础上慢慢掌握动作的节奏感。

十、《全国健美操大众锻炼标准》第三套大众一级动作图解

主要步伐：一字步、侧并步、踏步、点地、迈步吸腿、吸腿、迈步后屈腿、交叉步、V 字步、A 字步、弹踢腿、漫步。见表 7-1-2 至表 7-1-5。

表 7-1-2　组合一

<table>
<tr><td colspan="2">1×8</td><td colspan="2">
1 2 3 4 5 6 7 8</td></tr>
<tr><td colspan="2">节拍</td><td>下肢步伐</td><td>上肢动作</td></tr>
<tr><td colspan="2">预备姿势</td><td>站立</td><td></td></tr>
<tr><td>一</td><td>1～8</td><td>右脚一字步 2 次
(2 easy walk)</td><td>1～2 双臂胸前屈，3～4 后摆，5 胸前屈，6 上举，7 胸前屈，8 放于体侧</td></tr>
</table>

续表 7-1-2

<table>
<tr><td colspan="2">1×8</td><td colspan="2">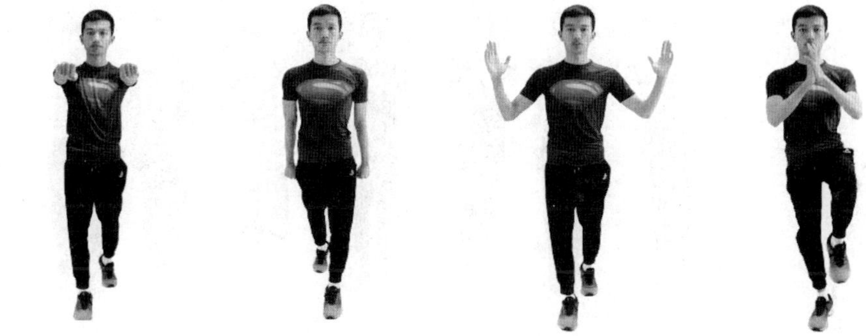
1 2 3 4</td></tr>
<tr><td colspan="2">节拍</td><td>下肢步伐</td><td>上肢动作</td></tr>
<tr><td>二</td><td>1～8</td><td>右脚一字步 2 次
(2 easy walk)</td><td>吸腿时击掌，5～8 同 1～4</td></tr>
<tr><td colspan="2">1×8</td><td colspan="2">
1 2 3 4 5 6 7 8</td></tr>
<tr><td colspan="2">节拍</td><td>下肢步伐</td><td>上肢动作</td></tr>
<tr><td>三</td><td>1～8</td><td>侧并步 4 次(单单双)
[step touch(SSD)]</td><td>1 右臂肩侧屈，2 还原，3 左臂肩侧屈，4 还原，5 双臂胸前平屈，6 还原，7～8 同 5～6</td></tr>
<tr><td colspan="2">1×8</td><td colspan="2">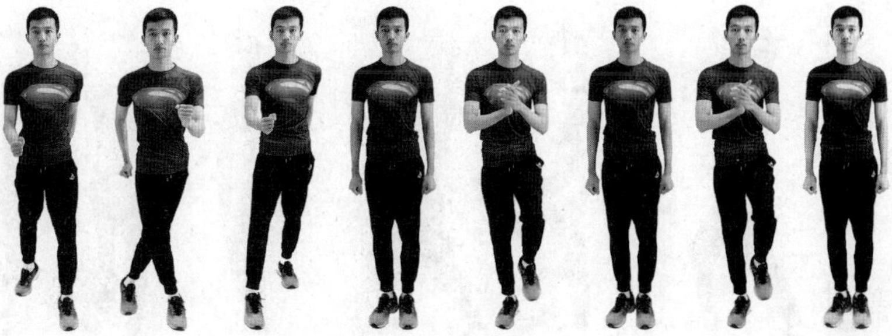
1 2 3 4 5 6 7 8</td></tr>
<tr><td colspan="2">节拍</td><td>下肢步伐</td><td>上肢动作</td></tr>
<tr><td rowspan="2">四</td><td>1～4</td><td>左脚十字步(box step)</td><td>自然摆动</td></tr>
<tr><td>5～8</td><td>踏步 4 次(4 march)</td><td>5 击掌，6 还原，7～8 同 5～6</td></tr>
<tr><td colspan="4">第 5～8 个八拍，动作相同，但方向相反</td></tr>
</table>

表 7-1-3　组合二

<table>
<tr><td colspan="2">1×8</td><td colspan="2">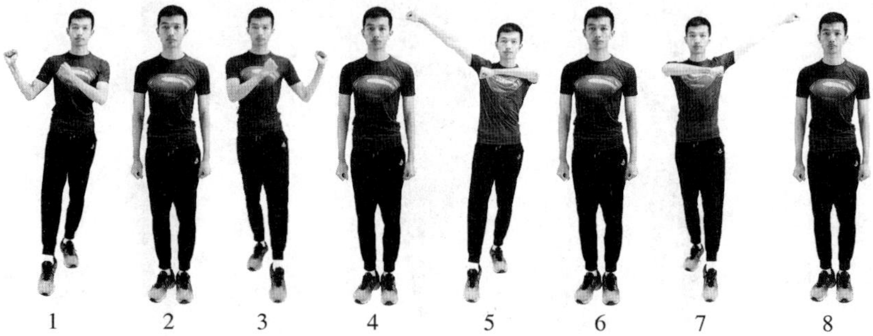</td></tr>
<tr><td colspan="2">节拍</td><td>下肢步伐</td><td>上肢动作</td></tr>
<tr><td>一</td><td>1～8</td><td>右脚开始前点地 4 次(4 tap front)</td><td>1 双臂屈臂右摆，2 还原，3 左摆，4 还原，5 右摆成右臂侧斜上举，左臂胸前平屈，6 还原，7～8 同 5～6 但方向相反</td></tr>
<tr><td colspan="2">1×8</td><td colspan="2"></td></tr>
<tr><td colspan="2">节拍</td><td>下肢步伐</td><td>上肢动作</td></tr>
<tr><td rowspan="2">二</td><td>1～4</td><td>向右弧形走 270 度(4 march turn)</td><td>自然摆动</td></tr>
<tr><td>5～8</td><td>并腿半蹲 2 次(2 squat)</td><td>5 双臂前举，6 右臂胸前平屈(上体右转)，7 双臂前举，8 放于体侧</td></tr>
<tr><td colspan="2">1×8</td><td colspan="2"></td></tr>
<tr><td colspan="2">节拍</td><td>下肢步伐</td><td>上肢动作</td></tr>
<tr><td>三</td><td>1～8</td><td>左脚开始两次上步，吸腿转体 90 度(2 step knee)</td><td>1 双臂前举，2 屈臂后拉，3 前举，4 还原，5～8 同 1～4</td></tr>
</table>

续表 7-1-3

1×8		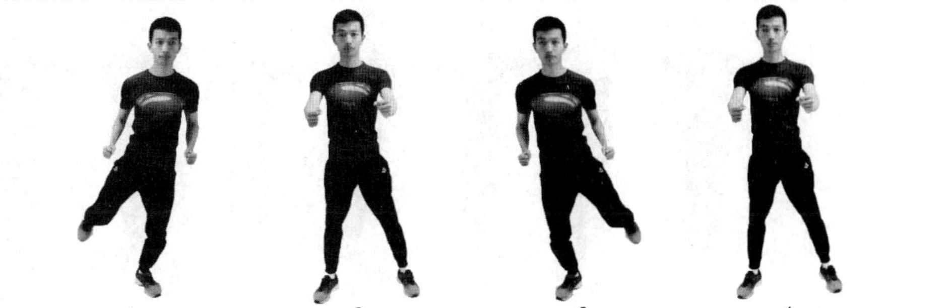 1　2　3　4	
节拍		下肢步伐	上肢动作
四	1～8	上步后屈腿 4 次（4 step curl）	自然摆动，向前时胸前交叉
第 5～8 个八拍，动作相同，但方向相反			

表 7-1-4　组合三

1×8		 1　2　3　4　5～6　7～8	
节拍		下肢步伐	上肢动作
一	1～4	向右交叉步(grapevine)	1～3 双臂经侧至上举，4 胸前平屈
	5～8	右腿半蹲(squat)	5～6 双臂前举，7～8 放于体侧
1×8		 1　2　3　4　5　6　7　8	
节拍		下肢步伐	上肢动作
二	1～8	侧点地 4 次(单单双)[4 tap side (SSD)]	1 右臂左前举、左臂屈肘于腰间，2 双臂屈肘于腰间，3～4 同 1～2 但方向相反。5～8 同 1～2 重复 2 次

续表 7-1-4

1×8		 1 2 3 4 5 6 7 8	
节拍		下肢步伐	上肢动作
三	1～8	左腿开始向前走 3 步 + 吸腿 3 次(walk fwd + 3 knee up)	1 双臂肩侧屈,2 胸前交叉,3 同 1,4 击掌,5 肩侧屈,6 腿下击掌,7～8 同 1～2
四	1～8	右腿开始向后走 3 步 + 吸腿(3 次 walk bwd + 3 knee up)	同上
第 5～8 个八拍,动作相同,但方向相反			

表 7-1-5　组合四

1×8		 1 2 3 4 5 6 7 8	
节拍		下肢步伐	上肢动作
一	1～8	右腿开始 V 字步 + A 字步(X step)	1 右臂侧斜上举,2 双臂侧斜上举,3～4 击掌 2 次,5 右臂侧斜下举,6 双臂侧斜下举,7～8 击掌 2 次
1×8		 1 2 3 4 5 6 7 8	
节拍		下肢步伐	上肢动作
二	1～8	弹踢腿跳 4 次(单单双)[4 flick (SSD)]	1 双臂前举,2 下摆,3～4 同 1～2,5 前举,6 胸前平屈,7～8 同 1～2

续表 7-1-5

1×8		 1　2　3　4	
节拍		下肢步伐	上肢动作
三	1～8	左腿漫步 2 次(2 mambo)	自然摆动
1×8		 1　2　3　4　5　6　7　8	
节拍		下肢步伐	上肢动作
四	1～8	迈步后点地 4 次	1 右臂胸前平屈,2 右臂左下举,3～4 同 1～2 但方向相反,5 右臂侧斜上举,6 右臂左下举,7～8 同5～6但方向相反
第 5～8 个八拍,动作相同,但方向相反			

中国健美操协会：成立于1992年9月，英文名称：CHINESE AEROBIC ASSOCIATION，缩写CAA。本团体是由从事健美操运动的团体和个人自愿结成的专业性的、全国性的、非营利性的社会组织。是中华体育总会的团体会员，是中国奥林匹克委员会承认的唯一的全国性健美操运动协会，是代表中国参加国际体操联合会及相应的国际健美操活动的唯一合法组织。

本团体接受业务主管单位国家体育总局和登记管理机关中华人民共和国民政部的业务指导和监督管理。本团体住所:北京市崇文区体育馆路5号。中国健美操协会的成立，标志着我国健美操运动进入一个有组织、有计划发展的新时期。1995年成立了健美操裁判委员会，1996年成立了教练员技术委员会。

中国健美操协会
CAA

第二节 跳 绳

一、跳绳简介

跳绳，是单人或多人手持绳，身体腾空，使绳跃过头顶通过脚下绕身体摇动的一项民间体育运动。曾经它只是孩子们的游戏，在唐朝称为“透索”，宋朝称为“跳索”，明朝称为“跳百索”“跳白索”“跳马索”，清朝称为“绳飞”，清末以后称作“跳绳”。如今，跳绳不仅仍是一项极佳的健体运动，而且已成为现代体育竞技项目。

二、跳绳的特点

(一)普及性

跳绳可简可繁，简单易学，不受场地限制，可随时随地进行锻炼，男女老幼皆可参与。

(二)健身性

跳绳是一项全身协调动作的运动，可增强心肺功能，锻炼身体灵活性和肌肉力量，有效训练个人的反应和耐力，有助于保持个人体态，提高身体素质，增进身体健康水平。对青少年来说，还有促进长高、提高记忆力和智力水平的作用。

(三)竞技性

跳绳运动是一项体能与技能较量的项目，可让人有力争上游、寻求突破的动力，具有很强的竞技性。

(四)趣味性

跳绳融娱乐和竞技于健身运动之中，不仅可以强身健体，还可以和舞蹈、健美操、音乐等完美融合，优美协调的动作，给人以美的享受，具有很强的观赏性和娱乐性。

(五)多样性

跳绳花样繁多，形式和内容多样，团体跳绳可以培养集体主义观念和团结协作精神。

三、跳绳运动的分类

(一)趣味类跳绳

一般是以跳绳运动为基础，用游戏活动的方式开展的团体活动，集运动与娱乐于一身，活动规则灵活多样。

(二)体能类跳绳

体能类跳绳是按照跳绳运动的标准和规则进行，从而提高或考验训练者的体能。

(三)花样类跳绳

在跳绳过程中加入手、腿、脚上的各种动作，考验训练者动作的协调与灵活性。

(四)表演类跳绳

表演类跳绳是传统的跳绳运动与音乐、舞蹈、武术、健美操等元素相融合，是事先编排好的、专为表演而设计的成套动作，以达到烘托气氛，感染观众，增加表演效果的目的。

四、跳绳运动的竞赛项目

(一)计数赛

计数赛是指通过规定时间或者最大限度地完成跳绳动作的数量，来体现运动员的基本体能和基本技能的比赛形式。

(二)花样赛

运动员须每人一绳，按照跳绳运动的基本规律，合理运用身体姿势的变化或配合完成跳绳套路，全面展示跳绳运动的技巧性和艺术性的比赛形式。包括：个人或二人、四人花样跳绳，二人车轮跳花样和三人、四人双绳交互摇花样跳绳。

(三)表演赛

表演赛是指通过多样的表现形式，丰富的表现内容，以及队员之间的技巧配合，全面展示跳绳运动的多样性、观赏性和创意性的比赛形式。

五、注意事项

(一)运动前准备

运动前需热身，这部分也称为伸展运动。

(1)先做一些徒手练习让肌肉兴奋起来，比如模仿跳绳的跳跃动作。(1 分钟)

(2)伸拉小腿腓肠肌和跟腱，这两个部位最重要，因为整个跳绳过程中它们始终处于高度紧张状态。两腿前后开立，后腿绷直，脚跟紧贴地面，前腿向正前方弯曲，即常说的弓箭步。然后仰卧于垫子上，一条腿抬起伸直，用跳绳套住足弓，双手慢速用力将腿向躯干方向牵拉。每条腿做 30 秒。(2 分钟)

(3)肩部运动。将跳绳对折，双手握住绳子两端将其拉直，两手之间距离略宽于肩。双手用力保持绳子紧绷，同时模仿皮划艇划桨动作。(1 分钟)

(4)四肢运动。俯卧于垫子上,将跳绳套住右脚脚踝,右手握住跳绳两支手柄,慢速用力将小腿以膝关节为轴向臀部方向前拉,保持绳子的张力 20 秒。同样动作用左腿左手重复一遍。

(5)拉伸大腿肌腱。仰卧于垫子上,左膝弯曲,用跳绳绕过胫部,阻止左腿的自然伸直,双手缓慢用力牵拉,使小腿肚紧贴大腿背侧,保持 20 秒。右腿重复以上动作。

(6)拉伸背部肌肉及肌腱。站立向前屈体弯腰,膝关节保持放松,让肩膀和手臂自然下垂,保持放松,持续 20 秒。

(7)向外展体。将跳绳对折,双手握住两端将绳拉紧,宽度略宽于肩,手臂向上举过头顶。腰向身体一侧弯曲,保持 10 秒,然后向相反方向重复以上动作。

(8)扩胸运动。身体直立,尽量水平展开双臂。肩关节收紧,使肩胛骨尽量靠拢,保持 20 秒。

(9)全身运动。双手握绳,在身体两侧做横“8”字形摆绳动作。同时做屈膝下蹲和还原动作。动作协调后可以把下蹲改为跳跃。

(10)完整的跳绳。以一个个完整的跳绳动作作为进入常规练习的过渡。每一跳之间不必衔接得过紧。这样可以让你慢慢适应接下来的练习。(2 分钟)

(二)安全备忘

(1)开始跳绳后,速度由慢到快、循序渐进。

(2)起跳和落地是前脚掌的“任务”,因为脚后跟着地,时间长了会产生很多隐患——大脑、脚踝和脊柱都有可能受到不同程度的损伤。跳绳时须放松肌肉和关节,脚掌和脚跟须用力协调,防止扭伤。胖人和中年妇女宜采用双脚同时起落。同时,上跃也不要太高,以免关节因过于负重而受伤。

(3)膝盖应微微弯曲,缓和膝盖、脚踝与地面接触时的冲撞。

(4)跳绳者应穿质地软、重量轻的高帮鞋,避免脚踝受伤。

(5)绳子软硬、粗细适中。初学者通常宜用硬绳,熟练后可改为软绳。绳子的长短应根据身高确定,一般来说,绳的长度相当于身高的一半或稍长 2~3 厘米为宜。

(6)地面一定要平坦,选择软硬适中的草坪、木质地板或铺有地毯、软垫的场地较好。不宜在松动的土地上练习,绳摩擦地面会扬起很多尘土,污染呼吸道,对眼睛也不好;也切莫在硬性水泥地上跳绳,以免损伤关节,并易引起头昏。

(7)跳绳的时间要避开饭前和饭后半小时之内。

(三)运动中的要点

1. 呼吸的重要性

跳绳时需要配合呼吸进行,用力时吐气,还原放松时吸气,而在基本跳跃动作 10~15 次的进行间调和气息,让身体为接下来的锻炼做好准备,并且依照这样的呼吸原则持续运动。

2. 操绳与身体位置需正确

在跳绳时手臂尽量贴近身体,用手腕用力。手心向下,不要向上翻起或相对。手臂上拉至伸直时,请避免挺腰,而绳子应是向上拉而非向前拉。

六、跳绳基本技术动作要领

(1)握绳方法。握有把(柄)的绳,手自然握住;握无把的绳,要把跳绳两端绕在手心和手背上,用拇指与食指第一、第二关节握住跳绳。

(2)量绳方法。跳绳的长短可用双脚开立(不应大于肩)或一脚踏在跳绳中间部位,两手握绳的两端,两臂屈肘与体侧呈直角,然后拉直跳绳即可。

(3)摇绳方法。①正摇绳。两手握绳,两臂自然屈曲,将绳置于体后,两手腕、手臂协调一致用力,将绳向上、向前摇起,当绳摇至头以上位置时,两手臂不停顿继续向下、向后摇绳,使绳绕身体周而复始地摇动。开始时,以两肩为轴,双臂双手腕同时用力,手臂摇绳动作比较大。技术熟练后,手臂摇绳动作可逐渐减小幅度,以两肘为轴,用两前臂和手腕配合摇绳。十分熟练后,可仅以两手腕的动作来摇绳。②反摇绳。动作与正摇绳动作相同,只是方向相反。

(4)停绳方法。当跳绳由后向前摇绳时,一脚向前伸,脚跟着地,脚尖抬起,使跳绳中段停在脚掌下。

七、大众跳绳一级套路动作

(一)左右甩绳(图 7-2-1)

动作要领:两手臂向前摇绳至一边体侧甩绳,绳子不过脚;接着甩绳至另外一边体侧,一拍一动,左右边各四次,完成左右甩绳。

(1)先学会单手前摇绳或后摇绳,再接着进行左右甩绳。

(2)左右甩绳时,注意两手腕自然放松、柔和地摇绳。

(3)膝盖与手部节奏一致,富有弹性。

(4)身体保持直立姿态,眼视前方,面带微笑。

图 7-2-1　左右甩绳

(二)并脚跳(图 7-2-2)

动作要领:两手持绳向前摇绳,双脚并拢跳跃过绳,绳子绕过身体一周,一摇一跳,连续完成并脚跳(即为并脚单摇跳)。

(1)先进行徒手摇绳练习,再接着单手带绳摇与跳动。

(2)并脚跳绳时,注意手腕自然放松、柔和地进行摇绳。

(3)膝盖与手部放松、节奏一致,踝关节与膝关节富有弹性,做到前脚掌着地。

(4)身体保持直立姿态,眼视前方,面带微笑。

图 7-2-2　并脚跳

(三)双脚交换跳(图 7-2-3)

图 7-2-3 双脚交换跳

动作要领:两手持绳向前摇绳,双脚分先后依次向前抬起跳跃过绳;一摇一跳,左右各 4 次,连续完成双脚交换跳。

(1)先进行徒手练习,再接着单手带绳摇与双脚交换跳动。

(2)做双脚交换跳时,手部动作应注意两手腕自然放松、柔和地摇绳,手与脚的节奏做到一摇一跳,一摇一抬腿。

(3)腿部动作,做抬脚时,踝关节与膝关节自然下垂、轻松抬腿,控制好高度,做到前脚掌着地,富有弹性。

(4)身体保持直立姿态,眼视前方,面带微笑。

(四)开合跳(图 7-2-4)

图 7-2-4 开合跳

动作要领:两手持绳向前摇,当绳子过脚置于空中时,两脚跳跃分开,膝盖微弯曲状态,当绳子快打地时,两脚合并,跳绳过绳,一拍一动,完成开合跳。

(1)先进行徒手练习,再接着单手带绳摇与双脚开合跳动。

(2)做开合跳时,注意两手腕自然放松、柔和地摇绳,手与脚的节奏注意做到一摇一跳,一开一合。

(3)做开合跳时,踝关节与膝关节注意放松,控制好节奏与过绳时机,做到前脚掌着地,富有弹性。

(4)身体保持直立姿态,眼视前方,面带微笑。

(五)弓步跳(图 7-2-5)

动作要领:两手持绳向前摇,当绳子过脚置于空中时,两脚分开成前后弓步动作,当绳子打地快过脚时,双脚并拢跳过绳。一拍一动,左右边各 4 次,完成弓步跳。

(1)先进行徒手练习,再接着单手带绳摇与双脚成弓步跳动。

(2)做弓步跳时,注意两手腕自然放松、柔和地摇绳,手与脚的节奏注意做到一摇一跳,一弓一并。

(3)做弓步跳时,踝关节与膝关节注意放松,控制好节奏与时机,做到前脚掌着地,富有弹性。

（4）身体保持直立姿态，眼视前方，面带微笑。

图 7-2-5 弓步跳

（六）并脚左右跳（图 7-2-6）

动作要领：两手持绳向前摇，当绳子过脚置于空中时，双脚并拢向右、左边跳，一拍一动，左右边各 4 次，完成并脚左右跳。

（1）先进行徒手练习，再接着单手带绳摇与双脚左右跳动。

（2）做左右跳时，注意两手腕自然放松、柔和地摇绳，手与脚的节奏注意做到一摇一跳，一左一右。

（3）做左右跳时，踝关节与膝关节注意放松，控制好节奏与时机，做到前脚掌着地，富有弹性。

（4）身体保持直立姿态，眼视前方，面带微笑。

图 7-2-6 并脚左右跳

（七）基本交叉跳（图 7-2-7）

动作要领：两手持绳摇，此动作分成两拍完成，第一拍两手为直摇绳，第二拍两手为交叉摇绳，一拍一动，开与合各 4 次，完成基本交叉跳。

（1）先进行徒手练习，原地静止练习手部动作做交叉摇绳，再接着带绳做交叉跳动。

（2）做间隔交叉单摇跳时，注意两手腕自然放松、柔和地摇绳，注意摇绳时手部交叉的位置，另外，手与脚的节奏注意做到一摇一跳，一开一合。

（3）下肢部位踝关节与膝关节注意放松，控制好节奏与绳过脚的时机，做到前脚掌着地，富有弹性。

（4）身体保持直立姿态，眼视前方，面带微笑。

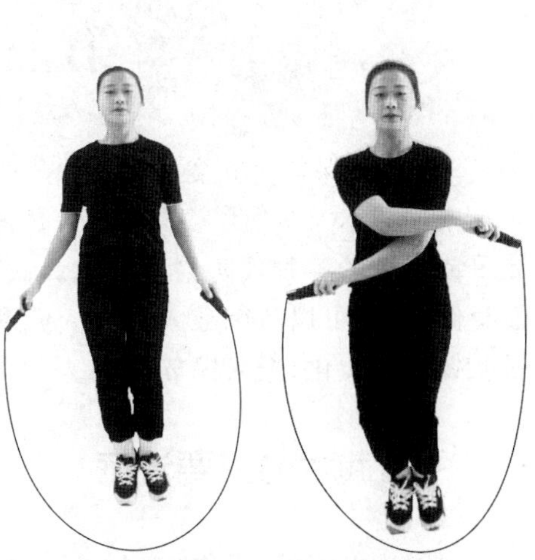

图 7-2-7 基本交叉跳

(八)勾脚点地跳(图 7-2-8)

动作要领:两手臂向前摇绳,其中一只脚勾脚同时向前点地,另外一只脚直立跳跃过绳,接着交换另外一只脚做同样动作,一拍一动,左右各 4 次,完成勾脚点地跳。

(1)先进行徒手练习,再接着单手摇绳、脚部勾脚点地跳一起配合。

(2)做勾脚点地跳时,注意两手腕自然放松、柔和地摇绳,手与脚的节奏注意做到一摇一跳,一勾点一并跳。

(3)做勾脚点地跳时,下肢部位踝关节与膝关节注意放松,控制好节奏与时机,做到前脚掌着地,富有弹性。

(4)身体保持直立姿态,眼视前方,面带微笑。

图 7-2-8　勾脚点地跳

第三节　中国武术

中国武术又称“武艺”“武功”,是把踢、打、摔、拿、跌、击、劈、刺等动作,按一定套路组成的徒手或器械的各种攻防格斗技术。武术在我国有着悠久的历史,人们习惯认为习武不仅可以强身健体,亦可以防御敌人进攻。武术作为华夏文明的瑰宝,不仅有着强身健体的作用,还能够弘扬民族文化,振兴民族精神。

一、中国武术的主要流派

中国武术流派(或称“武术门派”)众多,蔚为大观。其中,以少林、武当、峨眉、南拳四大派最具有代表性。除此之外,还有很多影响较大的武术派别,如华山派、青城派、崆峒派等。事实上，在武当、少林、峨眉、南拳等大门派内部，又有许多支派，各武术支派中某一套路如有显著特色，又可能发展为新的支派。所以在一些大门派之外，还有数量更多的较小一些的武术派别，犹如满天繁星，形成了蔚为大观的中国武术门派。

(一)少林

俗话说，天下功夫出少林。其中虽然不乏夸张的成分，但是也说明了少林功夫的博大精深。少林寺藏经阁内收集了三十六路拳脚、十八般兵器和各式各样的武学秘籍。少林功夫是中国武术各个流派中历史最久、门类最多、体系最大的一个门派。少林武术以实战威猛、博大精深名誉天下。少林功夫动作的设计和组合，都是建立在中国古代的人体医学知识之上，合乎人体的运动规律，能使人体潜能高度发挥。少林武功的特点，首要之点即为调呼吸、练百骸，进退敏捷，刚柔兼济而尤以刚为主，以攻架、长手为主，成各类外家拳法之集大成者。

(二)武当

武当派重道教，是中国武术的一大名宗，历史悠久，源远流长。它蕴含着深刻的中国传统哲理奥妙，把中国古代太极、阴阳、五行、八卦等哲学理论，融于拳理、拳技、练功原则和技击战略中，所以武术的技击风格内外兼修、以柔克刚，并且具有独特的养生功能。武当为内家之宗，武功特点是强筋骨、运气功。强调内功修炼，讲究以静制动，以柔克刚，以短胜长，以慢击快，以意运气，以气运身，偏于柔，主呼吸，用短手。武当功法不主进攻，然而也不可轻易侵犯。

(三)峨眉

峨眉派武术发源于峨眉山，它的产生和发展是峨眉山佛门僧徒苦心磨砺、不断创新的结果。峨眉派武术在明末清初前，属道家正统，遵清静无为作风；到清代初年，峨眉山僧、道并存，遂成佛道一家的僧、道武术——峨眉派武术。峨眉武术，千百年来以其独特的风格立身于中华武术之林，广为流传，历久不衰。峨眉派功法介于少林阳刚与武当阴柔之间，亦柔亦刚，内外相重，长短并用。特点是手脚的动作，尤其是双脚的动作不断、快速、有力地变化。不断变化的风格兼顾了进攻和防守。动作通常是伸展的，稳定有力，充满了起伏。关键是“根据具体情况自由学习和使用时要遵守严格的规定”。它强调力量和柔软，同时风格比武当派更强，比少林派更柔和。峨眉派武术总的特点，在于亦刚亦柔，如玉树临风，是诸家武术中姿态优美的一种。

(四)南拳

南拳又称南方拳，是明代以来流行于南方的拳种的总称。它以福建、广东为中心，广泛流传于长江以南地区，故称“南拳”。南拳据说最初是出于南少林，在明代逐渐形成独立拳系。南拳总的特点是步稳，拳刚，势烈，少跳跃，多短拳，擅剽手，以声气修力。南拳的代表是广东南拳。

二、武德

武德，简而言之，就是武术道德，就是从事武术活动的人在社会活动中所应遵循的道德规范和所应具有的道德品质。

武德作为一种美德，一种社会意识形态，指导习武者生活及其行为的准则、规范，并渗透在习武者的思想和言行中。古人云：习武先习德。武德对于习武者的重要性首先体现在武术的传授上。各门各派在挑选传人的时候都力主择人而教，只教品性正派的人，不教品性邪恶的人，少林寺的歌诀就再三强调“忠诚善良传衣钵”。在传授武艺时，习武者也始终将高尚品德的培养放在第一位，正所谓“未学武前先学礼，未习武前先习德”。否则，“练功不修德，必定要着魔”，那便与武术的宗旨背道而驰了。

少林练功十忌

一忌荒慵，二忌矜夸，
三忌躁急，四忌太过，
五忌酒色，六忌狂妄，
七忌讼棍，八忌假正，
九忌轻师，十忌欺小。

为了培养高尚的品德，武林的各拳种流派都有自己的“门规”“戒律”“戒约”，并有“三不传”“五不传”“十不传”以及“八戒律”“十要诀”等作为武德的标准。凡是持技欺人甚至为非作歹之人，轻者则加以责备，重者则逐出师门，更重者则予以严惩。少林即严正宣告：“有技无德者，非少林之徒！”充分表明习武之人从来不从纯武艺的角度去看待武术，而总是将武术与品德紧密地联系在一起。他们认为“无德无拳”，坚持“文以评心，武以评德”。

随着社会的发展、时代的进步，武德的含义也在随之变化。就武德的本身来讲，习武之人必须具备的武术界固有的道德标准如下。

武德守则

一、爱国爱民 品德高尚
二、崇文尚武 以德为先
三、强身健体 卫国防身
四、维护公德 尊师重道
五、忠信仁义 自强不息
五、遵纪守法 伸张正义
六、团结友爱 礼貌待人
七、仪表端庄 谦虚谨慎
八、崇尚科学 求真务实
九、讲礼守信 知行合一
十、勤学苦练 文武兼备

第一，忠于国家和民族。历代的仁人志士均视“寸寸山河寸寸金”，忠于国家和民族这一优秀传统在习武之人身上得到了鲜明的体现。如抗击匈奴的李广、抗击金兵的岳飞、驱逐倭寇的戚继光以及打击英国侵略者的关天培及“灭洋”的义和团等，他们都出身于武林，都是爱国爱民族的杰出英雄。

第二，自强不息。早在数千年前，《易经》中就指出：“天行健，君子以自强不息。”中华武术一直蕴含着不甘屈服、自强拼搏的精神，中华武术流传千古，正是中华民族自强不息的光辉写照。少林武术之所以能够出类拔萃、名扬天下，正是由于代代武僧的勤奋、刻苦的练习。少林寺练功堂里武僧站立的地方凹陷下去几寸深，正是他们勤奋、刻苦练功的写照。有了自强不息的精神，一个人才会成为生活的强者，一个国家和民族才会兴旺发达。

第三，仗义济民。武林中一直将仗义济民作为习武者的重要品质，如少林派一直告诫僧人，要“永为百姓解困苦，普度众生扶危困”“惩治恶霸和歹徒，解救黎民济良善”等。在这种武德的熏陶下，习武者见义勇为、锄强扶弱、慷慨乐助、施恩不图报，造就了无数的英雄侠客，留下了无数脍炙人口的英雄故事，至今仍为人们所传诵。

第四，诚信谦让。孔子曰："民无信不立"，言必信、行必果、守信用、重承诺是中国武林的传统。"一言既出，驷马难追"是武林的俗尚。为实现诺言，不失信于人而不畏艰难险阻甚至甘愿牺牲生命的事迹历代均有。"谦受益，满招损"也是习武之人倍加推崇的，凡事讲究恭敬谦虚、不与人争。少林派也倡导："宁可受人打，决不先打人"，可见诚心谦让对于习武者的重要性。

我们提倡的现代武德要继承传统武德中的精华，把习武同弘扬祖国文化联系起来，培养强烈的民族自豪感，维护中华民族的尊严，形成热爱祖国、热爱人民、以国家和集体利益为重的武德思想。武德正是与当今社会主义核心价值观中的"爱国、敬业、诚信、友善"的统一。

三、武术基本功

武术基本功是练习武术必须具备的身体活动能力、技术技巧能力以及心理素质等基础。包括腿功、腰功、肩功和桩功等主要内容。腿功表现的是腿部的柔韧性、灵活性和力量等功夫；腰功表现的是腰部灵活性、协调控制上下肢运动的能力和身法技巧的功夫；肩功表现的是肩关节柔韧性、活动范围的大小以及力量等方面的功夫；桩功表现的是腿部力量和呼吸内息的功夫。

(一)腿功

1. 正压腿(图 7-3-1)

动作要领：面对一定高度的物体，左脚跟放在物体上，脚尖勾起，两腿伸直，两手扶按在左膝上，或用两手抓握左脚，然后上体立腰向前下方振压，用头顶尽量触及脚尖。两腿交替进行。

学练要点：两腿伸直，立腰挺胸前压。

2. 侧压腿(图 7-3-2)

动作要领：右腿支撑站立，左脚从体侧放置到一定高度的物体上，脚尖勾起，右臂上举，左掌立于胸前，两腿伸直，腰部挺立，上体向左侧下振压，振压幅度要逐渐加大，直到上体能侧倒在左腿上。两腿交替进行。

学练要点：两腿伸直，开髋立腰挺胸，上体完全侧倒。

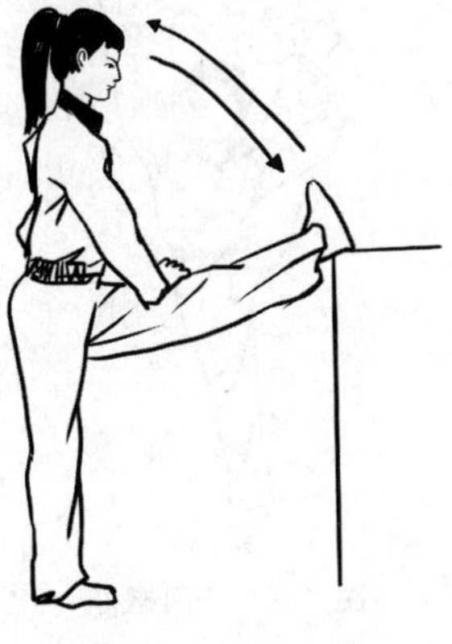

图 7-3-1 正压腿

图 7-3-2 侧压腿

3. 后压腿(图 7-3-3)

动作要领：背对一定高度的物体，两手叉腰，右腿支撑站立，左腿后伸，脚背放到物体上，两腿伸直，上体向后下振压，并逐渐增大振压幅度。两腿交替进行。

学练要点：两腿伸直，立腰挺胸，头随上体后仰。

4. 仆步压腿(图 7-3-4)

动作要领：右腿屈膝全蹲，全脚着地；左腿向左侧伸直，脚尖内扣；两手分别抓住两脚脚背，成左仆步；腰部挺直，左转前压。左右仆步交替进行。

学练要点：直腰抬头，一腿全蹲，另一腿伸直，两脚压紧地面。

图 7-3-3　后压腿

图 7-3-4　仆步压腿

5. 正搬腿(图 7-3-5)

动作要领：右腿伸直支撑，左腿屈膝提起，左手扶膝，右手抓住左脚，然后将左脚向前方伸出，直至膝关节挺直，左脚外侧朝前。两腿交替进行。

学练要点：两腿伸直，立腰挺胸，被搬腿的脚尖勾紧。

6. 侧搬腿(图 7-3-6)

动作要领：左腿伸直支撑，右腿从体侧抬起，右手经右小腿内侧绕脚后抱住右脚跟，将右腿伸直，脚尖勾紧。两腿交替进行。

学练要点：两腿伸直，立腰挺胸，身体直立平稳。

图 7-3-5　正搬腿

图 7-3-6　侧搬腿

7. 竖叉(图 7-3-7)

动作要领:两腿伸直前后叉开成直线。左腿后侧着地,脚尖上翘;右腿前侧着地,脚背扣在地上,两臂立掌侧平举。两腿交替进行。

学练要点:立腰挺胸,沉髋挺膝。

8. 劈横叉(图 7-3-8)

动作要领:两腿伸直向左右两侧叉开下坐成直线,两腿内侧着地。两臂立掌侧平举。

学练要点:髋关节完全打开,立腰挺胸。

图 7-3-7 竖叉

图 7-3-8 劈横叉

9. 正踢腿(图 7-3-9)

动作要领:挺胸、直腰,踢腿时脚尖勾起绷落或勾起勾落。

学练要点:收髋、猛收腹,踢腿过腰后加速,要有寸劲。

图 7-3-9 正踢腿

10. 斜踢腿和侧踢腿(图 7-3-10)

动作要领:挺胸、直腰、开髋、侧身、猛收腹。

图 7-3-10 斜踢腿和侧踢腿

11. 外摆腿(图 7-3-11)

动作要领:挺胸、塌腰、松髋、展髋,外摆幅度要大,呈扇形。

12. 里合腿(图 7-3-12)

里合腿也称内合腿,其摆动路线与外摆腿完全相同,但方向正好相反。

动作要领：挺胸、直腰、松髋、合髋。里合幅度要大，并呈扇形。

学练要点：腿功训练要按照先压后踢的顺序，压腿时以腿部肌肉与韧带感觉到绷紧为宜，然后配合各种踢法，以提高腿法的灵活性与速度。每次压腿后必须踢腿，才能收到效果。

图 7-3-11　外摆腿

图 7-3-12　里合腿

（二）腰功

1. 前俯腰（图 7-3-13）

动作要领：并步站立，两手十指交叉，直臂上举，手心向上；上体前俯，挺胸、塌腰，两手尽力触地。再两手松开，用两手绕过双腿，抱住两脚跟部，尽量使自己的上体、脸部贴紧双腿。

学练要点：两腿挺膝伸直，上体前俯时，挺胸、塌腰、收髋。

2. 甩腰（图 7-3-14）

动作要领：开步站立，两臂伸直前举，以腰为轴，上体做前后屈和甩腰动作，两臂也随之甩动。

学练要点：两腿伸直、腰部放松，后甩时抬头挺胸，甩腰动作紧凑而有弹性。

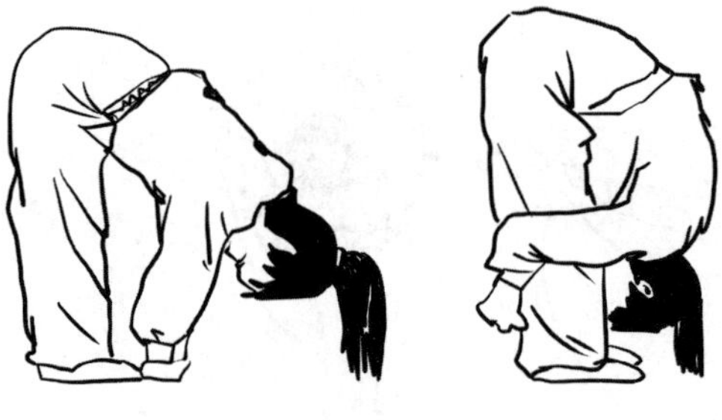

图 7-3-13　前俯腰

图 7-3-14　甩腰

3. 涮腰（图 7-3-15）

动作要领：两脚开立，略宽于肩，上体前俯，以髋关节为轴，两臂向左前下方伸出。然后挥动两臂，随上体向前、向右、向后、再向左做翻转绕环。左右涮腰交替进行。

学练要点：两腿伸直，以腰为轴，翻转绕环圆活、和顺。

4. 下腰(图 7-3-16)

动作要领:两脚开立同肩宽,两臂伸直上举;腰身后弯,抬头、挺腰,双手撑地,身体呈桥形。

学练要点:两脚支撑站稳,膝关节尽量挺直,腰部后弯上顶,脚跟不能离地。

图 7-3-15 涮腰

图 7-3-16 下腰

(三)肩功

1. 压肩(图 7-3-17)

动作要领:面对一定高度的物体,两脚开立同肩宽,上体前俯,两手抓住横杆,抬头挺胸,塌腰,用力向下振压。

学练要点:两腿伸直,肩部松沉,用力震压,力点集中于肩部。

2. 单臂绕环(图 7-3-18)

动作要领:左弓步站立,左手扶按左膝,右臂以肩为轴做直臂的顺、逆时针绕环。两臂交替进行。

学练要点:臂伸直,肩放松,绕立圆。

图 7-3-17 压肩

图 7-3-18 单臂绕环

3. 双臂绕环(图 7-3-19)

动作要领:开步站立,以肩关节为轴,两臂分别向前和向后做直臂绕环。顺、逆时针绕环交替进行。

学练要点:身体正直,臂伸直,肩放松,绕环协调和顺。

图 7-3-19 双臂绕环

4. 两臂交叉绕环(图 7-3-20)

动作要领:开步站立,两臂直臂上举,左臂以左肩关节为轴,向前下做顺时针绕环;同时,右臂以右肩关节为轴,向后下做逆时针绕环。两臂顺、逆时针交替进行。

学练要点:身体正直,两臂伸直,绕环协调和顺。

图 7-3-20 两臂交叉绕环

(四)桩功

中国武术广义的桩功包括动桩和静桩,动桩包括一般的武术套路练习和单式反复练习,而静桩亦称站桩。如今所说的桩功,一般多指静桩,文中后面提到的桩功均指静桩。它既是一种体育锻炼活动,又是一种修养身心、陶冶性情的方法。桩功是保持静站姿势,进行以意领气、以气运身锻炼的一种外静内动的内功练习方法。各种武术步型均可作为桩功练习的步架,构成桩功锻炼形式。

以马步桩功(四平马步桩功)(图 7-3-21)为例,说明桩功的动作要领及学练要点。

动作要领:两腿并立,两脚平行站好(距离约为自己脚长的 3 倍)。两膝弯曲半蹲,两大腿微平,脚尖内扣,五趾抓地,重心落于两腿正中,膝部外展与脚尖垂直。裆部撑圆,同时注意保持头正、颈直、含胸、收腹、提肛、立腰、开胯、沉肩、收臀。手的姿势任选下面的一种。

(1)两手成八字掌,屈肘叉腰(拇指朝后)。目视正前方。

(2)两臂屈肘环抱于胸前,两手成八字掌,手心朝下,中指指尖相对,四指微开,两手食指与拇指尽量撑开呈“八”字形,两手臂与肩平齐,两中指间相距约 3 厘米,头不可前倾。目微视两中指间。

(3)两臂向两侧平拉伸直,两手成柳叶掌,尽量以小拇指一侧朝外,两手臂与肩平齐。腕部屈立挺直,小拇指一侧向左右平行外撑,屈腕约 90 度,两肘微屈。目视正前方。

学练要点:放松,练功开始前,全身肌肉放松,精神集中,可以采用站立姿势,全身从头、颈、肩、臂、手到胸、腰、背、胯、腿、脚逐段放松,以达到"松沉、稳实"的最佳练功状态。同时要使精神集中,不受外界的干扰和刺激,情绪稳定,神态自然。

图 7-3-21　马步桩功

四、女子防身术

根据我国武术、摔跤、擒拿等有关的技击方法,向女同学介绍一些徒手防身术。当遇到不法侵犯时,可用这些方法保护自己。

(一)防身原则

(1)不露声色,佯装害怕,趁机击其要害。

(2)不与对方正面交手,避实击虚。

(二)常用应对技巧

(1)从正面被人抱住——戳眼(图 7-3-22)、掰手指(图 7-3-23)。

图 7-3-22　戳眼

图 7-3-23　掰手指

(2)从背面被人抱住——身高差距较大时踩脚同时顶肘;身高差距较小时踩脚同时仰头(图 7-3-24)。

图 7-3-24　从背面被人抱住

（3）被人抓住头发时——反向掰手腕（图 7-3-25）、膝撞（图 7-3-26）。

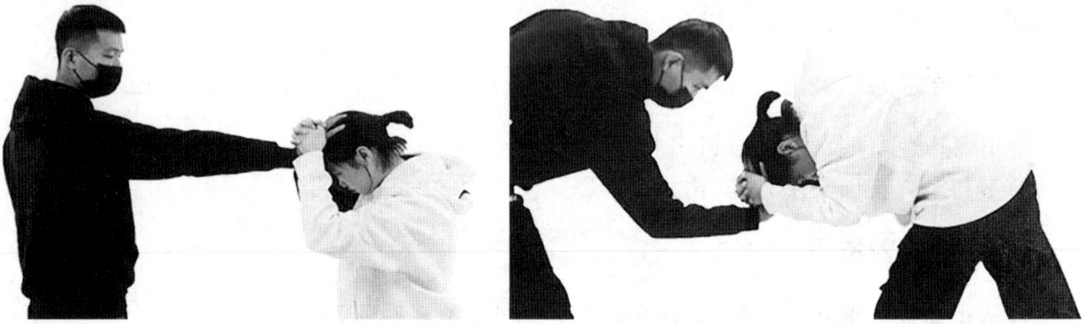

(1) 牢牢固定住对方的手

(2) 后撤步同时弯腰低头，使其手腕被反向制约

图 7-3-25　反向掰手腕

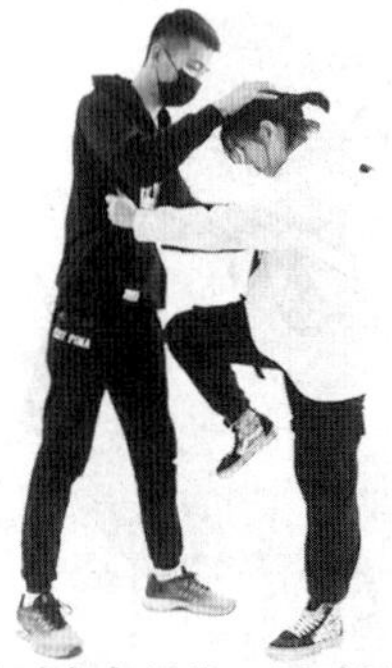

抓住对方向里拉，同时用膝盖撞击对方

图 7-3-26　膝撞

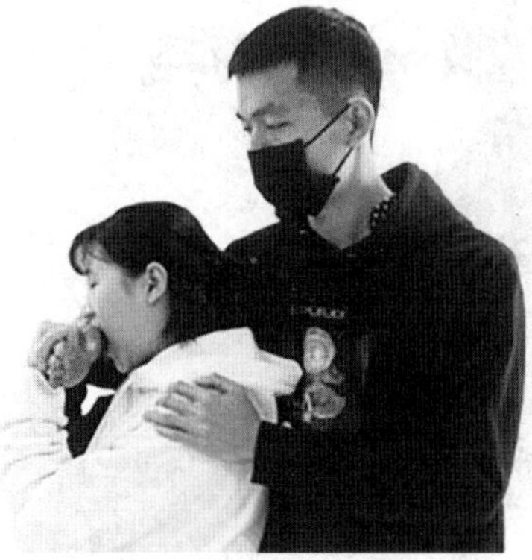

图 7-3-27　咬手

（4）被捂嘴时——咬手（图 7-3-27）。

（5）被正面搭肩时——反向擒拿（图 7-3-28）。

固定住对方搭肩的手，同时用肘顶住对方肘关节外侧，顺势用力下压

图 7-3-28　反向擒拿

这些是较为常用的防身方法，平时还应加强体育锻炼，使自己身强力壮。万一遇到坏人，首先要设法寻求他人帮助，在无助的情况下，要沉着冷静、观察对方行动，掌握时机，攻其不备，以快速勇猛的动作，稳、准、狠地予以回击。

你认识他们吗？

中国武术博大精深，下面这五位是历史上真正存在的武林高手，来一起看看他们的故事吧。

一、王五(1844—1900 年)

原名王正谊，因他拜李凤岗为师，排行第五，人称"小五子"；又因他刀法纯熟，德义高尚，故被人尊称为"大刀王五"。王五本姓白，八岁时就成了孤儿。他和弟弟沿街讨饭，讨到了北京顺兴镖局。镖局的王掌柜看他长得相貌不凡，就收留了他，认为养子，改姓王。十一年后，王五继承镖局，由于他行侠仗义、为人直爽、武功又高，成为近代武林响当当的巨头。1900 年，王五率众积极参加义和团反帝爱国运动，后被八国联军枪杀于前门，死时 56 岁。"大刀王五"被杀后，头被挂在城门上，家人无法给王五入殓。天津的霍元甲听说后，只身赶来，夜里将王五的头取下、埋葬。

二、黄飞鸿(1847—1925 年)

黄飞鸿是清末民初南拳流派洪拳大师，还是位济世为怀、救死扶伤的名医。黄飞鸿的拳术和狮艺，特别是虎鹤双形拳、铁线拳、工字伏虎拳、无影脚等，通过其传人的大力推广，成为世界著名的功夫流派。而今，从我国的广东、香港、台湾到国外新加坡、马来西亚、欧洲、美洲等地，都有黄飞鸿的拳术和狮艺在流传。他武艺高强且崇尚武德，推崇"习武德为先"，从不恃强凌弱，坚持以德服人。他生前弘扬国粹、匡扶正义、见义勇为、扶弱助贫、济世为怀，在武术界留下了许多脍炙人口的轶事，被世人广为传诵。

三、霍元甲(1868—1910 年)

霍元甲是清末著名爱国武术家,他的武艺出众,又执仗正义,继承家传“迷踪拳”绝技,先后在天津和上海威震西洋大力士,是一位家喻户晓的民族英雄,后遭日本人妒恨,被暗中下毒致死。他的一生虽然短暂,但轰轰烈烈,充满传奇色彩,有多部影视作品描述他的事迹。

四、叶问(1893—1972 年)

本名叶继问,曾经改名叶溢,是一代武王李小龙的恩师。于 20 世纪 50 年代在香港发扬咏春拳,被赞誉为“一代宗师”。叶问在香港授拳时,让咏春拳以最浅显明了、通俗易懂的方式在香港开宗立派,将原本秘而不传的咏春拳传扬开来;其后子弟门人孜孜努力,将咏春传至全世界,成为一系名拳。叶问入选世界纪录协会世界咏春拳第一人。

五、李小龙(1940—1973 年)

原名李振藩,为美籍华人,祖籍中国广东省佛山市。他是一位武术技击家,武术哲学家,全球范围内具有影响力的著名华人武打电影演员,世界武道改革先驱者,中国功夫首位全球推广者,UFC(终极格斗冠军赛)起源者,MMA(综合格斗)之父,截拳道武道哲学的创立人。李小龙在美国创立了跨越门派限制的、世界性的现代中国功夫“科学的街头格斗技”——截拳道。寸拳是从咏春“长桥发力”演变改造而来的,是截拳道特别高级的技艺。他对中国电影业的贡献永不磨灭,在香港的 3 部半电影,3 次打破空前纪录,其中,《猛龙过江》打破全亚洲票房纪录,李小龙随即风靡东南亚。与好莱坞合作的《龙争虎斗》总票房达到 2.3 亿美元。

第四节　八段锦

八段锦由八种“锦缎”般柔美的动作组成,至少已有八百多年的历史,是以人体自身的呼吸吐纳、形体活动、心理调节相结合为主的传统体育健身项目,是中华优秀传统文化的重要组成部分。在强身健体、提高身心素质、激发人体潜能等方面具有独特的作用。大学阶段是一个人世界观、人生观、价值观形成的关键时期,练习八段锦能增强体质,提高思维能力,更好地适应社会发展,是大学生践行健康中国战略的重要举措。

八段锦起于桩功,行于桩功,终于桩功,其流派众多,大体上分为:坐功和站功两种,本书介绍八段锦站功。

一、八段锦的特点

八段锦历史悠久，功法健身效果显著，俗称长寿经，它的功法特点如下。

（一）柔和缓慢，圆活连贯

柔和，是指习练时动作不僵不拘，轻松自如，舒展大方。缓慢，是指习练时身体重心平稳，虚实分明，轻飘徐缓。

圆活，是指动作路线带有弧形，不起棱角，不直来直往，符合人体各关节自然弯曲的状态。它是以腰脊为轴带动四肢运动，上下相随，节节贯穿。连贯，是要求动作的虚实变化和姿势的转换衔接，无停顿断续之处。既像行云流水连绵不断，又如春蚕吐丝相连无间，使人神清气爽，体态安详，从而达到疏通经络、畅通气血和强身健体的效果。

（二）松紧结合，动静相兼

松，是指习练时肌肉、关节以及中枢神经系统、内脏器官的放松。在意识的主动支配下，逐步达到呼吸柔和、心静体松，同时松而不懈，保持正确的姿态，并将这种放松程度不断加深。紧，是指习练中适当用力，且缓慢进行，主要体现在前一动作的结束与下一动作的开始之前。八段锦中的“双手托天理三焦”的上托、“左右弯弓似射雕”的马步拉弓、“调理脾胃臂单举”的上举、“五劳七伤往后瞧”的转头旋臂、“攒拳怒目增气力”的冲拳与抓握、“背后七颠百病消”的脚趾抓地与提肛等，都体现了这一点。紧，在动作中只在一瞬间，而放松须贯穿动作的始终。松紧配合适度，有助于平衡阴阳、疏通经络、分解黏滞、滑利关节、活血化瘀、强筋壮骨、增强体质。

动，主要是指身体动作的外在表现。就是在意念的引导下，动作轻灵活泼、节节贯穿、舒适自然。静，既是身体动作的外在表现，又是指练功时大脑处于一种极度安静的状态。静，是一种练功的境界。要求在动作的节分处做到沉稳，特别是八个动作的缓慢用力之处，在外观上看略有停顿之感，但内劲没有停，肌肉继续用力，保持牵引伸拉。适当的用力和延长作用时间，能够使相应的部位受到一定的强度刺激，有助于提高锻炼效果。

（三）神与形和，气寓其中

神，是指人体的精神状态和正常的意识活动，以及在意识支配下的形体表现。形，是指身体的外在形态。“神为形之主，形乃神之宅”。神与形是相互依存、相互促进的整体。本功法每势动作以及动作之间充满了对称与和谐，体现出矛盾的对立统一性。其内实精神、外示安逸；虚实相生、刚柔相济；意动形随、神形兼备。

气寓其中，是指通过形体的锻炼和精气神的练养，促进真气在体内按照大小周天的轨迹运行，以达到强身健体的功效。

习练本功法时，呼吸应顺畅，不可强吸硬呼。

（四）随时随地，简便易行

八段锦为徒手定步功法，因此没有任何设备及场地的要求；八段锦动作数量少，习练要领容易掌握，不仅易学、易练，且可分、可合，每段一式，可单式练习，也可全套练习或选段练习；每式的运动量可由只做八呼或十六呼来调节，也可由下蹲之程度为高势、中势或低势来调节，故运动量可大可小，可自行掌握；全套练习不过十几分钟，可以每日晨、晚专门锻炼，也可以利用零散时间练功。

二、八段锦的要领

学会了肢体动作，掌握了动作线路，要进行功法锻炼，还必须把握功法锻炼中的一些规律性要领，否则就会事倍功半，甚至事与愿违。

（一）松静自然，立身中正

松静是练健身气功的前提条件，是与其他体育项目的重要区别。掌握松静自然，是学练八段锦的关键。松，是指精神与形体两方面的放松。静，主要是指在练功中思想和情绪要平稳、安宁，排除杂念，专心练功。这里的“自然”决不能理解为“听其自然”“任其自然”，而是指“道法自然”。

立身中正是练功的必备要领，要求做到：①头正颈直、虚领顶劲；②胸空腹实，上虚下实；③塌腰敛臀、脊柱竖直；④两肩松开，沉肩坠肘；⑤坐髋屈膝，垂直相对；⑥眼平、肩平、髋平、脚平。

（二）舌抵上腭，意守丹田

舌抵上腭是指舌尖抵下齿龈，舌头中部拱起轻抵住上颚，以利于小周天的贯通。意守丹田是意念集中在丹田部位（肚脐下三横指）进行呼吸吐纳，使精神不涣散，心平气和，呼吸节奏达到均匀舒缓。

（三）准确灵活，呼吸自然

准确，主要是指练功时的姿势与方法要正确，合乎要求。灵活，是指习练时对动作幅度的大小、姿势的高低、用力的大小、习练的数量、意念的运用、呼吸的调整等，都要根据自身情况灵活掌握。学生开始练习时要求自然呼吸。

（四）练养相兼，出神入化

练，是指形体运动、呼吸调整与心理调节有机结合的锻炼过程。养，是通过上述练习，身体出现的轻松舒适、呼吸柔和、意守绵绵的静养状态。

（五）循序渐进，贵在坚持

练功要从基本动作要领出发，把基本功练扎实，经过一段时间练习，才会做到姿势逐渐正确，动作逐步准确，动作的连贯性与控制能力得到提高，对动作要领的体会不断加深。并且只有坚持下去，持之以恒才能达到健身效果。

三、八段锦的锻炼方法及动作要领

（一）基本手型

拳：大拇指抵掐无名指根内侧，其余四指微拢收于掌心，如图 7-4-1 所示。

自然掌：五指微屈，稍分开，掌心微含，如图 7-4-2 所示。

八字掌：拇指与食指竖直张开呈八字状，其余三指第一、第二指节屈收，掌心微含，如图 7-4-3 所示。

爪：五指并拢，大拇指第一指节，其余四指第一、第二指节屈收扣紧，手腕伸直，如图 7-4-4 所示。

图 7-4-1 拳

图 7-4-2 自然掌

图 7-4-3 八字掌

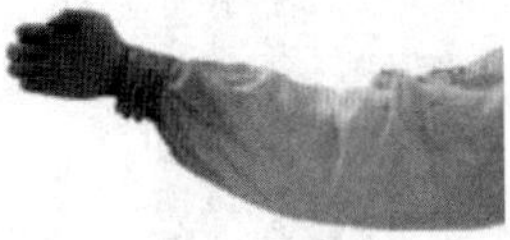

图 7-4-4 爪

(二)基本步型

并步：两脚并拢，身体直立；两臂垂于体侧，头正颈直；目视前方。如图 7-4-5 所示。

开步：横向开步站立，两脚内侧与肩同宽，两脚尖超前；头正颈直；目视前方。如图 7-4-6 所示。

马步：开步站立，脚尖朝前，两膝微内扣，两脚间距为本人脚长的 2～3 倍，屈膝半蹲，大腿略高于水平，膝盖不超过脚尖；上体保持中正；目视前方。如图 7-4-7 所示。

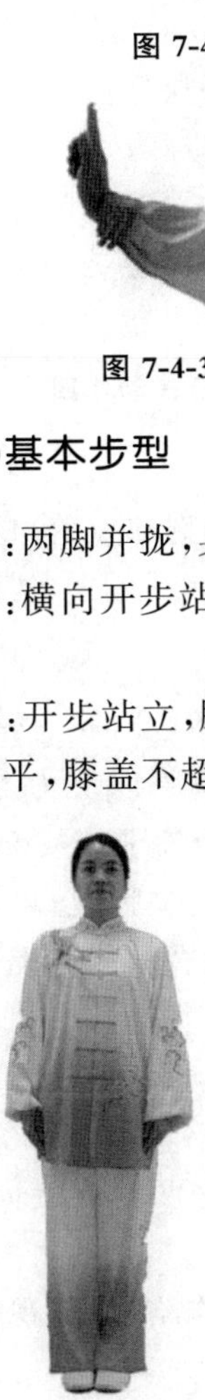

图 7-4-5 并步

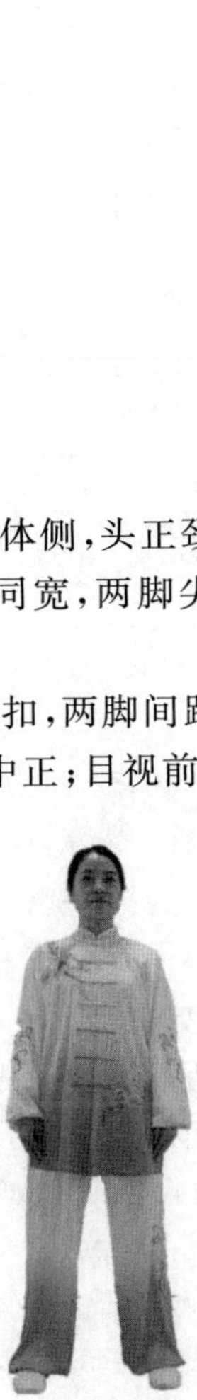

图 7-4-6 开步

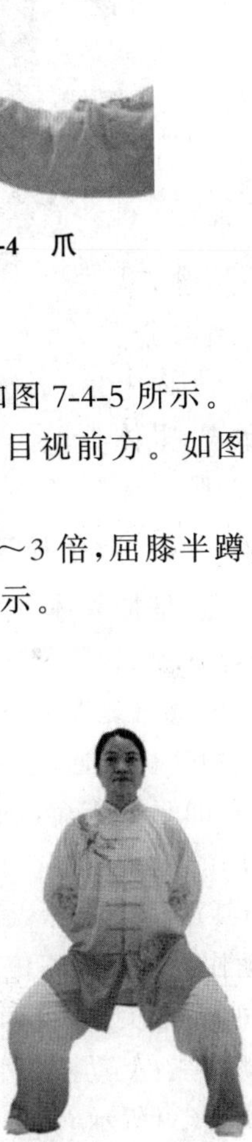

图 7-4-7 马步

(三)动作说明及要点

预备式

动作一：两脚并步站立；两臂自然垂于体侧；身体中正，目视前方。如图 7-4-5 所示。

动作二：随着松腰沉髋，身体重心移至右腿；左脚向左侧开步，脚尖朝前，约与肩同宽；目视前方。如图 7-4-6 所示。

动作三：两臂内旋，两掌分别向两侧摆起，约与髋同宽，掌心向后；目视前方。如图 7-4-8 所示。

动作四：上动不停。两腿膝关节稍屈；同时，两臂外旋，向前合抱于腹前呈圆弧形，与脐同高，掌心向内，两掌指尖距约 10 厘米，目视前方。如图 7-4-9 所示。

图 7-4-8　预备式动作三

图 7-4-9　预备式动作四

动作要点：

(1)头向上顶，下颏微收，舌抵上腭，双唇轻闭；沉肩坠肘，腋下虚掩；胸部宽舒，腹部松沉；收髋敛臀，上体中正。

(2)呼吸徐缓，气沉丹田，调息 6～9 次。

第一式　双手托天理三焦

三焦，是指人体上、中、下三焦，属于六腑之一，位于胸腹之间，其中胸膈以上为上焦，包括心、肺等脏腑，胸膈与脐之间为中焦，包括脾、胃等，脐以下为下焦，包括肾、膀胱、大肠、小肠等。人体三焦主司疏布元气和流行水液。此式为两手交叉上托，拔伸腰背，提拉胸腹，可以促使全身上下的气机流通，水液布散，从而周身都得到元气和津液的滋养。对腰背肌肉骨骼有良好的作用，有助于矫正肩内收和圆背等不良姿势。

动作一：接上式。两臂外旋微下落，两掌五指分开在腹前交叉，掌心向上；目视前方。如图 7-4-10(1)所示。

动作二：上动不停。两腿徐缓挺膝伸直；同时，两掌上托至胸前，随之两臂内旋向上托起，掌心向上；抬头，目视两掌。如图 7-4-10(2)所示。

动作三：上动不停。两臂继续上托，肘关节伸直；同时，下颏内收，动作略停；目视前方。如图 7-4-10(3)所示。

动作四：身体重心缓缓下降；两腿膝关节微屈；同时，十指慢慢分开。两臂分别向身体两侧下落，两掌捧于腹前，掌心向上；目视前方。如图 7-4-10(4)所示。

本式上托、下落为一遍，共做六遍。

动作要点：

(1)两掌上托要舒胸展体，略有停顿，保持伸拉。

(2)两掌下落，松腰沉髋，沉肩坠肘，松腕舒指，上体中正。

(1)　(2)　(3)　(4)

图 7-4-10　第一式　双手托天理三焦

第二式　左右开弓似射雕

展肩扩胸，左右手如同拉弓射箭，招式优美；可以抒发胸气，消除胸闷；疏理肝气，治疗胁痛；同时消除肩背部的酸痛不适。对于那些长期伏案工作、压力较大的白领人士，练习它可以增加肺活量，充分吸氧，增强意志，使精力充沛。

动作一：接上式。身体重心右移；左脚向左侧开步站立，两腿膝关节自然伸直；同时，两掌向上交叉于胸前，左掌在外，两掌心向内；目视前方。如图 7-4-11(1)所示。

动作二：上动不停。两腿徐缓屈膝半蹲成马步；同时，右掌屈指成“爪”，向右拉至肩前；左掌成八字掌，左臂内旋，向左侧推出，与肩同高，坐腕，掌心向左，犹如拉弓射箭之势；动作略停；目视左掌方向。如图 7-4-11(2)所示。

动作三：身体重心右移；同时，右手五指伸开成掌，向上、向右画弧，与肩同高，指尖朝上，掌心斜向前；左手指伸开成掌，掌心斜向后；目视右掌。如图 7-4-11(3)所示。

动作四：上动不停。重心继续右移；左脚回收成并步站立；同时，两掌分别由两侧下落，捧于腹前，指尖相对，掌心向上；目视前方。如图 7-4-11(4)所示。

动作五至动作八：同动作一至动作四，唯左右相反。

本式一左一右为一遍，共做三遍。

动作九：身体重心继续左移；右脚回收成开步站立，与肩同宽，膝关节微屈；同时，两掌分别由两侧下落，捧于腹前，指尖相对，掌心向上；目视前方。如图 7-4-11(5)所示。

(1)　(2)　(3)　(4)　(5)

图 7-4-11　第二式　左右开弓似射雕

动作要点：

(1)侧拉之手五指要并拢屈紧，肩臂放平。

(2)八字掌侧撑需沉肩坠肘，屈腕，竖指，掌心涵空。

(3)体弱者可自行调整马步的高度。

第三式　调理脾胃臂单举

脾胃，是人体的后天之本，是气血生化的源泉。中医认为，脾主升发清气，胃主消降浊气。此式左右上肢松紧配合的上下对拉拔伸，能够牵拉腹腔，对脾胃肝胆起到很好的按摩作用，并辅助它们调节气机，有助于消化吸收，增强营养，久练有助于防治肠胃病。

动作一：接上式。两腿徐缓挺膝伸直；同时，左掌上托，左臂外旋上穿经前面，随之臂内上举至头左上方，肘关节微屈，力达掌跟，掌心向上，掌指向右；同时，右掌微上托，随之臂内旋下按至右髋旁，肘关节微屈，力达掌根，掌心向下，掌指向前，动作略停；目视前方。如图 7-4-12(1)所示。

动作二：松腰沉髋，身体重心缓缓下降；两腿膝关节微屈；同时，左臂屈肘外旋，左掌经面前下落于腹前，掌心向上；右臂外旋，右掌向上捧于腹前，两掌指尖相对，相距约 10 厘米，掌心向上；目视前方。如图 7-4-12(2)所示。

动作三至动作四：同动作一、动作二，唯左右相反。

本式一左一右一遍，共做三遍。

动作五：两腿膝关节微屈；同时右臂屈肘，右掌下按于右髋旁，掌心向下，掌指向前；目视前方。如图 7-4-12(3)所示。

(1)　　(2)　　(3)

图 7-4-12　第三式　调理脾胃臂单举

动作要点：

力达掌根，上撑下按，舒胸展体，拔长腰脊。

第四式　五劳七伤往后瞧

五劳，是心、肝、脾、肺、肾五脏的劳损；七伤，是喜、怒、忧、思、悲、恐、惊的七情伤害。五劳七伤，就像现在的亚健康；长期劳顿，没有及时休养生息，最终造成损伤的累积。此式转头扭臂，调整大脑与脏腑联络的交通要道——颈椎；同时挺胸，刺激胸腺，从而改善了大脑对脏腑的调节能力，并增强免疫和体质，促进自身的良性调整，消除亚健康。

动作一：接上式。两腿徐缓挺膝伸直；同时，两臂伸直，掌心向后，指尖向下，目视前方，如图 7-4-13(1)所示。然后上动不停，两臂充分外旋，掌心向外；头向左后转，动作略停；目视左斜后方。如图 7-4-13(2)所示。

动作二：松腰沉髋，身体重心缓缓下降；两腿膝关节微屈；同时，两臂内旋按于髋旁，掌心向下，指尖向前；目视前方。如图 7-4-13(3)所示。

动作三至动作四：同动作一、二，唯左右相反。

本式一左一右为一遍，共做三遍。

动作五：两腿膝关节微屈；同时两掌捧于腹前，指尖相对，掌心向上；目视前方。如图 7-4-13(4)所示。

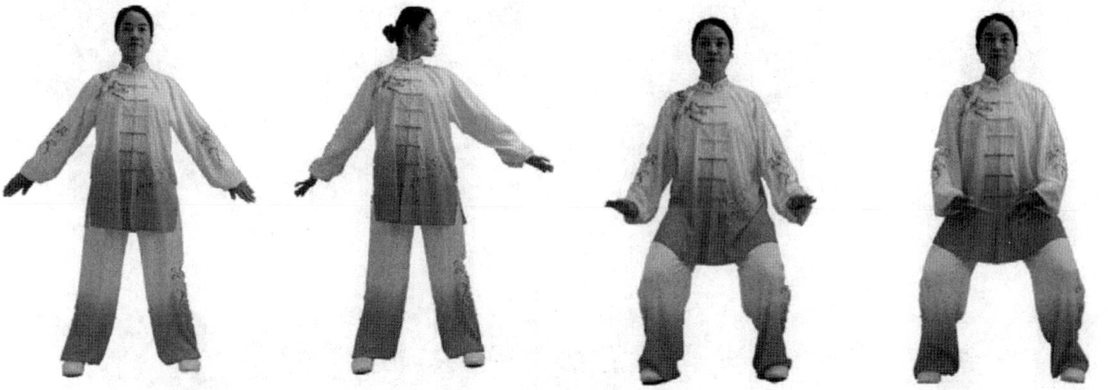

(1)　　(2)　　(3)　　(4)

图 7-4-13　第四式　五劳七伤往后瞧

动作要点：

(1)头向上顶，肩向下沉。

(2)转头不转体，旋臂，两肩后张。

第五式　摇头摆尾去心火

心火者，思虑过度，内火旺盛。要降心火，须得肾水，心肾相交，水火既济。此式上身前俯，尾闾摆动，使心火下降，肾水上升，可以消除心烦、口疮、口臭、失眠多梦、小便热赤、便秘等症状。

动作一：接上式。身体重心左移；右脚向右开步站立，两腿膝关节自然伸直；同时，两掌上托与胸同高时，两臂内旋，两掌继续上托至头上方，肘关节微屈，掌心向上，指尖相对；目视前方。如图 7-4-14(1)所示。

动作二：上动不停。两腿徐缓屈膝半蹲成马步；同时，两臂向两侧下落，两掌扶于膝关节上方，肘关节微屈，小指侧向前；目视前方。如图 7-4-14(2)所示。

动作三：身体重心向上稍升起，而后右移；上体先向右倾，随之俯身；目视右脚。如图 7-4-14(3)所示。

动作四：上动不停。身体重心左移；同时，上体由右向前，向左旋转；目视前方。如图 7-4-14(4)所示。

动作五：身体重心右移，成马步；同时，头向后摇，上体立起，随之下颏微收；目视前方。如

图 7-4-14(5)所示。

动作六至动作八：同动作三至动作五，唯左右相反。

本式一左一右为一遍，共做三遍。

动作九：身体重心左移，右脚回收成开步站立，与肩同宽；同时，两掌向外经侧上举，掌心相对；目视前方，如图 7-4-14(6)所示。随后松腰沉髋，身体重心缓缓下降。两腿膝关节微屈；同时屈肘，两掌经面前下按至腹前，掌心向下，指尖相对；目视前方。如图 7-4-14(7)所示。

图 7-4-14　第五式　摇头摆尾去心火

动作要点：

(1)马步下蹲要收髋敛臀，上体中正。

(2)摇转时，颈部与尾闾对拉伸长，好似两个轴在相对运转，速度应柔和缓慢，动作圆活连贯。

(3)体弱者要注意动作幅度，不可强求。

第六式　两手攀足固肾腰

此式前屈后伸，双手按摩腰背下肢后方，使人体的督脉和足太阳膀胱经得到拉伸牵扯，对生殖系统、泌尿系统以及腰背部的肌肉都有调理作用。

动作一：接上式。两腿挺膝伸直站立；同时，两掌指尖向前，两臂向前、向上举起，肘关节伸直，掌心向前；目视前方。如图 7-4-15(1)所示。

动作二：两臂外旋至掌心相对，屈肘，两掌下按于胸前，掌心向下，指尖相对；目视前方。如

图 7-4-15(2)所示。

动作三：上动不停。两臂外旋，两掌心向上，随之两掌掌指顺腋下向后插；目视前方。如图 7-4-15(3)所示。

动作四：两掌心向内沿脊柱两侧向下摩运至臀部；随之上体前俯，两掌继续沿腿后向下摩运，经脚两侧置于脚面；抬头，动作略停；目视前下方。如图 7-4-15(4)所示。

动作五：两掌沿地面前伸，随之用手臂带动上体起立，两臂伸直向前、向上举起，掌心向前；目视前方。如图 7-4-15(5)所示。

本式一上一下为一遍，共做六遍。

动作六：松腰沉髋，身体重心缓缓下降；两腿膝关节微屈；同时，两掌向前下按至腹前，掌心向下，指尖向前；目视前方。如图 7-4-15(6)所示。

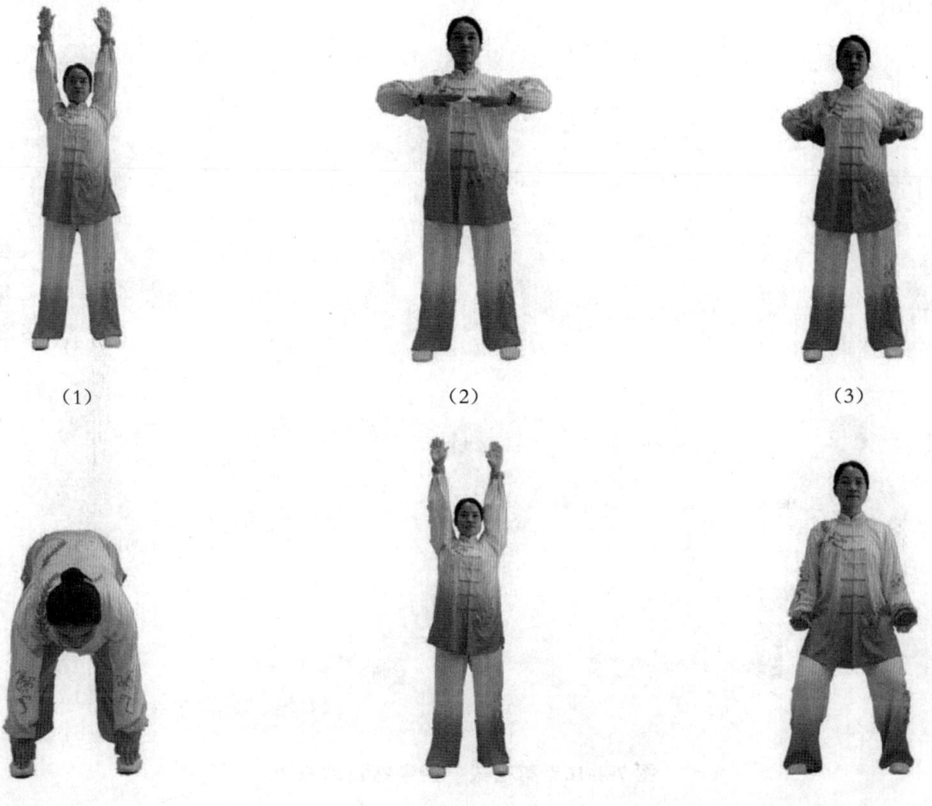

(1)　(2)　(3)　(4)　(5)　(6)

图 7-4-15　第六式　两手攀足固肾腰

动作要点：

(1)反穿摩运要适当用力，至足背时松腰沉肩，两膝挺直，向上起身时手臂主动上举，带动上体立起。

(2)体弱者可根据身体状况自行调整动作幅度，不可强求。

第七式　攒拳怒目增气力

中医认为，肝主筋，开窍于目。此式马步冲拳，怒目瞪眼，均可刺激肝经系统，使肝血充盈，肝气疏泄，强健筋骨。对那些长期静坐卧床少动之人，气血多有瘀滞，尤为适宜。

动作一：接上式。身体重心右移，左脚向左开步；两腿徐缓屈膝半蹲成马步；同时，两掌握固，抱于腰侧，拳眼朝上；目视前方。如图 7-4-16(1)所示。

动作二：左拳缓慢用力向前冲出，与肩同高，拳眼朝上；瞪目，视左拳冲出方向。如图 7-4-16(2)所示。

动作三：左臂内旋，左拳变掌，虎口朝下；目视左掌，如图 7-4-16(3)所示。左臂外旋，肘关节微屈；同时，左掌向左缠绕，变掌心向上后握拳；目视左拳。如图 7-4-16(4)所示。

动作四：屈肘，回收左拳至腰侧，拳眼朝上；目视前方。如图 7-4-16(5)所示。

动作五至动作七：同动作二至动作四，唯左右相反。

本式一左一右为一遍，共做三遍。

动作八：身体重心右移，左脚回收成并步站立；同时，两拳变掌，自然垂于体侧；目视前方。如图 7-4-16(6)所示。

图 7-4-16　第七式　攒拳怒目增气力

动作要点：

(1)马步的高低可根据自己的腿部力量灵活掌握。

(2)冲拳时要怒目瞪眼，注视冲出之拳，同时脚趾抓地，拧腰顺肩，力达拳面；拳回收时要旋腕，五指用力抓握。

第八式　背后七颠百病消

俗话说，“百步走不如抖一抖。”此式颠足而立，拔伸脊柱，下落振荡导致全身的抖动，按摩五脏六腑。不仅可以有利于消除百病，也可以作为整套套路的收功。

动作一：接上式。两脚跟提起；头上顶，动作略停；目视前方。如图 7-4-17(1)所示。

动作二：两脚跟下落，轻震地面；目视前方。如图 7-4-17(2)所示。

本式一起一落为一遍，共做七遍。

(1)　(2)

图 7-4-17　第八式　背后七颠百病消

动作要点：

(1)上提时脚趾要抓地，脚跟尽力抬起，两腿并拢，百会穴上顶，略有停顿，要掌握好平衡。

(2)脚跟下落时，咬牙，轻震地面，动作不要过急。

(3)沉肩舒臂，周身放松。

收式

动作一：接上式。两臂内旋，向两侧摆起，与髋同高，掌心向后；目视前方。如图 7-4-18(1)所示。

动作二：两臂屈肘，两掌相叠置于丹田处（男性左手在内，女性右手在内）；目视前方。如图 7-4-18(2)所示。

动作三：两臂自然下落，两掌贴于腿外侧；目视前方。如图 7-4-18(3)所示。

(1)　(2)　(3)

图 7-4-18　收式

动作要点：

体态安详，周身放松，呼吸自然，气沉丹田。

第五节　太极拳

一、太极拳的分类和特点

传说，中华始祖部落伏羲氏族在远古时期，发明创造了太极文化的经典“先天太极图”。3 000 年前，我国古代最著名的哲学家之一老子留下了《道德经》，被后人称为中华太极文化的经典文本。同时，儒家学派创始人孔子对“周易”进行全面研究，其弟子记录其思想言论而作成“六经”中的《周易》。

17 世纪中叶，河南温县陈家沟的陈王廷在家传拳法的基础上，吸收众家武术之长，融合易学、中医等思想，创编出一套具有阴阳开合、刚柔相济、内外兼修的新拳法，命名陈氏太极拳，遂成新派太极之根源。

太极拳经过长期流传，演变出了许多流派。目前，最有代表性的为陈式太极拳、杨式太极拳、武式太极拳、吴式太极拳、孙式太极拳五大流派，被誉为“太极拳五大门派”。

(一)陈式太极拳

陈式太极拳原有五路拳、五路捶、一路短打、一路亦是短打、一路散手、一路 108 式长拳、一路小四套，共十五路。这十五路拳架统称为“太拳”或称“陈家沟拳”，也称“十三折”或称“十三叠”，又名“十三势”。

到陈氏第十四世就演变成“大圈架太极拳”和“小圈架太极拳”两个支派。“大圈架太极拳”也称为“大架太极拳”或称“村南拳”，代表人物为陈长兴。“小圈架太极拳”也称为“小架太极拳”或称“村北拳”，代表人物为陈有恒、陈有本。

因为种种历史原因，陈式太极拳套路大多失传。大架太极拳现存有一路拳架、一路炮捶。小架太极拳现存有两路拳、一路炮捶。大架太极拳与小架太极拳的主要区别是：大架太极拳要求中指领劲，裆要求圆裆和翻裆；小架太极拳要求食指领劲，裆要求合裆和翻裆。其他身法、要领基本相同。

(二)杨式太极拳

杨福魁，字禄禅，在陈家沟拜陈式太极拳高手陈长兴为师，学得陈式太极拳十五个套路，回到广平府永年县(现为永年区)，根据套路的特点和家乡的习惯，将太极拳名称改为“大架太极拳”“中架太极拳”“小架太极拳”等十五个套路。

杨式太极拳到第二代就花开两枝。一支为杨禄禅次子杨班侯，他继承了杨禄禅所传授的十五个套路，未曾改动传承下来，现在人们将这一支派称为“杨式太极拳老架”。另一支为杨禄禅季子杨健侯，他在继承杨禄禅所传授太极拳的基础上，又根据社会发展的需要，对套路进行逐步简化，直到逝世后，在其季子杨澄甫手里才得以正式完成简化定谱，由原十五个套路简化为五个套路，同时也对这五套路中的窜蹦跳跃进行删除，使人们易学易练、老少皆宜，为太极拳的发展起到了积极的推动作用。

这五个套路的名称分别为："八五式太极拳""三七式太极拳""太极长拳""太极散手"。门内人称其为"老五路"。因为散手既可以单练，也可以对练，所以又有人将散手说成是两个拳架，故也有将其称为"老六路"的。但更多的人却习惯称之为"杨式太极拳定型套路"。

（三）武式太极拳

武河清，先跟杨禄禅学习陈式大架太极拳，后又跟陈式太极拳高手陈清萍学习陈式小架太极拳。

经过漫长的研究、揣摩，逐渐将陈式大架太极拳和陈式小架太极拳融为一体，逐步演化成独具风格的太极拳套路，自成一派，被人们誉为"武式太极拳"。武式太极拳有两个套路，一个是太极拳套路，名曰"太极十三势"，一个是"一时短打"。

武式太极拳与陈式太极拳和杨式太极拳的主要区别是：要求食指领劲，裆部要求裹裆和吊裆，其他身法、要领与陈式太极拳和杨式太极拳相同。

（四）吴式太极拳

吴全佑，满族人。拜在杨式太极拳第二代传人杨班侯门下，学习了杨式太极拳老架中的一个中架，一个快架。后经吴全佑之子吴鉴泉修改和充实，去掉重复、发劲、跳跃的动作，从而自成流派，形成流传至今的"吴式太极拳慢架子"，还保留了传统套路"吴式太极拳快架子"。

（五）孙式太极拳

孙福全，师从于武式太极拳第三代传人郝为真，孙禄堂将武式太极拳、形意拳、八卦拳融为一体，创编了"孙式太极拳"，并著有《太极拳学》一书。

太极拳除了陈式、杨式、武式、吴式、孙式之外，作为历史悠久的传统内家拳派，还有武当太极、禅门太极、八卦太极、忽雷太极、原始太极、养生太极等流派。太极拳是中华民族的宝贵财富，是一种优秀的传统文化。

二、太极拳动作要领

我国传统太极拳发展成五大派别，其中，陈式太极拳是明末清初河南温县陈家沟的第九世陈王廷始创，世代相传，名手辈出。陈氏第十七世陈发科被称为"太极第一人"。

陈式太极拳是中华民族武术宝库中一颗璀璨的明珠。洪均生先生于1930年拜陈发科先生为师，随师学习十五年，功底深厚。他将巧拿精化的实用技法融入拳术套路之中，形成了独特的风格与特点，创建了陈式洪派太极拳。

陈式洪派太极拳对身体各部位的要求与陈式太极拳有共通之处，也有差别。身体21处，处处有要领。需用心体会才能融会贯通、运用自如。

1. 头

头部的大脑是神经系统的中枢，各种信息都要集中到这里进行分析处理。行拳时，不可前俯后仰、左右歪斜、摇头晃脑，应头顶虚领、保持中正、不低不仰、不偏不斜、转动自然、下颌微内收、颈竖直，促进头的顶劲和领劲。一定要掌握头的顶劲、领劲，以为周身之纲领。

2. 面

面要保持自然正色，不要有急躁、畏惧等表情变化。行功走架，松劲时，面部表情要自然，精神意识要集中；在爆发内劲力时，面部肌肉要适当绷紧。

3. 口

练拳时，两唇要自然微合，地仓内收，有助于行拳发劲，千万不要张嘴，以防气漏力偏。故有“闭唇调呼吸，日久气力增”之说。

4. 牙

练拳时有“轻叩松，紧咬刚”之说。运化虚合时，牙齿轻叩；发放爆发劲力时，要牙齿紧咬，切齿前叩，发后还原。

5. 舌

松柔化时舌尖轻领，发劲击出时卷舌，运用内劲时舌必紧而催。抵有上下，催有阴阳，修炼时用抵，用时要催。上抵则升，下抵则降。上催则浮，下催则沉，前催则冲。舌下催使劲力向前发放，舌前催劲前冲。

6. 鼻

行拳调息，全有赖于鼻子，一呼一吸，鼻能控制其节奏，与动作配合达到内外一体。

7. 眼

行拳时应凝神聚目，全神贯注，在发力的一瞬间，要眉头集聚，上下眼睑绷紧，光聚瞳仁，让敌望而生畏，此谓之神攻。无论做任何动作，眼必须先到，然后手脚即到。

8. 耳

练习陈式洪派太极拳时，耳要静听身后，兼顾左右，随着百会穴的虚领顶劲，耳尖虚领直竖，耳根松沉，使之上下对称，结合神本静，听觉自然灵敏。

9. 肩

肩要松，不要向上耸肩，要向前微合。手臂向上扬时肩要放松，如金鸡独立、白鹤亮翅等动作；手臂在水平以下时，肩应向下松沉。发力时肩膀抱作一团，周身合抱为一，催发内劲时上发至手、下发至足。两肩骨节似有一线，前后左右互相呼应，达到“以肩靠通背、抖劲气力出”。

10. 肘

肘分重、合、领、横、催之法。重即“下坠沉降”，合即“相抱互济”，领即“引牵相随”，横即“掤架分化”，催即“紧逼不放”。重肘求中正，合肘求整劲，领肘求变化，催肘求力发，横肘求掤架。陈式洪派太极拳中有里沉肘、外沉肘、下沉肘，另外，还有顺拦肘、拗拦肘、连环肘等肘法。在练习时，无论做任何动作，手的高度在胸部以上时，肘关节都不能超过手的高度。

11. 臂膀

臂发打横竖，拥滚云拿，具有缠筋走化、灵敏健实的作用。腕有柔韧与强硬之分，不可散，灵不可浮，活不可柔，缠身带腕，刚柔相济。

12. 拳

拳由拳心、拳面、拳背、拳眼、拳轮组成。洪均生先生教授的握法是以小指领劲依次旋转握拳，拇指紧扣在食指和中指的第二指节上，拳紧握一齐着力，采、拉、勾、挂、捻，方为合窍之妙。要在落点的一瞬间，把拳握紧迅速击出，击后松拳。

13. 掌

陈式洪派太极拳的掌形是拇指根节合、梢节开，食指和中指向掌的背后伸展，无名指、小指根节微里合，形成螺旋掌，指根骨不能显露掌背，四指之间要保持相等的指距。与其他太极拳掌形有所区别。挤时用掌根，按时用掌心，劈砍用小指侧，撩时用虎口处，扇击用掌心背，穿插用指尖掌。

14. 勾手

屈腕，五指第一指节捏拢，由勾尖、勾顶组成。通常是由掌变勾。勾有顶、叼、拿、锁、扣、探、拉、搂、挂、捻等作用。勾手是练习腕力和指力的方法之一，是擒拿的手法。

15. 胸

在行拳时，胸部是横膈肌膜下降，使胸腔的空间变大，促进心肺完全放松，达到心平气和，这样有利于劲的下沉和下肢劲的传导，即“气沉丹田”。

16. 脊

脊支撑全身，如房屋之大梁，为人体的支柱，主宰全身劲力的柔化。脊骨要上下拉拔扭拧，上吊大椎，下垂尾闾，脊背中正，不偏不倚。

17. 背

用背之法要横拔纵亦拔，横拔则两拉，纵拔则大椎尾骨上下要有对拔之劲，不可用拙力，用劲要刚柔相济。

18. 腰

行功走架，腰为第一主宰，一身之劲在于腰。腰应以中正为主，立体的旋转，旋转角度不应超过 45 度，在步法进退时可达 90 度或 360 度以上。腰既要保持中正而不偏不倚，又要灵活旋转，不要前倾后仰，左右歪斜。

19. 裆

陈式洪派太极拳要求裆开圆撑。无论姿势高低，裆部都要开圆，不要有“人”字裆现象。裆部开得圆，劲自然能塌得下，使重心降低，增强躯干的稳定性。

20. 胯

圆裆展胯，即先圆裆后开胯。松开髋关节，能使腰腿在做动作时更为灵活协调，也是调整下肢的关键。练习中胯的转动，应是一胯做支点，另一胯做下塌、外展、上提动作，可根据动作需要，来调整动作大小。如腰向左转，右胯不动，左胯下塌外展，右胯再内扣。

21. 膝

陈式洪派太极拳不论进退转换，膝部都有攻防含义。素有“足来提膝”“近便加膝”之说。

三、太极拳锻炼方法

陈式洪派太极拳拳架紧凑缜密，以技击实用为根本，圆活轻灵之处见雄浑大气。它以运动力学的“随遇平衡”原理为依据，强调身躯和四肢螺旋运动的公转与自转关系，注重动作方向、角度的密切配合，不偏不倚，无过无不及，其拳理、拳法高度协调一致，是一种集拳、功、法、养于一体的优秀拳术。

(一)基本手形

1. 掌

拇指与小指有相合之意，中指、食指与无名指微微向后仰。四指均轻微合拢，但不可用力，掌心要虚。掌又分为内螺旋掌、平螺旋掌、外螺旋掌三种(图 7-5-1 至图 7-5-3)。

图 7-5-1　内螺旋掌

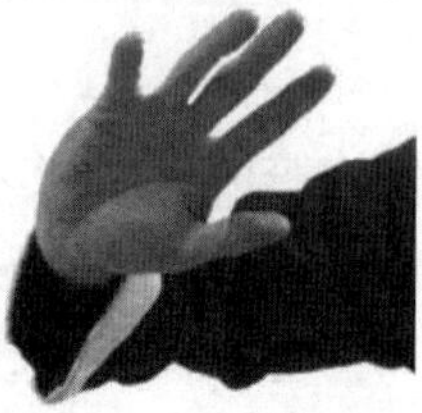

图 7-5-2　平螺旋掌

图 7-5-3　外螺旋掌

2. 拳

螺旋拳：以小指领无名指、中指、食指，依次合于掌心，大拇指斜口于中指之上。不要用力握紧，呈螺旋形(图 7-5-4)。

钻拳：以小指领无名指、中指，依次合于掌心，食指弯曲，大拇指扣于食指的指甲上，不要握得太紧(图 7-5-5)。

3. 勾

五指捏拢，像是捏住一粒米的形状，坐腕，手指斜向下勾。注意，不可使手腕向下折 90 度(图 7-5-6)。

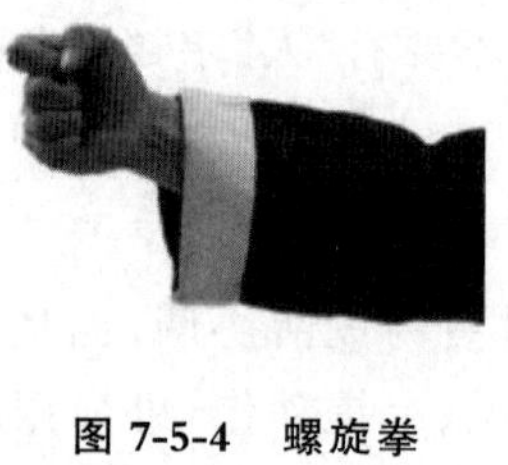

图 7-5-4　螺旋拳

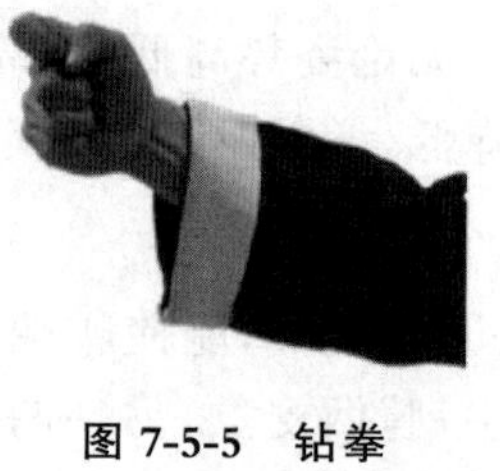

图 7-5-5　钻拳

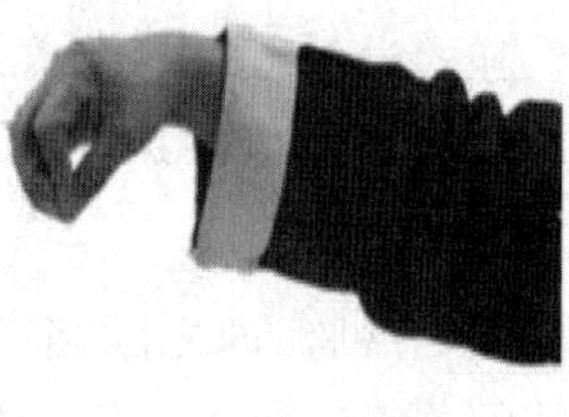

图 7-5-6　勾拳

4. 手把

小手把：以小指领无名指、中指，依次向掌心的方向微微弯曲，食指伸直，然后将手贴于胸前，指尖斜向右下方。掌心要虚(图 7-5-7)。

大手把：左掌贴于胸前，掌心要虚，指尖斜向右下方（图 7-5-8）。

图 7-5-7　小手把

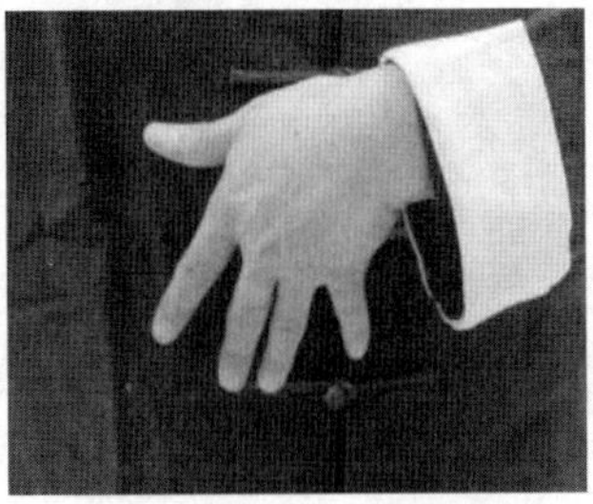

图 7-5-8　大手把

（二）主要手法

1. 掌法

掤：正掤法，屈臂呈弧形置于体前，掌心面向斜下方，力达前臂外侧（图 7-5-9）；侧掤法，屈臂呈弧形置于体侧，掌心向下，掌前向前，力达前臂外侧（图 7-5-10）。

图 7-5-9　正掤法

图 7-5-10　侧掤法

挤：两手交叉于腹前，然后两手向斜上方挤出，边挤手腕边旋转（图 7-5-11）。

图 7-5-11　挤

按：手心斜相对，两臂缓缓向体前水平按出（图 7-5-12）。

採：两臂上举至与肩同高的位置，然后，同时向右画弧。手不能高过眼（图 7-5-13）。

图 7-5-12　按

图 7-5-13　採

挒：左手置于胸前，右手向右上方画弧（图 7-5-14）。

捋：左手置于胸前；右手向后，手肘紧贴肋骨，右手与下颌同高（图 7-5-15）。

图 7-5-14　挒

图 7-5-15　捋

2. 肘法

拗：左脚向左侧迈步并将身体重心转移至该脚，双臂合抱于体前，右肘向右发劲（图 7-5-16）。

顺：右脚向右侧迈步；双臂合抱于体前，右肘向右发劲（图 7-5-17）。

图 7-5-16　拗

图 7-5-17　顺

3. 肩法

靠：右脚向右侧迈步，左脚蹬地，右肩向右靠并发劲，两臂向胸前画弧线交叉（图 7-5-18）。

图 7-5-18　靠

(三)基本步型

1. 马步

两脚开立下蹲，脚尖面向着前方，两膝微内扣，裆略高于膝。按照两脚开立的大小，马步分为小正马步(图 7-5-19)、大正马步(图 7-5-20)；按照两膝的方向，马步又分为左正马步(图 7-5-21)、右正马步(图 7-5-22)。

图 7-5-19　小正马步

图 7-5-20　大正马步

图 7-5-21　左正马步

图 7-5-22　右正马步

2. 八字步

八字步分为内八字与外八字两种。两脚开立下蹲，间距 2～3 脚宽，两脚外撇或内扣约 30 度，两膝与脚尖朝同一方向，膝与脚的垂直方向不可超过脚尖(图 7-5-23、图 7-5-24)。

3. 虚步

一腿屈膝支撑体重，另一腿微屈脚尖点地，膝上提，自然置于支撑腿外侧(图 7-5-25)。

图 7-5-23　内八字步

图 7-5-24　外八字步

图 7-5-25　虚步

4. 仆步

腿全蹲，膝与脚尖稍外撇，另一腿向异侧自然伸直，直铺接近地面，脚尖内扣，两脚着地。从横向上看应一脚略在前，另一脚在后。按照两脚的位置距离，仆步又分为大型仆步（图 7-5-26）、小型仆步（图 7-5-27）。

图 7-5-26　大型仆步

图 7-5-27　小型仆步

5. 盘步

以前脚掌为轴，脚跟向前推进成横向，全脚掌着地，膝部贴在前腿小腿的外侧形成交叉，臀部接近后脚跟（图 7-5-28）。

6. 弓步

前腿全脚掌着地，屈膝前弓，膝部不得超过脚尖，另一腿自然伸直，两脚尖均朝前，后脚尖外撇不得超过 20 度，两脚外缘横向不超肩宽，两脚横向间隔为一脚（图 7-5-29）。

图 7-5-28　盘步

图 7-5-29　弓步

7. 独立步

一腿自然直立，另一腿屈膝上提，大腿高于水平，脚尖自然下垂（图 7-5-30）。

8. 丁字步

一腿屈膝半蹲，重心在屈膝腿上；另一腿以脚前掌点于支撑脚内侧，两脚间约 20 厘米（图 7-5-31）。

图 7-5-30　独立步

图 7-5-31　丁字步

(四)主要步法

1. 前进

一腿支撑，另一腿提起经支撑腿内侧向前进一步，脚跟先着地，随着重心前移，再全脚着地。另一只脚按照同样的方法向前迈步(图 7-5-32)。

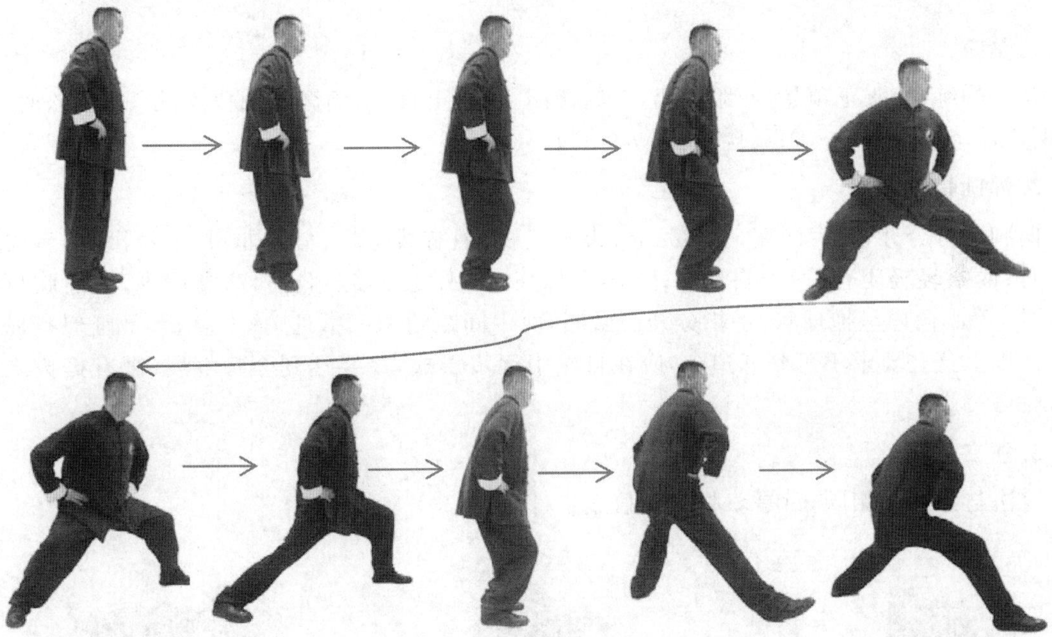

图 7-5-32　前进

2. 后退

一腿支撑，另一腿提起经支撑腿内侧向后退一步，脚前掌先着地，随着重心后移再将全脚慢慢着地。另一只脚按照同样的方法向后退步(图 7-5-33)。

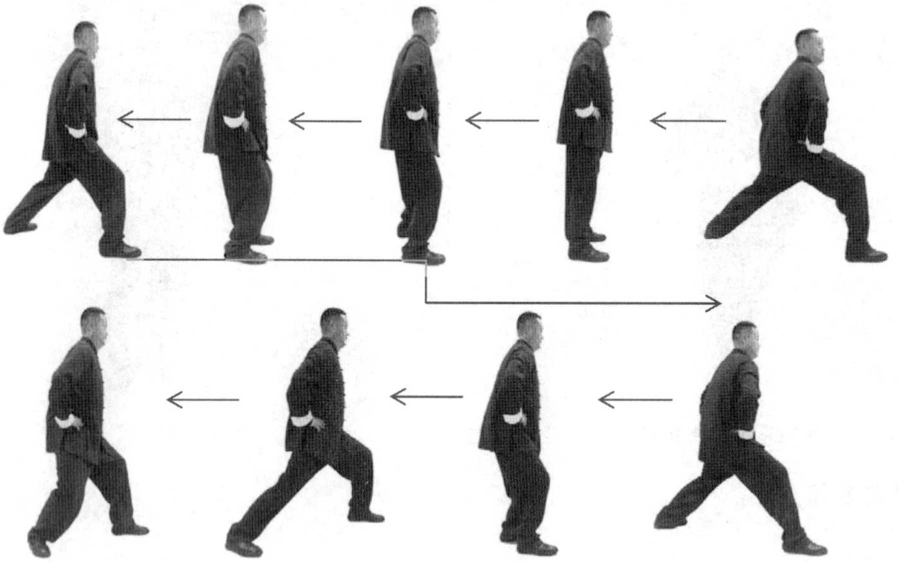

图 7-5-33　后退

(五)基本功练习

1. 站桩

站桩的练法:头正顶悬,两眼微闭,口唇微闭,舌抵上腭,下颏微收,颈直项松,直腰松胯,屈膝,两肩下沉,全身放松,呼吸自然(图 7-5-34)。

2. 浑圆桩

两脚平行分开,与肩同宽,自然站立;头部正直,似有线上提,似顶非顶;下颏微收,舌尖轻抵上腭;两眼轻轻闭合;两肩自然下垂,不可耸肩;双手慢慢移至胸前,高与肩平,距离胸口约 30 厘米,手心向内呈抱球状,手指分开而微屈,两手间距约两三掌远,腋下涵虚,足趾似有抓地之意。以上这些要求不可刻意追求,应在自然中逐步形成,最终达到全身舒展、微有挺拔之势(图 7-5-35)。

3. 独立桩

身法与浑圆桩相同,只是双腿变成独立步(图 7-5-36)。

图 7-5-34　站桩

图 7-5-35　浑圆桩

图 7-5-36　独立桩

4. 易筋桩

①两脚开立，与肩同宽；两手指尖相对，掌心向上，缓缓上举直至头顶上方（图 7-5-37）。

图 7-5-37　易筋桩（1）

②保持上一个动作，身体最大限度地向后仰，接着起身，回到原来的位置（图 7-5-38）。

图 7-5-38　易筋桩（2）

③同样姿势，身体最大限度地前倾，直至两手着地；两手抱两脚腕，身体下蹲（图 7-5-39）。

图 7-5-39　易筋桩（3）

④起身，如图 7-5-40 所示，两臂缓慢垂于体侧。

图 7-5-40　易筋桩(4)

5. 交换掌

站立,两脚与肩同宽,左手走里下弧线向里收转,掌心面向右下方;右手走里右前弧线向右前方转出,略比肩低,掌心向下。左手沉肘向右前转出,掌心面向右下方;右手走里上弧线沿左小臂向臂旁内侧收转,掌心面向左下方。左手再次走里下弧线向里收转,右手再次走里右前弧线向右前方转出(图 7-5-41)。

图 7-5-41　交换掌

6. 换形掌

①两脚开立,与肩同宽;两手自然垂于体侧。两手缓缓向体前画弧并交叉于胸前;右手向左前方转出,略比肩低,掌心向下;左手向左胯侧下转,掌心向下(图 7-5-42)。

图 7-5-42　换形掌(1)

②双手腕再次于体前交叉；左手向右前方转出，掌心向下；右手向右胯侧下转，掌心向下。双手再次于胸前交叉，两臂收于体侧（图 7-5-43）。

图 7-5-43　换形掌（2）

（六）24 式简化太极拳套路

24 式简化太极拳

第一组：

1. 起势（图 7-5-44）

（1）身体自然直立，两脚开立，与肩同宽，脚尖向前；两臂自然下垂，两手放在大腿外侧；眼向前平看。

要点：头颈正直，下巴微向后收，不要故意挺胸或收腹，精神要集中（起势由立正姿势开始，然后左脚向左分开，成开立步）。

（2）两臂慢慢向前平举，两手高与肩平，与肩同宽，手心向下。

（3）上体保持正直，两腿屈膝下蹲；同时两掌轻轻下按，两肘下垂与两膝相对；眼平看前方。

要点：两肩下沉，两肘松垂，手指自然微屈，屈膝松腰，臀部不可凸出，身体重心落于两腿中间，两臂下落和身体下蹲的动作要协调一致。

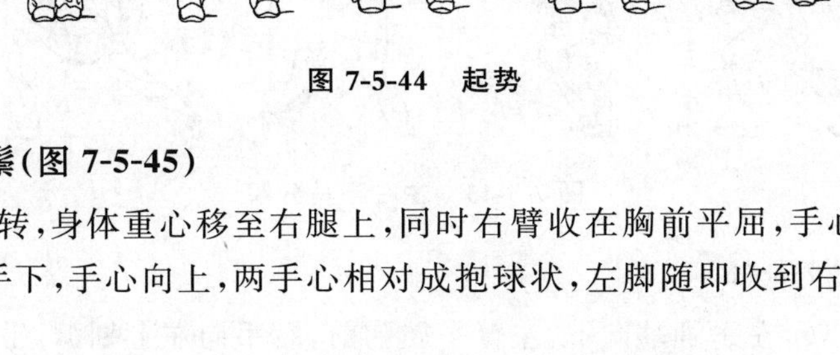

图 7-5-44　起势

2. 左右野马分鬃（图 7-5-45）

（1）上体微向右转，身体重心移至右腿上，同时右臂收在胸前平屈，手心向下，左手经体前向右下划弧放在右手下，手心向上，两手心相对成抱球状，左脚随即收到右脚内侧，脚尖点地，眼看右手。

（2）上体微向左转，左脚向左前方迈出，右脚跟后蹬，右腿自然伸直，成左弓步；同时上体继续向左转，左右手随转体慢慢分别向左上、右下分开，左手高，与眼平（手心斜向上），肘微屈；右手落在右胯旁，肘也微屈，手心向下，指尖向前；眼看左手。

（3）上体渐渐后坐，身体重心移至右腿，左脚尖翘起，微向外撇（大约 45°～60°），随后脚掌慢慢踏实，左腿慢慢前弓，身体左转，身体重心再移至左腿；同时左手翻转向下，左臂收在胸前平屈，右手向左上划弧放在左手下，两手心相对成抱球状；右脚随即收到左脚内侧，脚尖点地；眼看左手。

（4）右腿向右前方迈出，左腿自然伸直，成右弓步，同时上体右转，左右手随转体分别慢慢向左下、右上分开，右手高，与眼平（手心斜向上），肘微屈；左手落在左胯旁，肘也微屈，手心向下，指尖向前；眼看右手。

（5）与 3 同，只是左右相反。

（6）与 4 同，只是左右相反。

要点：上体不可前俯后仰，胸部必须宽松舒展，两臂分开时要保持弧形，身体转动时要以腰为轴。弓步动作与分手的速度要均匀一致，做弓步时，迈出的脚先是脚跟着地，然后脚掌慢慢踏实，脚尖向前，膝盖不要超过脚尖：后腿自然伸直；前后脚夹角约成 45°～60°（需要时后脚脚跟可以后蹬调整）。野马分鬃式的弓步，前后脚的脚跟要分在中轴线两侧，它们之间的横向距离（即以动作行进的中线为纵轴，其两侧的垂直距离为横向）应该保持在 10～30 厘米左右。

攻防含义：用一手化解对方攻击之手臂，另一手攻击对方。

图 7-5-45　左右野马分解

3. 白鹤亮翅（图 7-5-46）

（1）上体微向左转，左手翻掌向下，左臂平屈胸前，右手向左上划弧，手心转向上，与左手成抱球状，眼看左手。

(2)右脚跟进半步，上体后坐，身体重心移至右腿，上体先向右转。面向右前方，眼看右手，然后左脚稍向前移，脚尖点地，成左虚步，同时上体再微向左转，面向前方，两手随转体慢慢向右上、左下分开，右手上提停于右额前，手心向左后方，左手落于左胯前，手心向下，指尖向前，眼平看前方。

要点：完成姿势胸部不要挺出，两臂上下都要保持半圆形，左膝要微屈；身体重心后移和右手上提、左手下按要协调一致。

攻防含义：可用右手防止对方的上面攻击，左手化解对方下部的攻击。

图 7-5-46 白鹤亮翅

第二组：

4. 左右搂膝拗步(图 7-5-47)

(1)右手从体前下落，由下向后上方划弧至右肩外侧，肘微屈，手与耳同高，手心斜向上，左手由左下向上，向右下方划弧至右胸前，手心斜向下；同时上体先微向左再向右转，左脚收至右脚内侧，脚尖点地，眼看右手。

(2)上体左转，左脚向前(偏左)迈出成左弓步，同时右手屈回由耳侧向前推出，高与鼻尖平，左手向下由左膝前搂过，落于左胯旁，指尖向前，眼看右手手指。

(3)右腿慢慢屈膝，上体后坐，身体重心移至右腿，左脚尖翘起微向外撇，随后脚掌慢慢踏实，左腿前弓，身体左转，身体重心移至左腿，右脚收到左脚内侧，脚尖点地；同时左手向外翻掌由左后向上划弧至左肩外侧，肘微屈，手与耳同高，手心斜向上；右手随转体向上、向左下划弧落于左胸前，手心斜向下；眼看左手。

(4)与 2 同，只是左右相反。

(5)与 3 同，只是左右相反。

(6)与 2 同。

要点：前手推出时，身体不可前俯后仰，要松腰松胯。推掌时要沉肩垂肘、坐腕舒掌，同时须与松腰、弓腿上下协调一致，搂膝拗步成弓步时，两脚跟的横向距离保持约 30 厘米左右。

攻防含义：一手化开对方的进攻，另一手攻击对方。

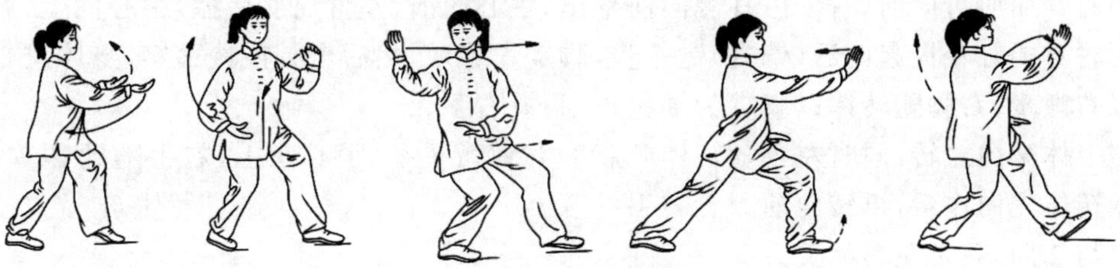

图 7-5-47　左右搂膝拗步

5. 手挥琵琶(图 7-5-48)

右脚跟进半步，上体后坐，身体重心转至右腿上，上体半面向右转，左脚略提起稍向前移，变成左虚步，脚跟着地，脚尖翘起，膝部微屈；同时左手由左下向上挑举，高与鼻尖平，掌心向右，臂微屈，右手收回放在左臂肘部里侧，掌心向左；眼看左手食指(图 7-548)。

要点：身体要平稳自然，沉肩垂肘，胸部放松。左手上起时不要直向上挑，要由左向上、向前，微带弧形。右脚跟进时，脚掌先着地，再全脚踏实。身体重心后移和左手上起、右手回收要协调一致。

攻防含义：用右手防止对方的进攻，同时左手攻击对方。

图 7-5-48　手挥琵琶

6. 左右倒卷肱(图 7-5-49)

(1)上体右转，右手翻掌(手心向上)经腹前由下向后上方划弧平举，臂微屈，左手随即翻掌向上；眼的视线随着向右转体先向右看，再转向前方看左手。

(2)右臂屈肘折向前，右手由耳侧向前推出，手心向前，左臂屈肘后撤，手心向上，撤至左肋外侧；同时左腿轻轻提起向后(偏左)退一步，脚掌先着地，然后全脚慢慢踏实，身体重心移到左腿上，成右虚步，右脚随转体以脚掌为轴扭正；眼看右手。

(3)上体微向左转，同时左手随转体向后上方划弧平举，手心向上，右手随即翻掌，掌心向上；眼随转体先向左看，再转向前方看右手。

(4)与 2 同，只是左右相反。

(5)与 3 同,只是左右相反。

(6)与 2 同。

(7)与 3 同。

(8)与 2 同,只是左右相反。

要点:前推的手不要伸直,随转体仍走弧线。前推肘,要转腰松胯,两手的速度要一致,避免僵硬。退步时,脚掌先着地,再慢慢全脚踏实,同时,前脚随转体以脚掌为轴扭正。退左脚略向左后斜,退右脚略向右后斜,避免使双脚落在一条直线上。后退时,眼神随转体动作先向左右看,然后再转看前手。最后退右脚时,脚尖外撇的角度略大些,便于接做"左揽雀尾"的动作。

攻防含义:化解对方的攻击。

图 7-5-49 左右倒卷肱

第三组:

7. 左揽雀尾(图 7-5-50)

(1)上体微向右转,同时右手随转体向后上方划弧平举,手心向上,左手放松,手心向下,眼看左手。

(2)身体继续向右转,左手自然下落逐渐翻掌经腹前划弧至右肋前,手心向上;

右臂屈肘,手心转向下,收至右胸前,两手相对成抱球状;同时身体重心落在右腿上,左脚收到右脚内侧,脚尖点地;眼看右手。

(3)上体微向左转,左脚向左前方迈出,上体继续向左转,右腿自然蹬直,左腿屈膝,成左弓步;同时左臂向左前方绷出(即左臂平屈成弓形,用前臂外侧和手背向前方推出),高与肩平,手心向后；右手向右下落放于右胯旁，手心向下，指尖向前；眼看左前臂。

要点：绷出时，两臂前后均保持弧形，分手、松腰、弓腿三者必须协调一致，揽雀尾弓步时，两脚跟横向距离不超过 10 厘米。

(4)身体微向左转，左手随即前伸翻掌向下，右手翻掌向上，经腹前向上、向前伸至左前臂下方；然后两手下捋，即上体向右转，两手 经腹前向右后上方划弧，直至右手手心向上，高与肩齐，左臂平屈于胸前，手心向后；同时身体重心移至右腿；眼看右手。

要点：下捋时，上体不可前倾，臀部不要凸出，两臂下捋须随腰旋转，仍走弧线，左脚全掌着地。

(5)上体微向左转，右臂屈肘折回，右手附于左手腕里侧(相距约 5 厘米)，上体继续向左转，双手同时向前慢慢挤出，左手心向后，右手心向前，左前臂要保持半圆；同时身体重心逐渐前移变成左弓步；眼看左手腕部。

要点：向前挤时，上体要正直，挤的动作要与松腰、弓腿相一致。

(6)左手翻掌，手心向下，右手经左腕上方向前、向右伸出，高与左手齐，手心向下，两手左右分开，宽与肩同；然后右腿屈膝，上体慢慢后坐，身体重心移至右腿上，左脚尖翘起；同时两手屈肘回收至腹前，手心均向前下方；眼向前平看。

(7)上式不停，身体重心慢慢前移，同时两手向前、向上按出，掌心向前；左腿前弓成左弓步；眼平看前方。

要点：向前按时，两手须走曲线，手腕部高与肩平，两肘微屈。

攻防含义：用左手向对方掤出，并用两手顺势捋拉对方，待对方失去重心或回撤时，挤按攻击对方。

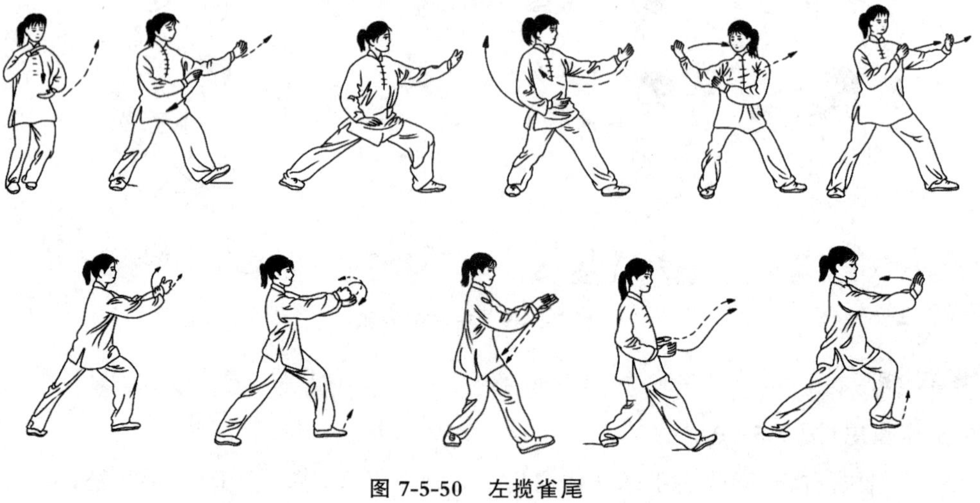

图 7-5-50　左揽雀尾

8. 右揽雀尾(图 7-5-51)

(1)上体后坐并向右转，身体重心移至右腿，左脚尖里扣；右手向右平行划弧至右侧，然后由右下经腹前向左上划弧至左肋前，手心向上；左臂平屈胸前，左手掌向下与右手成抱球状；同时身体重心再移至左腿上，右脚收至左脚内侧，脚尖点地；眼看左手。

(2)与“左揽雀尾”3 同，只是左右相反。

(3)与“左揽雀尾”4 同,只是左右相反。

(4)与“左揽雀尾”5 同,只是左右相反。

(5)与“左揽雀尾”6 同,只是左右相反。

(6)与“左揽雀尾”7 同,只是左右相反。

要点:均与“左揽雀尾”相同,只是左右相反。

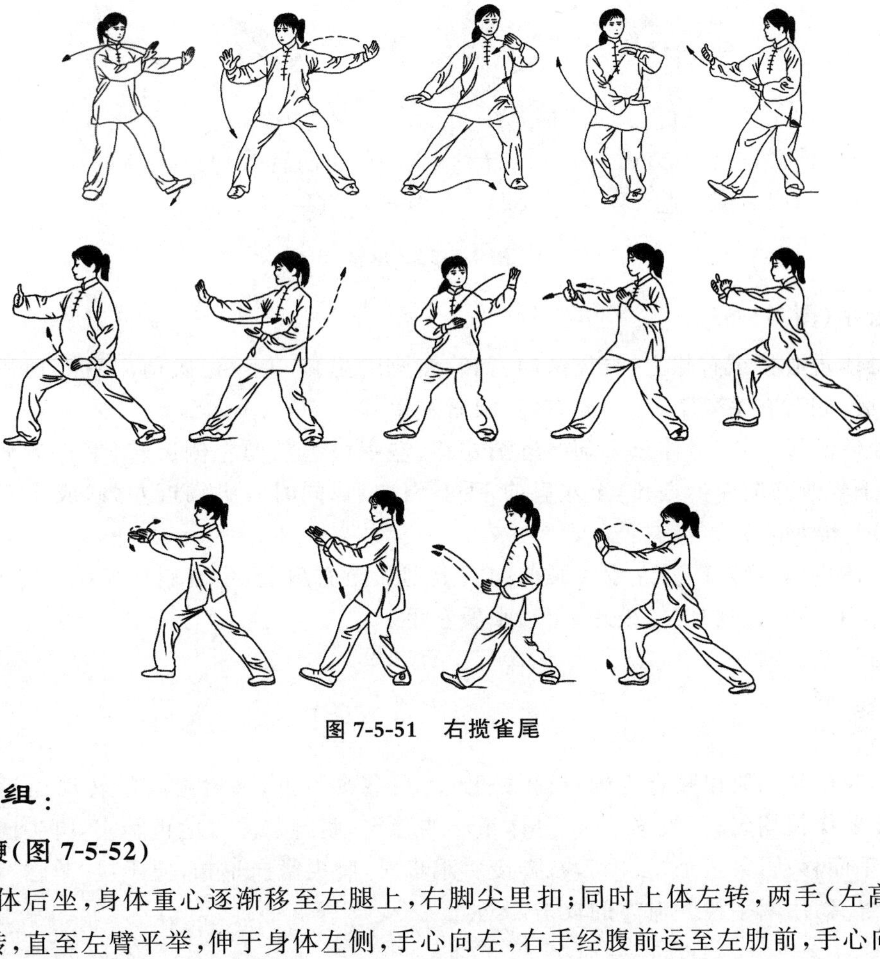

图 7-5-51　右揽雀尾

第四组:

9. 单鞭(图 7-5-52)

(1)上体后坐,身体重心逐渐移至左腿上,右脚尖里扣;同时上体左转,两手(左高右低)向左弧形运转,直至左臂平举,伸于身体左侧,手心向左,右手经腹前运至左肋前,手心向后上方;眼看左手。

(2)身体重心再渐渐移至右腿上,上体右转,左脚向右脚靠拢,脚尖点地;同时右手向右上方划弧(手心由里转向外),至右侧方时变勾手,臂与肩平;左手向下经腹前向右上划弧停于右肩前,手心向里;眼看左手。

(3)上体微向左转,左脚向左前侧方迈出,右脚跟后蹬,成左弓步;在身体重心移向左腿的同时,左掌随上体的继续左转慢慢翻转向前推出,手心向前,手指与眼齐平,臂微屈,眼看左手。

要点:上体保持正直,松腰。完成时,右臂肘部稍下垂,左肘与左膝上下相对,两肩下沉。左手向外翻掌前推时,要随转体边翻边推出,不要翻掌太快或最后突然翻掌。全部过渡动作,上下要协调一致。如面向南起势,单鞭的方向(左脚尖)应向东偏北(大约为 15°)

攻防含义:用右手化解对方的进攻,左手攻击对方胸、面部。

图 7-5-52 单鞭

10. 云手(图 7-5-53)

(1)身体重心移至右腿上,身体渐向右转,左脚尖里扣;左手经腹前向右上划弧至右肩前,手心斜向后,同时右手变掌,手心向右前;眼看左手。

(2)上体慢慢左转,身体重心随之逐渐左移,左手由脸前向左侧运转,手心渐渐转向左方,右手由右下经腹前向左上划弧,至左肩前,手心斜向后;同时右脚靠近左脚,成小开立步(两脚距离约 10～20 厘米);眼看右手。

(3)上体再向右转,同时左手经腹前向右上划弧至右肩前,手心斜向后,右手向右侧运转,手心翻转向右;随之左腿向左横跨一步;眼看左手。

(4)与 2 同。

(5)与 3 同。

(6)与 2 同。

要点:身体转动要以腰脊为轴,松腰松胯,不可忽高忽低;两臂随腰的转动而运转,要自然圆活,速度要缓慢均匀;下肢移动时,身体重心要稳定,两脚掌先着地再踏实,脚尖向前;眼的视线随左右手而移动;第三个“云手”,右脚最后跟步时,脚尖微向里扣,便于接“单鞭”动作。

攻防含义:用两手拨开对方的攻击。

图 7-5-53 云手

11. 单鞭(图 7-5-54)

(1)上体向右转,右手随之向右运转,至右侧方时变成勾手;左手经腹前向右上划弧至右肩前,手心向内;身体重心落在右腿上,左脚尖点地;眼看左手。

(2)上体微向左转,左脚向左前侧方迈出,右脚跟后蹬,成左弓步;在身体重心移向左腿的同时,上体继续左转,左掌慢慢翻转向前推出,成"单鞭"式。

要点:与前"单鞭"式相同。

图 7-5-54 单鞭

第五组:

12. 高探马(图 7-5-55)

(1)右脚跟进半步,身体重心逐渐后移至右腿上;右勾手变成掌,两手心翻转向上,两肘微屈,同时身体微向右转,左脚跟渐渐离地;眼看左前方。

(2)上体微向左转,面向前方;右掌经右耳旁向前推出,手心向前,手指与眼同高;左手收至左侧腰前,手心向上;同时左脚微向前移,脚尖点地,成左虚步,眼看右手。

要点:上体自然正直,双肩要下沉,右肘微下垂,跟步移换重心时,身体不要有起伏。

攻防含义:左手撤防,用右手攻击对方。

图 7-5-55　高探马

13. 右蹬脚(图 7-5-56)

(1)左手手心向上，前伸至右手腕背面，两手相互交叉，随即向两侧分开并向下划弧，手心斜向下；同时左脚提起向左前侧方进步(脚尖略外撇)。

(2)身体重心前移，右腿自然蹬直，成左弓步，眼看前方；两手由外圈向里圈划弧，两手交叉合抱于胸前，右手在外，手心均向后；同时右脚向左脚靠拢，脚尖点地，眼平看右前方。

(3)两臂左右划弧分开平举，肘部微屈，手心均向外；同时右腿屈膝提起，右脚向右前方慢慢蹬出；眼看右手。

要点：身体要稳定，不可前俯后仰；两手分开时，腕部与肩齐平；蹬脚时，左腿微屈，右脚尖回勾，劲使在脚跟，分手和蹬脚须协调一致；右臂和右腿上下相对，如面向南起势，蹬脚方向应为正东偏南(约 30°)。

攻防含义：用两手向外分开对方的进攻，同时用右脚蹬击对方胸、腹部。

图 7-5-56　右蹬腿

14. 双峰贯耳(图 7-5-57)

(1)右腿收回，屈膝平举，左手由后向上、向前下落至体前，两手心均翻转向上，两手同时向下划弧分落于右膝盖两侧，眼看前方。

(2)右脚向右前方落下，身体重心渐渐前移，成右弓步，面向右前方；同时两手下落，慢慢变拳，分别从两侧向上、向前划弧至面部前方，呈钳形，两拳相对，高与耳齐，拳眼都斜向内下(两拳中间距离约 10～20 厘米)，眼看右拳。

要点：完成式时，头颈正直，松腰松胯，两拳松握，沉肩垂肘，两臂均保持弧形。双峰贯耳式的弓步和身体方向与右蹬脚方向相同，弓步的两脚跟横向距离同“揽雀尾”式。

攻防含义：双拳下落化开对方攻击，随之双拳合击对方耳部。

图 7-5-57 双峰贯耳

15. 转身左蹬脚(图 7-5-58)

(1)左腿屈膝后坐,身体重心移至左腿,上体左转,右脚尖里扣;同时两拳变掌,由上向左右划弧分开平举,手心向前;眼看左手。

(2)身体重心再移至右腿,左脚收到右脚内侧,脚尖点地;同时两手由外圈向里圈划弧合抱于胸前,左手在外,手心均向后;眼平看左方。

(3)两臂左右划弧分开平举,肘部微屈,手心均向外;同时左腿屈膝提起,左脚向左前方慢慢蹬出;眼看左手。

要点:与右蹬脚式相同,只是左右相反,左蹬脚方向与右蹬脚成 180°(即正西偏北,约 30°)。

攻防含义:同右蹬脚,唯左右相反。

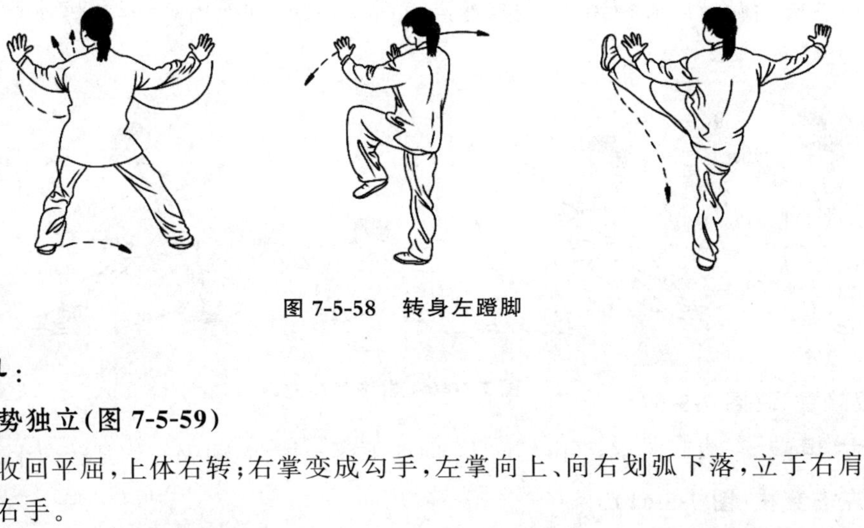

图 7-5-58 转身左蹬脚

第六组:

16. 左下势独立(图 7-5-59)

(1)左腿收回平屈,上体右转;右掌变成勾手,左掌向上、向右划弧下落,立于右肩前,掌心斜向后;眼看右手。

(2)右腿慢慢屈膝下蹲,左腿由内向左侧(偏后)伸出,成左仆步,左手下落(掌心向外)向左下顺左腿内侧向前穿出;眼看左手。

要点:右腿全蹲时,上体不可过于前倾,左腿伸直,左脚尖须向里扣,两脚脚掌全部着地,左脚尖与右脚跟踏在中轴线上。

(3)身体重心前移,左脚跟为轴,脚尖尽量向外撇,左腿前弓,右腿后蹬,右脚尖里扣,上体微向左转并向前起身;同时左臂继续向前伸出(立掌),掌心向右,右勾手下落,勾尖向后,眼看左手。

（4）右腿慢慢提起平屈，成左独立式；同时右勾手变掌，并由后下方顺右腿外侧向前弧形摆出，屈臂立于右腿上方，肘与膝相对，手心向左；左手落于左胯旁，手心向下，指尖向前；眼看右手。

要点：上体要正直，独立的腿要微屈，右腿提起时脚尖自然下垂。

攻防含义：用右手牵带对方的进攻，并用右膝、右手进攻对方。

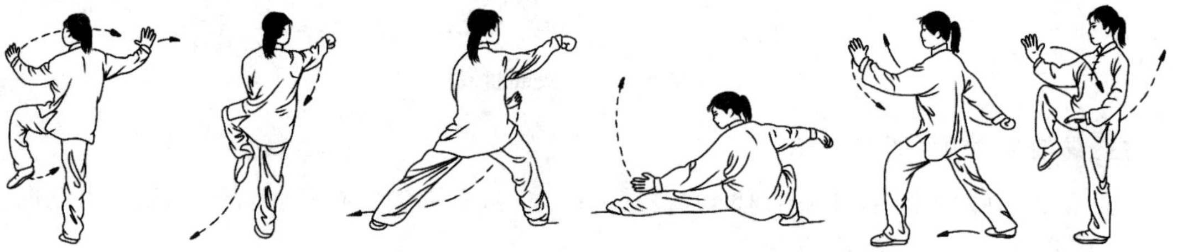

图 7-5-59　左下势独立

17. 右下势独立（图 7-5-60）

（1）右脚下落于左脚前，脚掌着地，然后以左脚前掌为轴转动脚跟，身体随之左转；同时左手向后平举变成勾手，右掌随着转体向左侧划弧，立于左肩前，掌心斜向后；眼看左手。

（2）与“左下势独立”2 同，只是左右相反。

（3）与“左下势独立”3 同，只是左右相反。

（4）与“左下势独立”4 同，只是左右相反。

要点：右脚尖触地后必须稍微提起，然后再向下仆腿，其他均与“左下势独立”相同，只是左右相反。

图 7-5-60　右下势独立

第七组：

18. 左右穿梭（图 7-5-61）

（1）身体微向左转，左脚向前落地，脚尖外撇，右脚跟离地，两腿屈膝成半坐盘式；同时两手在左胸前成抱球状（左上右下）；然后右脚收到左脚的内侧，脚尖点地；眼看左前臂。

（2）身体右转，右脚向右前方迈出，屈膝弓腿，成右弓步；同时右手由脸前向上举并翻掌停在右额前，手心斜向上；左手先向左下再经体前向前推出，高与鼻尖平，手心向前；眼看左手。

（3）身体重心略向后移，右脚尖稍向外撇，随即身体重心再移至右腿，左脚跟进，停于右脚内侧，脚尖点地，同时两手在右胸前成抱球状（右上左下），眼看右前臂。

（4）与 2 同，只是左右相反。

要点：完成姿势面向斜前方（如面向南起势，左右穿梭方向分别为正西偏北和正西偏南，均约 30°）。手推出后，上体不可前俯，手向上举时，防止引肩上耸，一手上举一手前推，要与弓腿松腰上下协调一致。做弓步时，两脚跟的横向距离同搂膝拗步式，保持在 30 厘米左右。

攻防含义：一手向上架开对方的进攻，另一手推击对方。

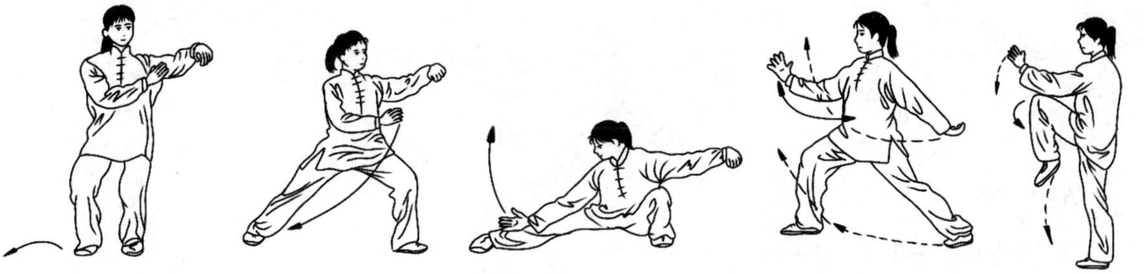

图 7-5-61 左右穿梭

19. 海底针（图 7-5-62）

右脚向前跟进半步，身体重心移至右腿，左脚稍向前移，脚尖点地，成左虚步；同时身体稍向右转，右手下落经体前向后、向上提拉至肩上耳旁，再随身体左转，由右耳旁斜向前下方插出，掌心向左，指尖斜向下；与此同时，左手向前、向下划弧落于左胯旁，手心向下，指尖向前；眼看前下方。

要点：身体要先向右转，再向左转；完成姿势，面向正西，上体不可太前倾；避免低头和臀部外凸；左腿要微屈。

攻防含义：化解对方的进攻，顺势进攻对方。

图 7-5-62 海底针

20. 闪通臂（图 7-5-63）

上体稍向右转，左脚向前迈出，屈膝弓腿成左弓步；同时右手由体前上提，屈臂上举，停于右额前上方，掌心翻转斜向上，拇指朝下；左手上起经胸前向前推出，高与鼻尖平，手心向前；眼看左手。

要点：完成姿势上体自然正直，松腰松胯。左臂不要完全伸直，背部肌肉要伸展开。推掌、举掌和弓腿动作要协调一致，弓步时，两脚跟横向距离同“揽雀尾”式（不超过 10 厘米）。

攻防含义：右手上架，左手攻对方胸部。

图 7-5-63 闪通臂

第八组：

21. 转身搬拦捶(图 7-5-64)

(1)上体后坐，身体重心移至右腿上，左脚尖里扣，身体向右后转，然后身体重心再移至左腿上；与此同时，右手随着转体向右、向下(变拳)经腹前划弧至左肋旁，拳心向下；左掌上举于头前，掌心斜向上；眼看前方。

(2)向右转体，右拳经胸前向前翻转撇出，拳心向上；左手落于左胯旁，掌心向下，指尖向前；同时右脚收回后(不要停顿或脚尖点地)即向前迈出，脚尖外撇；眼看右拳。

(3)身体重心移至右腿上，左脚向前迈一步；左手上起经左侧向前上划弧拦出，掌心向前下方；同时右拳向右划弧收到右腰旁，拳心向上；眼看左手。

(4)左腿前弓成左弓步，同时右拳向前打出，拳眼向上，高与胸平，左手附于右前臂里侧；眼看右拳。

要点：右拳不要握得太紧，右拳回收时，前臂要慢慢内旋划弧，然后再外旋停于右腰旁，拳心向上。向前打拳时，右肩随拳略向前引伸，沉肩垂肘，右臂要微屈。弓步时，两脚横向距离同“揽雀尾”式。

攻防含义：在两手搬、拦开对方的进攻后，右拳攻对方胸部。

图 7-5-64 转身搬拦捶

22. 如封似闭(图 7-5-65)

(1)左手由右腕下向前伸出,右拳变掌,两手手心逐渐翻转向上并慢慢分开回收;同时身体后坐,左脚尖翘起,身体重心移至右腿;眼看前方。

(2)两手在胸前翻掌,向下经腹前再向上、向前推出,腕部与肩平,手心向前;同时左腿前弓成左弓步;眼看前方。

要点:身体后坐时,避免后仰,臀部不可凸出;两臂随身体回收时,肩、肘部略向外松开,不要直着抽回;两手推出宽度不要超过两肩。

攻防含义:用两手化解开对方的进攻后推击对方。

图 7-5-65　如封似闭

23. 十字手(图 7-5-66)

(2)屈膝后坐,身体重心移向右腿,左脚尖里扣,向右转体;右手随着转体动作向右平摆划弧,与左手成两臂侧平举,掌心向前,肘部微屈;同时右脚尖随着转体稍向外撇,成右侧弓步;眼看右手。

(2)身体重心慢慢移至左腿,右脚尖里扣,随即向左收回,两脚距离与肩同宽,两腿逐渐蹬直,成开立步;同时两手向下经腹前向上划弧交叉合抱于胸前,两臂撑圆,腕高与肩平,右手在外,成十字手,手心均向后;眼看前方。

要点:两手分开和合抱时,上体不要前俯;站起后,身体自然正直,头要微向上顶,下巴稍向后收;两臂环抱时须圆满舒适,沉肩垂肘。

攻防含义:可用两手推架对方的进攻。

图 7-5-66　十字手

24. 收势(图 7-5-67)

两手向外翻掌,手心向下,两臂慢慢下落,停于身体两侧,眼看前方。

要点：两手左右分开下落时，要注意全身放松，同时气也徐徐下沉（呼气略加长），呼吸平稳后，把左脚收到右脚旁，再走动休息。

图 7-5-67　收势

第六节　瑜　伽

瑜伽是近年来比较流行的健身项目之一。它的魅力不仅在于通过体式的练习强健体魄、伸展肢体，塑造身形，更重要的是集修神、修身、修德于一身，在一呼一吸、举手投足之间，收获心灵的平和与安宁，使身心达到最和谐的理想状态。

一、走近瑜伽

（一）瑜伽的起源和发展

瑜伽最早是从印度梵语“yug”或“yuj”而来，其含义为“一致”“结合”或“和谐”，把精神和肉体结合到最完美的状态是瑜伽的最终目的。瑜伽不仅是一套时尚的健身运动，而且是一种有着悠久历史的古老哲学修炼理论，它将哲学、人体、自然、宇宙观和艺术都融为一体。

瑜伽起源于古印度，是古印度六大哲学派别中的一系，距今已有 5 000 多年的历史，被人们称为“世界的瑰宝”。近年来，瑜伽传入我国，在各大城市中广为流行。

（二）瑜伽流派

经过几千年的发展，瑜伽已经衍生出很多流派和分支。传统的印度瑜伽包括智瑜伽、业瑜伽、奉爱瑜伽、王瑜伽四大体系。

1. 业瑜伽(karma yoga)

“业”，是指人的行为活动。业瑜伽是服务他人的瑜伽，宣扬“无欲业”，即无私无欲的行为，主张通过无私忘我的行为，来实现灵魂的解脱。通过练习忘我的动作来净化心灵，让行为不再以得失为目的。

2. 智瑜伽(jnana yoga)

“智”,是指智慧或知识。智瑜伽主张通过增长“智慧”或“知识”的途径,来实现个人灵魂与宇宙精神的结合。智瑜伽认为知识的获得不能光靠宗教导师的教导和学习经典,还要靠自己的瑜伽修习来体验和证悟“梵我同一”的真理。

3. 奉爱瑜伽(bhakti yoga)

“奉爱”,是指奉献、热爱和投入。奉爱瑜伽在所有瑜伽流派中是唯一一个宗教化味道十分浓厚的流派。主张用博爱和慈悲作为原动力,超越自我。

4. 王瑜伽(raja yoga)

“王”,是指皇家、王者。王瑜伽者认为自己的瑜伽是最好的瑜伽,是“瑜伽之王”,故得此名。王瑜伽主张通过对身体和心思的控制,使人在生理和心理上得到修炼,从而实现解脱。

除了以上四大流派之外,还有一种哈他瑜伽(hatha yoga)。“哈”的意思是太阳,“他”的意思是月亮。它代表男与女,日与夜,阴与阳,冷与热,以及其他任何相辅相成的两个对立面的平衡。哈他瑜伽主张从体位姿势开始练习,通过练习如何控制身体和呼吸,使身体各机能有序运转,从而使心灵获得宁静,变得祥和。哈他瑜伽最适合初学者,国内的哈他瑜伽主要以姿势和呼吸的练习为主,以冥想与收束法为辅。

(三)练习瑜伽的必要性

同学们大多处于 17～19 岁的年龄段,这一阶段既是朝气蓬勃、充满活力的时期,同时也是一个变化巨大、容易产生健康危机的时期。正确的瑜伽练习,对体能、智能和情绪控制能力等方面有着重要作用。

1. 练习瑜伽可以提高体能,加强身体柔韧性

瑜伽中许多体式,如战士一式、战士二式、战士三式、树式、平板支撑、船式等都可以起到增强身体肌肉力量,扩张胸腔,提高身体平衡能力,增强身体各关节柔韧性的作用。

2. 练习瑜伽可以矫正身姿,塑造形体

缺乏体育锻炼的另外一个弊端是由于长时间伏案学习,形体出现缺陷,不同程度的存在不良坐姿、站姿和行走姿势。例如,驼背、罗圈腿、O 形腿、X 形腿等。练习瑜伽可以矫正这些姿势,塑造良好的形体和仪态。

3. 练习瑜伽可以消除紧张和疲劳,减轻压力

在校学习期间,同学们不可避免地会有各方面压力,身体和精神都会处于紧张和疲劳中,如果长时间得不到放松,身体的免疫力会下降,影响身体健康。练习瑜伽能充分锻炼肌肉和关节,深入的、有韵律的呼吸可以调节气息,最大限度地放松身体,加上和缓轻柔的瑜伽音乐,能够很好地消除紧张和疲劳,减轻压力。

4. 练习瑜伽可以提高注意力,培养专注力和耐力

瑜伽讲求身心合一,注重冥想。在呼吸调节、放松冥想运动中变得心平气和,注意力就会集中。练习瑜伽时通常要求保持一段时间的动作，这就要求克服身体不适应，拉伸肌肉和骨骼，尽量保持体式，耐力也得到锻炼。

二、瑜伽的基本练习方法

呼吸、体式和冥想是练习瑜伽的主要内容，在此基础上练习瑜伽的基本方法主要三大类，即调息的呼吸法、调心的冥想法、调身的体位法等。

(一)瑜伽呼吸法

呼吸是瑜伽练习中的精华和关键，练习瑜伽之前，我们首先要学习正确的呼吸方法。瑜伽呼吸的正确方法主要有以下几种。

1. 腹式呼吸法

腹式呼吸法是最常用的瑜伽呼吸法，是以肺的底部进行呼吸，感觉只是腹部在鼓动，胸部相对不动。依靠腹部的收缩和扩张使横膈膜升降，使大量氧气进入肺部，同时排出肺部废气。采用腹式呼吸能够使得腹部的肌肉得到锻炼，对腹腔内的器官起到一定的按摩作用，增加肺活量，促进全身血液的循环。

练习方法：

①选择好坐姿或者仰卧等舒服的姿势，通过鼻子进行呼吸。

②轻轻地把双手放在腹部，搭放的时候，双手的中指相对。

③吸气，直接把气深吸到腹部，保持胸腔不动，感觉放在腹部的手会随着气体的吸入而被抬起。随着腹部的不断扩张，横膈膜会下降。

④呼气，腹部向着脊柱的方向用力收紧，腹部不断收缩，双手从分开变为叠加，当所有的空气呼出双肺之外时，横膈膜就会上升。

进行腹式呼吸的时候，最好采用仰卧式，呼吸时尽可能地拉长呼吸的周期，并且保证呼气和吸气的时间相等。

2. 胸式呼吸法

胸式呼吸法是接近我们日常用的呼吸方法，程度比日常呼吸更深长和专注，是以肺的中上部分进行呼吸，感觉是胸部在张缩鼓动，腹部相对不动。胸式呼吸可以稳定情绪，平衡心态，帮助因为呼吸短促而积压下来的废气排出体外。

练习方法：

①选择舒适的瑜伽坐姿，腰背挺直，头顶的百会穴引领脊柱向上延伸。

②将双手轻轻搭放到胸部下侧的肋骨上，帮助体会肋骨起伏和气流涌动的感觉。

③用鼻子呼吸，吸气时胸部隆起，肋骨向上向外扩张，腹部不动并保持平坦。

④继续呼气，胸部放松，肋骨向内向下收缩。

反复几次这样的练习。

3. 完全式呼吸法

完全式呼吸法是将胸、腹式呼吸法集合为一体呼吸法，是肺的上、中、下三部分都参与呼吸的运动。它能使肺活量增大,血液得到净化,身体的活力和耐力有所增加。同时使腹部、胸部乃至全身都在起伏收缩,起到调节全身器官的作用。

练习方法:

①选择舒适的瑜伽坐姿,腰背挺直,头顶的百会穴引领脊柱向上延伸。

②右手放在胸部,左手放在腹部。

③轻轻吸气,吸到腹部位置,感觉腹部充满空气。

④继续吸气,将胸部吸满到最大程度,感觉空气从胸部区域下半部渐渐充满至上半部。

⑤慢慢吐气,先从胸部开始放松,然后放松腹部,尽量收紧腹部,使肺部气体完全排出。

练习呼吸法时一定要保证精力集中,呼吸顺畅。

(二)瑜伽冥想法

瑜伽的最终深意,就是"冥想",冥想是瑜伽中最珍贵的一项技法。《瑜伽经》对冥想下过定义:凝神就是将心集中在身体的灵性意识中枢内;入定是流向专注对象的连续的意识流;三昧(三摩地)是在冥想中,对象的真实本性放出光芒。真正的瑜伽冥想指的是"凝神、入定、三摩地"三个阶段。我们可以简单地理解,精神的集中就是冥想。在冥想时,人的过度思虑会镇静下来,提高精神力量,改善集中意志的能力,给人们带来清晰的思维和安详的内在世界。常用方法有:

1. 语音冥想

瑜伽语音冥想是最常用的冥想法,就是将人的心灵从种种世俗的思想、忧虑、欲念、精神负担等引离开去,把注意力集中在瑜伽语音上,就能逐渐超越愚昧无知和激情等品质,而处身在善良品质的高度上。

练习方法:

①选择舒适的瑜伽坐姿,做瑜伽深呼吸 5 次,高度注意自己的呼吸并找到稳定的呼吸节奏。

②继续做完全呼吸,用最深沉的、可以听见的声音念语音"噢—姆—",这个语音应念得与呼气过程一样长:"噢—姆—",这时把注意力集中到语音上,吟诵练习约 10 次;然后呼气和吸气时都在心里对自己念"噢—姆—"语音。

③练习时间 5 分钟,以后逐步增加。

2. 烛光冥想

烛光冥想是将意识寄托在烛光上,能培养一种满足和平静的情绪状态,可以深入调理神经系统,帮助识别身体的紧张,控制大脑的重复活动,让人能够学会真正的放松,提高睡眠质量,治疗失眠。同时舒缓眼睛疲劳,促进眼睛周围血液循环、排除毒素、增强视力、使眼睛有神。

练习方法:

①选择自己舒适的坐姿坐在瑜伽垫上,挺直脊柱。

②先闭上眼睛,调整呼吸。

③放松全身,慢慢睁开双眼,视线由大腿慢慢向上。开始凝视烛光最明亮部分,尽量不要眨眼睛,让眼泪自然流下。

④慢慢闭上眼睛，观想烛光在眉心处直到对烛光的印象变得模糊时再次睁开眼睛凝视烛光，重复5～8次，保持专注和放松的状态。

⑤最后，让自己平躺下来，全身放松。

（三）瑜伽体位法

瑜伽体位法的梵文为asana，指在某一个舒适的动作或姿势并维持一段时间，即由一些扭转弯曲伸展的静态动作，以及动作间的止息时间，刺激腺体、按摩内脏，有松弛神经、伸展肌肉、强化身体、镇静心灵的功效。不同的瑜伽体位功效有所不同，下面介绍几种常用的基本体位。

1. 站姿体位

练习站姿体位，能够加强关节和肌肉的弹性，增强身体的稳定性。常见体式有：

（1）山式（图7-6-1）

步骤：

图7-6-1　山式

①两脚并拢，10个脚趾尽量分开，身体重量均匀地分布在两脚的脚趾和脚后跟。

②膝盖伸直并用力向上提，两腿肌肉收紧。

③臀部收紧。

④腹部收紧，挺胸；脊椎和颈椎一直到头顶，随着每次吸气向上提拉。

⑤两肩（吸气）向上，（呼气）向后打开。

⑥两臂在体侧用力向下伸展，手指张开。

⑦眼睛直视前方，保持5～8个呼吸。

功效：加强臀腿部肌肉力量；增强脚部力量；培养良好的体态；扩展肺部从而强化深呼吸。

（2）摩天式（图7-6-2）

步骤：

①挺身直立，双脚分开与肩宽，脚趾指向正前方。

②一边吸气，一边将双手从体侧向上伸展，直至双手掌在头顶交握。

③继续吸气，一边伸展脊柱，一边慢慢踮起脚跟，重心前移，收紧腹部、背部、腿部肌肉，最后让脚趾支撑住身体。保持5～8个深长的呼吸。

④一边呼气，一边重心后移，落下脚跟。同时，放下手臂，还原直立。

⑤重复5遍。

功效：伸展脊柱，缓解背部僵硬与紧张；同时，伸展腹部肌群和肠脏器官，活跃消化排泄系统，有助于缓解便秘。

(3)下犬式(图 7-6-3)

步骤：

①山式站立。

②吸气，双臂向上延展，呼气背部前屈，双掌放于地面上，双掌距离与肩同宽。

③双腿向后迈出，双脚与肩同宽，双脚平行，脚趾朝前，臀部向上抬起，肩胛骨内收，延展脊椎，手掌五指大大张开指尖朝前，保持 5～8 个呼吸。

功效：增强手臂、腿部、躯干力量；锻炼腰背肌肉，强化背部力量，矫正驼背等不良体态；增加脊椎弹性，预防腰酸背痛；放松神经，滋养脑部，提升记忆力，专注力。

图 7-6-2　摩天式

图 7-6-3　下犬式

(4)战士一式(图 7-6-4)

步骤：

①山式站立，双脚分开 2～3 个肩宽，双脚脚跟向外，脚趾向内。

②右脚尖指向右前方，左脚尖转向右方大约 30 度，屈右膝，膝盖冲向二三脚趾，做成右弓步。

③向右扭转身体，吸气，两手慢慢从旁上举，两手举至头顶上方，双手合十，保持肘部伸直。

④呼气，抬头，眼望指尖，保持 5～8 个呼吸。

⑤吸气，脸朝前，眼看前方，伸直右膝盖。

⑥呼气，两手分开，自然放于体侧。

⑦换左侧做同样练习。

图 7-6-4　战士一式

功效：扩张胸部，伸展颈部；减少腹部、腰两侧多余脂肪；可以缓解肩部和背部的僵硬，强健脚踝以及膝盖，对颈部僵硬也有治疗的效果。

(5)战士二式(图 7-6-5)

步骤：

①山式站立，双脚分开 2～3 个肩宽，双脚脚跟向外，脚趾向内。

图 7-6-5　战士二式

②右脚向右 90 度，左脚稍朝内。右脚跟对着左脚足弓。

③吸气时，两臂侧平举。呼气时，弯右膝，让小腿和躯干都与地面垂直。

④稍收下巴，同时轻轻地转头向右，注视手指。

⑤稍微收臀。双脚均匀地下压，左腿伸直，均匀缓慢地呼吸，保持 5～8 秒。

⑥慢慢把头转回正中，吸气时伸直右腿，呼气时两脚转到前面。

⑦可以放下手臂，换左侧做同样练习。

功效：培养强壮灵活的双腿与髋关节的同时，能伸展大腿内侧的肌肉，紧实腿肌和臀肌，雕塑优美形体。

图 7-6-6　三角伸展式

(6)三角伸展式(图 7-6-6)

步骤：

①山式站立，双脚打开约一腿长。

②转右脚脚尖指向正右方，吸气延展脊柱。

③呼气躯干从髋部开始折叠。

④将右手放在小腿上，或者前方垫面。

⑤左手指向天花板，转头眼睛看向左手指尖的方向。

⑥保持 5～8 个呼吸，换左侧练习。

功效：增强腿部肌肉，去除腿部和臀部僵硬，纠正腿部畸形，使腿部能均匀地发展。同时还能缓解背部疼痛以及颈部扭伤，增强脚踝力量。

图 7-6-7　幻椅式

(7)幻椅式(图 7-6-7)

步骤：

①山式站立。

②吸气，伸直双臂过头，拉长脊椎。

③呼气，臀部向下，弯曲膝盖，上半身前倾 45 度。

④眼睛看向前方，保持 5～8 个呼吸。

功效：强壮背部和双腿，锻炼核心力量。

2. 坐姿体式

坐姿体式是坐在瑜伽垫上进行的体式，适合刚刚开始学习瑜伽的人，也是呼吸控制和冥想时常用的体式。

(1)简易坐(图 7-6-8)

步骤:

①坐在垫子上,双脚向前伸直,拨动臀部肌肤向后向上提,坐骨向下坐实在地板上。

②弯曲左膝,让右脚放在左腿前侧,旋肩向后,沉肩向下,大臂向外打开,双手结智慧手印放双膝上。

③下巴微收,脖颈后侧舒张拉长,保持自然的呼吸。

功效:增强髋部和膝盖的灵活性,对膝盖和踝关节僵硬有帮助。

图 7-6-8　简易坐

(2)雷电坐(图 7-6-9)

步骤:

①跪坐于垫子上,上身直立,双臂自然下垂。

②脚跟分开,大脚趾互相交叉,坐在上面,或简单的脚趾朝后,坐在脚跟上即可。

③保持背部挺直,双手放在腿上。放松手臂和肩膀,自然呼吸,根据自己的舒适度保持。

功效:促进消化,防治胃部疾病,减轻膝盖僵硬。

图 7-6-9　雷电坐

(3)手杖式(图 7-6-10)

步骤:

①坐立,双腿并拢,脚尖回勾。

②脊柱向上延展,胸腔上提,双肩放松下沉。

③双手放在臀部的两侧,掌心朝下,五指分开,指尖指向正前方。

④下巴微内收,眼睛看向前方,脖子后侧放松。

⑤保持 5～8 个呼吸。

功效:缓解腹部胀气,有助于减轻胃部疾患。这个体式还有助于消除腰部脂肪,增强肾脏功能。

图 7-6-10　手杖式

(4)牛面式(图 7-6-11)

步骤:

①坐在垫子上,双腿伸直,延展脊柱,双手放于身体两侧。

②左膝盖弯曲左腿向后,坐在左脚上。抬起右腿,右腿放在左大腿上,两膝盖上下重叠。抬起臀部,在双手的帮助下,把双脚的脚踝和脚跟相靠。

③抬起左手臂,弯曲肘部,把左手由上向下放在背后颈部以下两肩之间的位置。右手抬起向上,弯曲手肘,两手十指交扣于体后。

④肘肩向后打开,保持颈部瑜伽和头部的挺直,眼睛注视前方,保持 5～8 个呼吸。

⑤松开双手,伸直腿部,在另一侧重复这个姿势。然后松开双手,伸直双腿,放松。

图 7-6-11　牛面式

图 7-6-12　树式

图 7-6-13　战士三式

功效：可以使胸部完全伸展，背部更加挺直，肩关节活动更加自如，背阔肌得到完全的伸展。

3. 平衡体式

(1)树式(图 7-6-12)

步骤：

①山式站立，双脚并拢。

②提起左脚跟，脚趾着地，重心放在右脚。

③抬起左脚，左手握着脚踝，脚底贴着右大腿内侧，脚跟在舒适的范围内靠近腹股沟，脚趾朝下。保持髋部朝向正前方，左膝朝着左外侧。

④在胸前合掌。

⑤眼睛向前注视一点保持身体稳定，双臂慢慢高举过头，保持肩膀下沉。脊柱向上延伸，轻轻收腹。平稳均匀地呼吸，保持 10～60 秒。

⑥合掌回到胸前，左脚放回地上，两臂放到体侧。

⑦换边重复练习。

功效：改善、强化平衡能力；强健脚踝和腿脚；紧实胸背的肌肉，矫正脊柱弯曲，消除腰痛；灵活髋部和肩膀，对久坐形成的不良体态有很好的纠正作用。

(2)战士三式(图 7-6-13)

步骤：

①山式站立。

②手臂向上伸展，举过头顶，与地面垂直，提肩胛骨，并将它们推入身体，两张相合。

③呼气，躯干前倾，同时抬起左腿离地，右腿伸直，像棍子一样笔直。

④吸气，身体继续前倾，手臂向前伸展，与躯干、左腿呈一条直线。保持平衡的同时，除了右腿，整个身体与地板平行。右腿完全伸展并绷直，与地面保持垂直。深长地呼吸，保持这个姿势 20～30 秒。

⑤呼气，放下左腿，转动双脚。换另一侧重复这个体式。

功效：加强腹部和腿部的力量，强化内脏。使脊椎和身体的肌肉均衡发展，加强平衡感，使思维清晰。

(3)舞者式(图 7-6-14)

步骤:

①山式站立。

②右脚向后抬起,右手抓住脚踝,左臂垂直向上伸展,腰背挺直,目视前方。

③吸气,右手用力将右腿抬起,使右大腿与地面平行。左臂向斜上方伸展,眼睛看向指尖的方向,保持自然深长的呼吸。

④呼气,收回手臂,右腿缓缓放下,身体还原基本站姿,然后换另一边练习。

图 7-6-14　舞者式

功效:加强腿部肌肉力量,增进掌握平衡和集中精力的能力;收紧双臂松弛的肌肉,使手臂线条更美;拉伸脊柱,打开双肩,矫正驼背等不良体态。扩张胸部,美化体态;加强腹肌和腰背肌肉的力量,强化肝脏和肾脏功能。

4. 前屈体式

(1)站立前屈(图 7-6-15)

步骤:

①山式站立。

②两腿微微分开,调整脚掌,让整个脚掌都着地,两手扶住髋部,缓和呼吸。

③以髋部为折点,启动身体前屈,背部保持挺直,脊柱延展,腰部延展,腹部内收。

④继续前屈身体,保持背部平展,寻找腹部贴大腿前侧的感觉,维持体式 5～8 个呼吸。

图 7-6-15　站立前屈

⑤期间保持身体平衡,保持腿部肌肉收紧,可以重复练习。

功效:拉伸并延展腿部后侧肌肉和韧带,帮助柔软腿部韧带,减少腿部拉伤的风险,帮助强健腹腔内部器官,增加腹部器官的蠕动,改善便秘、消化不良等问题,同时帮助调理内分泌,滋养头部细胞,增强记忆力、专注力等。

(2)直角式(图 7-6-16)

步骤:

①山式站立。

②吸气,手臂移动至举过头顶,眼睛始终追随着移动的双手。

③呼气,以脊柱底部为支点,上身向前向下弯曲,直到背部与双腿形成一个直角。

④眼睛看向手背,保持 5～8 个呼吸。

⑤吸气,上身缓慢抬起,呼气,手臂自两侧回落。

图 7-6-16　直角式

功效:强健脚踝,消除臂部僵硬;锻炼髋关

节，伸展脊柱；加强腿部肌肉力量，使双腿变得更为灵活、匀称。

图 7-6-17　坐立前屈

(3)坐立前屈(图 7-6-17)

步骤：

①坐立在垫子上，伸直双腿，脚趾回勾。

②吸气，双臂上举延伸背部。

③呼气，双手落在双腿两侧。

④身体向前向下，用腹部靠近大腿，保持背部平展。

⑤随着呼吸慢慢向前向下，保持 5～8 个呼吸。

功效：拉伸小腿、大腿和臀部，强健大腿；提高消化能力；缓解疲劳和焦虑，减轻头痛和失眠症状。

图 7-6-18　坐角式

(4)坐角式(图 7-6-18)

步骤：

①坐到地面上，两腿伸直，双脚并拢。

②双腿尽量向两边打开，保持双腿伸直，双腿后部紧贴地面。

③吸气，双手上举，保持背部直立。

④呼气，以髋部为折点，身体向前向下，肘部撑地或腹部贴地，保持 5～8 个呼吸。

功效：伸展腿部筋腱，促进骨盆区域的血液循环；缓解坐骨神经痛；加强腿部及髋部的柔韧性。

5. 放松体式

(1)挺尸式

步骤：

①身体完全平躺在地面上，双腿自然分开，伸直。

②双手放于身体两侧，与躯干和大腿保持一段距离，手掌向上。

③闭上双眼，进行一次深长地呼吸，随后逐渐放慢呼吸，不要有任何猛烈的呼吸动作。

④完全地放松，缓慢地呼气，保持 15～20 分钟。

功效：能够放松身体，缓解和祛除焦虑、抑郁、头疼和失眠，使内心平和。

(2)放松束角式

步骤：

①坐在地面上，薄毯子叠好放在背后。双脚脚掌并拢。

②慢慢躺下，让腰背部放在叠好的薄毯子上。膝盖向两侧打开。

③双臂伸直放在头部上方地面上，手掌心向上。胸部打开，保持深呼吸。闭上眼睛，让身体、大脑完全放松，保持这个体式约 5 分钟。

④双手放在大腿下侧做辅助，肘关节撑地，起身坐直。

功效：打开髋部和腹股沟，对缓解和祛除背部疼痛、痛经、月经不调等很有好处，可以很好地排解压力，祛除失眠、头疼、焦虑、忧郁症等病症。

三、练习瑜伽的基本要求

(一)练习瑜伽的注意事项

1. 练习瑜伽要有一个良好心态

每个人的身体状况不同,适合的瑜伽体式不同,练习的进度也会有很大差异,所以在练习瑜伽时要根据自身状况循序渐进,不要急于求成,也不要互相攀比,只要尽自己的最大力量,做到极限就可以了,否则会带来身体上的伤害。

2. 瑜伽要在空腹时练习

空腹是指练习瑜伽前要保持3～4小时不要进餐,如果是饱腹状态,血液会大量被输送到消化系统。而练习瑜伽时,血液会集中在肌肉和器官上,这无疑会影响消化和吸收。练习瑜伽过程中不可大口饮水,可以小口啜饮少量水,保证不影响练习效果。练习后过1个小时再进食。

3. 穿着舒适

练习瑜伽时应穿着宽松柔软的衣服,以保证在练习时不受拘束,建议取下身上的饰品,不要佩戴皮带、手表、项链、耳环等饰品,否则不仅影响动作,也容易在练习过程中造成身体的损伤。

4. 要做好充分的热身

同其他运动一样,在练习瑜伽之前要做好充分的热身。通过练习基础的伸展或者有节律的体位,可以让身体的经络先行打通,放松身体的每一个关节,促进身体关节润滑,唤醒身体,为后面的瑜伽体式做好准备,使身体更加轻松地进入体式,防止身体受到伤害。这时再做瑜伽就会事半功倍。

5. 关注呼吸

练习瑜伽体式和保持体式过程中保持自然深长的呼吸,不要憋气,用鼻孔呼吸,禁用嘴巴呼吸。

6. 注重休息术的练习

体式的练习可以打通身体通道,呼吸可以传输能量,但真正增加人体气血能量的是最后的休息术。虽然只是一个简单的挺尸式,只有10～15分钟,其效果等于几个小时的睡眠。所以,休息术是每节瑜伽课不可缺少的内容。

7. 瑜伽练习前后30分钟内不要沐浴

练习瑜伽30分钟前不要沐浴,因为洗浴使血液循环加快,瑜伽练习也促使血液充分循环,这样势必会加快心率,增加心脏负担。练习后待呼吸和心跳恢复正常之后再进行洗浴。

8. 要有一个舒适的环境

练习瑜伽最好在干净舒适的教室内,有足够的空间做一些伸展体式,教室要通风透气,并准备轻柔舒缓的瑜伽音乐。

(二)瑜伽课堂内容

任何一项运动都有本身的运动特点,同样,瑜伽课堂中要根据学生身体特点和不足来编排内容,瑜伽课堂一般包括以下内容:

1.课堂内容

图 7-6-19 拜日十二式

(1)短时间的静心调息。在练习前要做3～5分钟静心调息,播放轻柔的瑜伽音乐,学生双腿自然盘坐,闭上双眼,顺畅呼吸,学生能够平心静气,舒缓情绪。

(2)瑜伽热身。引导学生活动手腕、脚踝、颈部等关节部分,防止运动受伤。瑜伽中常用热身体式是拜日十二式,它涵盖了瑜伽中的前屈、后弯、站立、倒置和平衡体式,兼顾力量和柔韧性练习。不管是瑜伽初学者还是资深的瑜伽练习者,都能从瑜伽拜日式的练习中得到全面的锻炼。拜日十二式动作顺序分别是:祈祷式、展臂后仰式、前屈式、骑马式、下犬式、八体投地式、眼镜蛇式、下犬式、骑马式、前屈式、展臂后仰式、祈祷式,如图7-6-19所示。

(3)体式练习。热身后进入体式练习,其基本原则是先易后难,先力量后拜日十二式拉伸,循序渐进。通常来说,先进行站立训练,体式有山式、战士一式、战士二式、三角伸展式、幻椅式、平板支撑、船式等加强腿部力量和核心力量;中间穿插平衡练习,如战士三式、树式、舞者式等强化平衡能力;其次是坐姿和前驱练习,如手杖式、牛面式、坐角式、束角式、坐立前屈等拉伸大腿、手臂,按摩内脏器官;再次是俯卧和仰卧练习,锻炼后背肌肉,稳定核心。

(4)休息放松。播放音乐,利用挺尸式全身放松。

2.瑜伽体式技巧

(1)要运用核心力量。大多数的瑜伽体式都会强调收紧核心,所谓的核心力量指的是由附着在腰椎、髋部和骨盆联合周围的肌肉和韧带产生的力量,核心越强壮,你就可以更加不费力地去做任何一个简单的动作,就可以从瑜伽练习中获得更多能量。

(2)要呼吸与体式相结合。瑜伽体式的练习,切记就是不要憋气,每一个体式都要伴随着一呼一吸,进行好的呼吸可以缓解身体的僵硬,更好地完成体式,让身体更柔软。体式与呼吸的配合有一定规律,一般吸气时做伸展、回正、向后、向上等动作;呼气时做弯曲、扭转、向前、向下等动作。

(3)要正位练习。瑜伽正位练习指的是进行瑜伽体位法时,肢体必须保持在对的位置、方向和伸展上,避免错误的体位动作给身体带来伤害。

①双手的正位：不要用手腕压地，五指大大地分开，压实地面，中指指向前方，学会利用双手的虎口。

②肩肘关节正位：瑜伽体式中有许多需要手臂支撑，在练习时要尽量避免肘关节超伸，不要将压力集中在手肘上，在直臂发力体式中，尽量避免锁死肘关节，学会起动激活双臂，平衡手臂外旋的力，保持力的传导方向，由手到肘，由肘到肩，由肩到背。

③双腿正位：在站立体式中，首先大腿肌肉要收紧，保证膝盖骨正位上提，需要屈膝的体式，屈膝时要尽量保持第二脚趾与膝盖在一条直线上。尽量避免膝盖超伸，不要过度用力压膝盖，以免导致疼痛。学会有效地启动大腿肌肉，在瑜伽体式的练习中，学会收紧大腿肌肉，尤其是股二头肌，可以避免膝盖超伸。

④脊柱正位：脊柱位于躯干后壁的正中，由 33 块椎骨构成，脊柱参与构成胸廓、腹后壁和骨盆，具有支持体重、运动和保护内脏器官的功能。脊柱的正位是指瑜伽练习中，脊柱一定要延展后，在做前屈后弯以及扭转的动作，很多人产生腰痛，大部分原因都是因为脊柱没有在中立位上延展，就开始了动作。

⑤骨盆正位：在瑜伽练习中，骨盆不要一高一低，左右要保持等高。保持骨盆正位，一定要学会激活收紧腹部，松懈的腹部非常容易导致骨盆前倾。保持骨盆正位后，学会正确地转动骨盆也很重要，比如在坐立前屈等体式中骨盆向前转动，可以避免腰椎受伤。

⑥双脚正位：在瑜伽练习中，双脚并拢，双脚的大脚枕、小脚枕以及脚后跟形成一个稳定的三角形，将 5 个脚趾大大分开，向上抬起，激活足弓，用力地向下踩。

跆拳道

跆拳道是朝鲜半岛较普遍流行的一项格斗技术，前身是朝鲜民族比较传统的体育项目。跆拳道具有较高的强身健体、防身自卫、精神修炼的价值，通过品势、竞技、特技、功力等各种形式，使修炼者增强体质，掌握技术，并培养坚韧不拔的意志品质。世界上主要分为世界跆拳道联盟（WTF）和国际跆拳道联盟（ITF）两大组织及其他民间的跆拳道组织。跆拳道目前也是奥运会正式比赛项目。

跆拳道

《国家学生体质健康标准》登记卡(大学样表)

学校＿＿＿＿＿＿＿＿

姓名		性别		学号	
院(系)		民族		出生日期	

单项指标	大一			大二			大三			大四			毕业成绩	
	成绩	得分	等级	成绩	得分	等级	成绩	得分	等级	成绩	得分	等级	得分	等级
体重指数(BMI)(千克/平方米)														
肺活量(毫升)														
50米跑(秒)														
坐位体前屈(厘米)														
立定跳远(厘米)														
引体向上(男)/1分钟仰卧起坐(女)(次)														
1 000米跑(男)/800米跑(女)(分·秒)														
标准分														
加分指标	成绩	附加分		成绩	附加分		成绩	附加分		成绩	附加分			
引体向上(男)/1分钟仰卧起坐(女)(次)														
1 000米跑(男)/800米跑(女)(分·秒)														
学年总分														
等级评定														
体育教师签字														
辅导员签字														

注:高等职业学校、高等专科学校参照本样表执行。

参考文献

[1] 卢元镇.体育社会学.3版.北京:高等教育出版社,2010.

[2] 陈广卿.体育与健康教育学研究.北京:中国水利水电出版社,2017.

[3] 马建华.大学体育教程.成都:电子科技大学出版社,2009.

[4] 李牧,陈鹏飞.论终身体育习惯的培养.呼兰师专学报,2002(01).

[5] 朱长洲.浅论大学生的自我体育锻炼.湖北体育科技,2010(02).

[6] 国家体育总局健身气功管理中心.健身气功·社会体育指导员培训教材.北京:人民体育出版社,2007.

[7] 张斌.基础瑜伽七日通.太原:山西科学技术出版社,2014.

[8] 刘婷.全人体瑜伽.天津:天津科学技术出版社,2012.